中国城市体检报告
（2019 年）

住房和城乡建设部城市体检专家指导委员会
清华大学中国城市研究院　编著
中国科学院地理科学与资源研究所
唐凯　宫鹏　张文忠　林澎　主编

中国城市出版社

图书在版编目（CIP）数据

中国城市体检报告. 2019年／住房和城乡建设部
城市体检专家指导委员会，清华大学中国城市研究
院，中国科学院地理科学与资源研究所编著. —北
京：中国城市出版社，2020.5
　ISBN 978-7-5074-3281-7

　Ⅰ. ① 中… Ⅱ. ①住… ②清… ③中… Ⅲ. ① 城市
管理－研究报告－中国－2019 Ⅳ. ① F299.23

　中国版本图书馆CIP数据核字（2020）第070210号

责任编辑：杜　洁　张文胜
书籍设计：锋尚设计
责任校对：王　瑞

中国城市体检报告（2019年）
住房和城乡建设部城市体检专家指导委员会
清华大学中国城市研究院　编著
中国科学院地理科学与资源研究所
唐凯　宫鹏　张文忠　林澎　主编
*
中国城市出版社出版、发行（北京海淀三里河路9号）
各地新华书店、建筑书店经销
北京锋尚制版有限公司制版
北京富诚彩色印刷有限公司印刷
*
开本：787×1092毫米　1/16　印张：14¾　字数：344千字
2020年5月第一版　2020年5月第一次印刷
定价：**138.00**元
ISBN 978-7-5074-3281-7
（904270）

主　编：

唐　凯　中国城市规划协会

宫　鹏　清华大学中国城市研究院

张文忠　中国科学院地理科学与资源研究所

林　澎　清华大学中国城市研究院

参编人员：

住房和城乡建设部遥感应用中心：

王伊倜　窦　笋　温　婷　王熙蕊　王雅雯

中国城市规划协会：

吴建平　谢盈盈

清华大学中国城市研究院：

武廷海　王　熙　何东全　白玉琪　王　杰　李为民　辜培钦　张雨心　郝　璐

中国科学院地理科学与资源研究所：

马诗萍　何　炬　许婧雪　李伊祺

前　言

2019 年，城市体检工作在全国范围逐步推开了，虽然当年实际运作的只是 11 个试点城市，但试点工作开展过程中，住房和城乡建设部指导并与 11 个试点城市共同以城市体检为抓手，深入贯彻落实新发展理念，以改善城市人居环境质量和推动转变城市发展模式为着力点，统筹城市规划建设管理，解决"城市病"突出问题，提升城市品质和人居环境质量，以及探索城市公共管理改革、推动治理体系和治理能力现代化，取得了积极成效。中央对城市体检工作持续给予高度重视和支持，并进一步提出了具体要求。2020 年，全国开展城市体检工作的城市将覆盖各省、自治区、直辖市，总结 2019 年城市体检试点的经验，为 2020 年各地的城市体检工作提供借鉴很有必要，这是本书的初衷。

"城市体检"是一个通俗易懂的表述，但作为一项工作尤其是将形成常态化的公共管理工作，在我国却是初创的。其所包含的理念、方法、程序、技术支撑等内容尚在探索与完善中。为了使读者阅读起来更轻松，不必在多重概念的讨论中绕来绕去，本书将直接并客观地表述 2019 年城市体检工作的做法、结果和经验，下文中也将只表述对城市体检的一些重点问题的看法。

第一，多年来我国城市工作的方方面面已经形成了工作机制和具体方法，为什么新增出来城市体检工作？

确实，多年来尤其是改革开放以来，我国的城市建设与发展取得了举世瞩目的成就，城市管理体制也在不断完善。但是也要清醒地认识到，随着发展阶段的不同，城市发展大环境的变化，城市发展目标和政府的治理机制要相应转变。党的十九大报告指出，新时代我国社会主要矛盾是人民日益增长的美好生活需要和不平衡不充分的发展之间的矛盾，必须坚持以人民为中心的发展思想，不断促进人的全面发展、全体人民共同富裕；总任务是实现社会主义现代化和中华民族伟大复兴，在全面建成小康社会的基础上，分两步走在本世纪中叶建成富强民主文明和谐美丽的社会主义现代化强国。根据党提出的对新时代我国社会主要矛盾的认识，领会新时代总任务要求，在实现中国梦的征程中充分发挥城市的作用是必然的。早在 2015 年中央城市工作会议就指出，城市是我国各类要素资源和经济社会活动最集中的地方，全面建成小康社会、加快实现现代化，必须抓好城市这个"火车头"。推动城市体检工作的开展，就是城市规划建设管理中贯彻五大发展理念，推动城市转型发展，改变粗放型管理方式的具体实践。

2015 年的中央城市工作会议指出，既要充分肯定我国城市发展取得的成绩，更要清醒认识我国城市发展的问题和不足。对存在的问题，我们必须高度重视、积极探索、抓紧解决，要求"健全社会公众满意度评价和第三方考评机制"。2018 年起，北京市率先开展了城市体检工作。2019 年，住房和城乡建设部推动开展城市体检工作时就明确了目标导向、问题导向、结果导向并举要求，试点城市普遍感觉城市体检工作是推动城市工作的好抓手，提供了平台，明确了重点，完善了方法，促进了新技术应用。

第二，城市体检是什么性质的工作？属行政管理工作还是技术咨询？是常态化的工作还是非常态化的任务？

这个问题非常重要，关乎未来城市体检工作的走向。我们先分析一下 2019 年试点城市开展工作的几个基本要点。

1. 工作目标

城市体检，直观地讲，是预防和诊治城市病；宏观地讲，是在城市建设和发展过程中促进和谐、效率、有尊严之状态。

预防和诊治城市病比较容易理解，但实际操作起来涉及方方面面，需要综合性解决方案和手段。需要因地制宜地设计目标与程序，需要政府与社会协作，政府工作人员、市民、学者共同参加完成。2019 年城市体检的全程序工作环节包括：城市体检指标体系的建立与信息收集；根据对信息与相关标准比对分析得出城市运营状况的诊断；针对存在的问题给出对策建议和切实的解决方案；形成工作计划纳入当年的政府工作报告；来年的城市体检工作也将对解决问题的进程予以监测。在这个过程中，协调组织和信息反馈的工作量很大。

再说说在城市建设与发展过程中促进和谐、效率、有尊严之状态。所谓和谐，包括生态和谐、社会和谐；所谓效率，重点在对时间、空间、资源的有效利用；所谓有尊严，是尽力满足市民对基本幸福生活的渴望（包括享受基本社会福利、社区建设与氛围、工作收入和生活质量等）。具体来说，是以落实十九大精神为出发点，一要以推动城市建设由高速增长转向高质量发展为目的；二要反映发展不平衡不充分问题是否得到改善；三要反映经济质量和效益是否得到提升；四要反映人民群众对经济、社会、政治、文化和生态的需求是否得到满足；五要反映是否能够推动人类社会的全面发展。

城市体检工作的开展与不断完善，也是城市工作方法不断改进的过程，努力实践推动治理体制与治理能力现代化也是开展城市体检工作的重要目标。

2. 工作方法

2019 年城市体检工作在信息收集上创新性地采用了城市自体检、第三方体检、社会满意度调查三管齐下，又三位一体、相互校核展开的方式，分别代表了主渠道、大数据、舆情三个方面的评价。所以，在城市体检工作开展之初，要设计有导向、能预警、易收集、可定量的指标体系。在工作过程中，始终要坚持统一领导，同时要鼓励公众的积极参与。具体做法将在本书中详细介绍。

3. 工作原则

原则一是直面问题、实事求是、重视行动，作为基本要求。一是城市体检工作的第一目标不是对人的政绩衡量或责任追究。二是尊重客观条件遵守客观规律，因时因地检查诊治城市运营的突出问题。三是重视细节、重视行动，反对在城市体检工作中只会批评却提不出解决问题的办法，力求城市体检工作达到整体实效。

原则二是重视城市体检指标体系的科学性和导向性。一是在制定指标体系之初明确目标导向、问题导向、结果导向并举的路子，围绕中心工作，明确搭建在导向上强化贯彻五大发展理念和突出群众关注的热点，在选项上重视信息数据的权威性和易获得性的开放型的城市体检指标体系。二是探索建立有别于达标型的指标体系。追求城市体检工作可以持续地滚动发展，有利于城市体检工作者更具主动性、发挥创造力。

原则三是加强领导、稳定队伍。中央城市工作会议指出，做好城市工作，各级党委要充分认识城市工作的重要地位和作用，主要领导要亲自抓，建立健全党委统一领导、党政齐抓共管的城市工作格局。工作效果取决于实施力度。2019 年城市体检试点工作方案要求试点城市成立由市长担任组长的领导小组，形成职能部门统筹协调、多部门协同的工作机制。在城市体检工作中有稳定的队伍也是必要的条件。长沙市为了适应新时代的新要求，在省委主要领导的支持下成立了城市人居环境局。在 2019 年试点工作中任务明确，责任明确，工作主动，成绩突出。

原则四是重视自体检，结合事权拓展城市体检内容。城市工作的重点随时间和内外部条件的变化而变化，城市管理因层次而设定事权。这就决定了城市体检内容绝不可能一刀切。2019 年长沙市结合本市实际，在全面落实住房和城乡建设部关于城市体检工作安排的基础上，既开展市级城市自体检，动员内五区全面铺开，又选取城市建成环境较为成熟、问题较为典型的芙蓉区、开福区作为区级城市体检试点，各选取 2 个街道开展街道城市体检试点，采用纵深推进的方式，探索"1+2+4"市、区、街道三级协同城市体检试点模式。

4. 工作性质

通过上文的介绍，问题的答案就比较清晰了。城市体检工作主要具有公共管理属性，是城市治理工作的重要手段。它以改善城市人居环境质量和提高城市工作水平为目标，在城市建成区域内，通过收集反映城市发展建设水平的数据，结合城市发展目标评估城市运营的状况，找到存在的问题，提出对策措施，监测治理进度，实现城市全面健康发展。城市体检是一个持续的过程；城市体检的具体内容会因时因地而不同。

第三，城市是个巨系统，要素极多。将城市体检工作作为公共管理的部分，重点应该关注哪些方面？

在 2019 年的城市体检工作中，重点有如下几个方面。一是把城市作为"有机生命体"，通过开展城市体检，推动治理"城市病"问题，将新发展理念落实到城市建设的各个方面，提升城市工作的整体性和系统性。二是以城市体检工作为切入点，推动建立城市建设和人居环境质量评价体系，不断完善城市规划建设管理的制度，推进城市治理体系和治理能力现代化。三是适应我国城镇化由高速增长阶段进入高质量发展阶段的要求，通过开展城市体检，推动城市开发建设方式由外延粗放式向内涵集约式转变，促进城市高质量发展。

在具体参数的选择上，遵循创新、协调、绿色、开放、共享的发展理念，以满足新时代对城市的新要求为努力方向，转变偏重建设规模、建设项目和建设速度的工作思路，将工作重点调整到建设与管理并重，重视城市硬件的运维和城市软件的优化，以人民群众的期望为工作目标，进一步提升建成环境的质量和建成设施的效用，提高对城市问题的反应速度，推动城市建设运营维护管理工作做细做实。

在制度和方法设计上，要符合新时代对城市建设和管理工作的新机制、新办法要求。城市体检工作的组织要强化党的领导，城市体检工作主体是城市政府，城市体检的工作目标要围绕政府的工作目标设定；探索在工作推动中组合小的联合行动单元，在政府的统筹下，各行动单元负有相应权力和责任；城市体检工作的全面展开依靠社会媒介和公众参与；开展城市体检工作的手段要充分利用当今科学发展带来的新技术、新手段，减少人为因素干扰。

第四，体检总是要通过指标来进行量化，城市体检应该如何制定指标体系？

这是个城市体检的关键性问题，前文在讲工作原则时简要提到过。没有指标谈何体检？指标的优点是可量化、可比较、有目标。但指标有可能因巨量要素而搞得很繁杂，指标体系是因时因地发挥效用的，没有任何一个指标体系和评价标准能被所有的城市所认可。国际上为推动可持续发展，不少研究机构从经济、社会、生态等角度切入，提出过各种城市评价指标体系和评价方法，但应用有限。北京市作为我国第一个开展城市体检的城市，将其开展的城市体检工作定义为：城市体检是指对城市发展状况、城市规划及相关政策的实施效果进行监测、分析、评价、反馈和校正，保障各项城市发展目标有效实现。北京更重视的是对城市规划实施的体检，其指标体系的地域性、时效性很强。

2019 年试点城市开展城市体检工作中提出的指标体系的选取思路是，与城市高质量发展要求相结合，既要涉及城市经济、政治治理、文化、社会、环境等各方面，也要细化到土地利用、交通、水、能源、废物、绿化与公共空间、建筑等各个城市子系统，并参考来自多方面的体检评估指标和城市发展指标。最终，住房和城乡建设部提出城市体检基本指标体系，包括生态宜居、城市特色、交通便捷、生活舒适、多元包容、安全韧性、城市活力 7 个核心目标，包含 36 项基本指标。有关指标体系的具体内容将在本书中详细介绍。需要强调说明的是，2019 年城市体检指标体系突出开放和弹性，以 36 项基本指标为基础，鼓励试点城市依据本城市特定要求增加本地化体检指标，称之为 36+N 项指标体系。另外，36 项基本指标并非强制性达标指标，各城市没有排位要求，仅需根据所测得指标自我评估发展质量水平和制定对策。

第五，城市体检工作还应该注意什么？

回顾 2019 年的实践，城市体检工作还应注意以下几个方面。一是尽管城市体检工作不强化表彰和追责作用，但在客观上会构成互相比较的效果。因此要善于开展相关单位、人员之间的沟通反馈，确保信息真实。在添加 N 项指标中要防止"只摘花，不摘刺"的现象。二是重视城市信息平台的建设，城市体检与智慧城市建设同步推动。三是加紧研究并规范本地城市发展水平评估和治理城市病的程序和方法。

本书共分为六章，第一章主要介绍了城市体检的内涵，具体的体检指标体系，第三方体检和自体检指标的数据获取和分析方法；第二章从生态宜居、城市特色、生活舒适、交通便捷、多元包容、安全韧性和城市活力 7 大维度对城市人居环境的建设和管理取得的成效和不足进行了评价和分析，我们发现试点城市的人居环境总体建设水平较高，但在城市的历史文化保护、交通通畅程度和城市安全韧性等方面存在一定的问题；第三章主要从第三方角度，对城市人居环境建设的客观指标进行评估和分析，并提出了今后城市建设的重点和方向；第四章从居民视角对城市人居环境建设的成效和问题进行评估和分析，充分反映居民对城市建设的诉求；第五章主要从每个城市自身的特点来分析和诊断人居环境建设的成效和不足，并提出相应的发展行动计划；最后一章在总结城市体检工作经验和方法的基础上，结合城市自体检、第三方体检和居民满意度调查评价结果，提出了城市高质量发展的建议。

本书是 2019 年试点城市在城市体检工作中的经验总结，尚有诸多不足和问题，供领导、专家和读者参考。也期待形成交流的氛围，形成群策群力的交流平台，推进城市体检工作日臻完善。

目　录

前　言

第一章

城市体检指标与方法

第一节　城市体检指标体系 / 2
第二节　数据获取及主要方法 / 9
第三节　城市体检工作组织 / 12

第二章

城市体检总体结果

第一节　总体特征 / 16
第二节　主要城市病 / 20

第三章

试点城市体检诊断

第一节　沈阳市 / 24
第二节　南京市 / 27
第三节　厦门市 / 31
第四节　广州市 / 35
第五节　成都市 / 38
第六节　福州市 / 42
第七节　长沙市 / 46
第八节　海口市 / 50
第九节　西宁市 / 53
第十节　景德镇市 / 57
第十一节　遂宁市 / 60
本章附录 / 64

第四章

居民满意度分析

第一节　满意度总体评价 / 76
第二节　满意度分项评价 / 79
第三节　结论与建议 / 86

第五章

试点城市自体检报告

第一节　沈阳市 / 114
第二节　南京市 / 120
第三节　厦门市 / 130
第四节　广州市 / 136
第五节　成都市 / 146
第六节　福州市 / 156
第七节　长沙市 / 168
第八节　海口市 / 176
第九节　西宁市 / 188
第十节　景德镇市 / 196
第十一节　遂宁市 / 206

第六章

工作成效及对策建议

第一节　城市体检工作成效 / 216
第二节　城市建设对策建议 / 217

后 记 / 221

第一章

城市体检指标与方法

第一节　城市体检指标体系

一、指标体系设计

1. 指标选取原则

（1）坚持以新发展理念为引领：紧扣"创新、协调、绿色、开放、共享"发展理念内涵，建立的城市体检指标体系力求系统全面，同时具有高度代表性。

（2）坚持目标导向和问题导向：坚持"美丽城市"目标导向，针对人民群众反映强烈的"城市病"问题，聚焦人居环境重点领域指标，科学设置体检评估指标，强调指标数据要有相对统一、可靠的统计口径，指标要可度量。

（3）坚持以人民为中心：以解决人民群众最关心、最直接、最现实的利益问题为导向，以不断增强群众的获得感、幸福感、安全感为着力点，构建关注民生、可感知的指标体系。

2. 主客观体检指标体系设计

（1）全面性与层次性相结合：城市是一个复杂的巨系统，适宜的城市人居环境应当是宜人的自然生态环境与和谐的社会、人文环境的完整统一体，城市体检指标体系的设计应当体现对城市各个维度的全面关切。同时，城市体检指标的设计并不是对所有单个指标的简单罗列，还应体现不同指标组合的层次性，由宏观到微观层层深入，便于从不同层次为城市发展把脉。

（2）主观与客观评价指标体系相对应：主观评价与客观评价是互为补充的城市体检双视角。主观满意度是对人居环境客观建设情况的反映，而客观指标是提升主观满意度的现实抓手，满意度评价指标的设计将对标客观评价的 7 大一级指标和 35 个二级指标，根据问卷调查的需要对部分指标进行合理的分解或调整。

经过科学合理的设计，最终本次人居环境满意度评价指标体系包含生态宜居性、城市特色与风貌、交通便捷性、城市活力、生活舒适性、多元包容性、安全韧性 7 大一级指标，在一级指标下共设 53 个二级指标，涉及城市居民生活的多个方面。各个题项测量均采用李克特 5 点量表尺度进行问答，居民的满意程度选项从高到低依次为"非常满意、满意、一般、不满意、非常不满意"5 种，问卷回收后对满意程度各个选项分别赋值 100 分、80 分、60 分、40 分和 20 分，便于统计分析。同时增加"不了解"选项，避免居民对调查内容项目了解程度不够所造成的误答。此外，还调查采集了受访者基本属性特征、行为习惯、对不同人居环境要素维度的重视程度、生活认同感归属感评价等信息。

二、指标内涵解析

在广泛征求国家发展改革委、教育部、公安部等 13 个部（委），以及吴良镛院士等专家意见建议的基础上，住房和城乡建设部研究建立了开放型的城市体检指标体系框架。该指标体系框架对应新发展理念和城市人居环境高质量发展内涵要求，重点包括生态宜居、城市特色、交通便捷、生活舒适、多元包容、安全韧性、城市活力、社会满意度 8 大方面内容（表 1-1）。

城市体检指标体系框架

表 1-1

序号	指标名称	指标解释
一、基本指标	（一）生态宜居	主要是反映一个城市能否提供宜居宜业的生态环境本底条件的能力
	（二）城市特色	主要反映城市是否具有独特的自然与人文魅力，防止"千城一面"
	（三）交通便捷	主要反映城市交通是否畅通，运行是否高效
	（四）生活舒适	主要反映一个城市是否能够达到幼有所育、学有所教、劳有所得、病有所医、老有所养、住有所居、弱有所扶
	（五）多元包容	反映的是一个城市的开放性和包容性
	（六）安全韧性	反映的是城市是否具备安全的生产生活环境、城市系统是否能够抵御不确定影响因素，实现城市的快速恢复能力
	（七）城市活力	反映的是一个城市是否具有旺盛的生命力和充足的可持续发展能力
	（八）社会满意度	人民群众的主观感受反映城市人居环境水平
二、特色化指标		各城市根据自身特点增加特色化指标

该指标体系区别于传统的达标型指标体系，在导向上强化贯彻新发展理念和突出群众关注的热点，在选项上重视信息数据的客观性和易获得性。各试点城市可根据本市实际调整指标，增加体检内容，建立既体现国家要求，又反映城市特点的 36+N 项（N 为特色指标项）的城市体检指标体系。

城市体检指标体系具体内容如表 1-2～表 1-9 所示。

城市生态宜居评价指标体系表（第三方评价）

表 1-2

核心目标	分解目标	核心指标	指标内容
生态宜居	自然环境	空气环境质量指标	城市空气质量优良率（%）= 全年空气优良天数 /365 天
		水环境质量指标	城市水环境质量达标率（%）=1–城市水体为黑臭或劣 5 类占比（%）
	人工环境	城市开发强度指标	中心区建成区常住人口密度（万人 / 平方公里）= 常住人口数 / 中心区建成区面积
			中心区建成区活跃人口密度（万人 / 平方公里）= 活跃人口数 / 中心区建成区面积
			中心区建成区建筑开发强度（百万平方米 / 平方公里）= 建筑总面积 / 中心区建成区面积
		热岛效应指标	城市建成区高温区域比例（%）= 城市建成区高温区域面积 / 建成区面积
	基础设施	城市废物处理能力指标	城市生活垃圾回收利用率（%）= 回收利用量 / 生活垃圾产生量
		城市污水处理能力指标	城市生活污水集中收集率（%）= 污水处理量 / 城市污水产生量
		城市绿地服务能力水平	中心区公园绿地服务半径覆盖率（%）

城市特色评价指标体系表（第三方评价）

表 1-3

核心目标	分解目标	核心指标	指标内容
城市特色	城市文化认同感	城市文化认同感评价指标	城市传统地标认同率（%）
			城市现代地标认同率（%）
	历史传承	城市历史建筑保护评价指标	城市历史街区留存比例（%）
	城市对外吸引力	城市吸引力指标	城市节假日国内游客量指数（%）= 节假日国内游客过夜人数 / 常住人口

城市交通便捷度评价指标体系表（第三方评价） 表 1-4

核心目标	分解目标	核心指标	指标内容
交通便捷	道路交通设施	道路交通设施评价指标	中心区道路网密度（公里／平方公里）
	公交设施	公共交通设施评价指标	中心区公交站点（或轨道交通站点）覆盖率（%）
			中心区公交早晚高峰行驶车速（公里／小时）
	步行环境	步行环境评价指标	城市绿色出行比例（%）
	交通服务	道路交通服务水平评价指标	中心区机动车交通健康指数
			中心区高峰时间平均车速（公里／小时）
			中心区高延时运行时间占比
			中心区高峰行程延时指数
			中心区高峰拥堵路段里程比
			中心区常发拥堵路段里程比
		交通服务与城市土地利用评价指标	城市居民单程平均通勤时间（分钟）

城市生活舒适度评价指标体系表（第三方评价） 表 1-5

核心目标	分解目标	核心指标	指标内容
生活舒适	社区建设	社区建设评价指标	中心区完整社区覆盖率（15 分钟生活服务覆盖率）
			中心区公共厕所
			中心区菜市场
			中心区社区服务中心
			中心区社区图书馆
			中心区社区快递点
			中心区社区消防点
			中心区幼儿园 POI 覆盖率
	公共服务水平	城市基础教育评价指标	城市公办幼儿园覆盖率
			城市民办幼儿园覆盖率
			城市幼儿园服务均衡度

续表

核心目标	分解目标	核心指标	指标内容
生活舒适	公共服务水平	社区医疗评价指标	中心区社区医疗服务中心 POI 覆盖率
		养老服务评价指标	中心区社区养老服务中心 POI 覆盖率
			城市公办社区养老中心覆盖率
	住房服务水平	住房供给评价指标	租金收入比 = 单位面积年租金 / 城市居民人均可支配收入
			房价收入比 = 平均总价 / 城市居民人均可支配收入

城市多元包容度评价指标体系表（第三方评价） 表 1-6

核心目标	分解目标	核心指标	指标内容
多元包容	残疾人、老年人友好	无障碍设施评价指标	中心区公共空间无障碍设施覆盖率（%）
	城市外来人口	常住人口基本公共服务评价	常住人口基本公共服务覆盖率（%）（教育、医疗、社保、住房、就业、养老）
	城市低收入人群	城市居民最低生活保障收入比例	城市居民最低生活保障 / 上年度城市人均消费支出（%）
		城镇居民恩格尔系数	城镇居民恩格尔系数

城市安全韧性评价指标体系表（第三方评价） 表 1-7

核心目标	分解目标	核心指标	指标内容
安全韧性	应急设施	安全避难设施评价指标	中心区人均避难场所面积（平方米 / 人）
	防洪排涝	防洪排涝设施评价	中心区常见内涝积水点密度（个 / 平方公里）
	城市安全	城市安全评价指标	城市年重大事故死亡率 = 城市年平均重大事故死亡人数 / 常住人口
			万车死亡率 = 城市年交通死亡人数 / 机动车保有量
			城市安全事件市民关注度 = 全社会口径对于社区安全、地区灾害、群体性事件和刑事治安案件的关注量 / 常住人口

城市活力评价指标体系表（第三方评价）　　表 1-8

核心目标	分解目标	核心指标	指标内容
城市活力	经济活力	外资吸引力评价指标	外商直接投资（FDI 流入）（万美元）
		创新投入评价指标	R&D 经费支出占 GDP 比重（%）
		民营企业发展评价指标	本土民营企业五百强数量（个）
		高新技术企业评价指标	独角兽企业数量（个）
	人口活力	人口年龄结构评价指标	劳动年龄人口比重（%）
		劳动力教育水平评价指标	劳动力需求平均受教育年限（年）
			受高等教育的劳动力需求比重（%）
		人口创新活力评价指标	每万人研发人员数量（人 / 万人）
			全时研发当量（人·年）
	创新活力	知识产权保护评价指标	居民专利授权量（件）
			ICT 专利认证数（件）
			PCT 专利认证数（件）
			技术交易合同额（亿元）
		产业效率评价指标	全要素生产率（%）
			城镇土地产出系数（万元 / 平方公里）
			每百元固定资产投资的 GDP 产出（元 / 百元）
	产业活力	高新技术产业评价指标	高新技术产业增加值（亿元）
			高技术产业增加值与二产增加值之比（%）
			高技术产品出口额占比（%）
		文化创意产业评价指标	文化创意产业增加值占 GDP 比重（%）
		大学和研究机构水平评价指标	大学和研究机构数量（家）
		营商环境评价指标	营商环境指数
	市场活力	市场化水平评价指标	市场化指数
			国家级自贸区设立（个）
			市场主体户增速（%）
		信息化水平评价指标	移动电话用户数（万户）
			互联网用户数（万户）
		民营企业评价指标	新增民营企业数（个）
			新增民营企业占比（%）

人居环境满意度评价指标体系

表 1-9

一级指标	二级指标	一级指标	二级指标
生态宜居性	雾霾等空气污染	生活舒适性	住宅及小区建设水平（水电暖、小区绿化与景观设计等）
	水体污染和雨污水排放		小区物业管理水平
	噪声污染		房租或房价可接受程度
	垃圾清洁状况		餐饮设施
	空间开敞性		日常购物设施（便利店/超市/菜市场）
	绿化覆盖率		大型购物设施（百货商店或购物中心）
	公园绿地		文化设施（图书馆/博物馆/文化馆/美术馆/影剧院等）
城市特色与风貌	邻里关系		教育设施（幼托机构/小学/中学）
	社区文体活动		医疗设施
	市民文化素质		运动设施（游泳馆/羽毛球馆/足球场等）
	景观的美感与协调		公园绿地
	特色文化氛围		广场等公共活动场所
	历史建筑与传统民居的保护	多元包容性	城市对外来人口的包容性
	非物质文化的传承		城市对国际人士的包容性
	建筑的可辨识性（标志性建筑）		城市对弱势群体的包容性
	优质游览路线的营建		城市对不同文化的包容性
	历史文化名城的保护		公租房建设
交通便捷性	步行环境的友好程度		残疾人无障碍设施
	骑行环境的友好程度		儿童活动场地
	公共交通方便性		养老设施（养老院、老年活动中心）
	道路通畅程度	安全韧性	社会治安
	停车的便利程度		交通安全
	上班通勤时间可接受程度		紧急避难场所
城市活力	工作机会		防灾应急组织能力
	创业氛围		基础设施抗风险能力（如内涝积水排放能力）
	营商环境		
	人才引进政策		
	科技创新环境		

第二节　数据获取及主要方法

以改善城市人居环境质量、建设美丽城市为目标，通过建立城市建设管理和人居环境质量评价体系，对城市建设和城市发展状况进行系统评估，全面查找存在的突出问题，加快补齐短板，有效提升城市承载力、包容度、宜居性，推动城市转型发展。

一、城市自体检

试点城市根据住房和城乡建设部提出的体检内容，开展了城市自体检工作，运用多种新技术手段，探索形成了多维分析、综合"诊断"式的城市体检工作方法。在数据获取方面，部分试点城市充分将常规统计数据与新型数据相结合。

沈阳市针对统计有难度的指标，采用互联网开放数据抓取技术，实现百度、高德等第三方大数据与自有数据进行深度整合，构建沈阳市 3471 平方公里城市三维数据模型，将房屋、道路、公园、水系等设施进行可视化处理，形成多维度可视化交互分析空间成果，为城市体检工作提供强大技术支持。

在问题"诊断"方面，广州市从国内一线城市指标、联合国可持续发展等国际标准、国家或地方标准规范、城市定位及发展目标、5 年来历史数据、社会满意度调查对比分析数据六个维度，分析诊断城市问题和"城市病"，并对城市问题和"城市病"从区域分析、结构分析和流程分析三个方面，找出"病根"、"病灶"。

长沙市采用定性分析、定量分析、实证分析、构建数学模型的方法，计算和评估各指标要素，并与相关标准规范进行比对，判定发展水平。同时，长沙市还探索构建了城市健康指数，从客观实际和群众满意的主、客观两个维度综合分析评估城市的健康状况，最终确定了"城市病"清单，针对"城市病"提出治理对策。

二、第三方城市体检

1. 第三方评价方法

2019 年 7~9 月，在较短时间内以清华大学中国城市研究院研究团队为主，对 11 个试点城市进行了第三方体检。针对城市自体检过程中发现的问题，研究团队在评价方法上进行了调整。

三个维度——第三方体检在空间范围选取上，为了统一数据口径，更好地界定指标，选取了城市、城市中心区和中心区建成区三种不同空间维度。城市层面对整体生态环境质量、整体经济活力、整体住房发展水平、整体社会发展水平、整体文化特色进行了评价；城市中心区作为核心体检单元，进行了详细的体检，从开发强度、人口密度基础指标，到公共服务设施、交通设施等专项指标。

抽样方法——为了能够更加准确地发现城市问题，第三方体检学习了世界银行营商环境评价方法，采用了城市中心区抽样分析方法，选取每个城市中心区人口密度最高的一个行政辖区，作为城市中心区的代表。分别选取了沈阳和平区、南京鼓楼区、福州鼓楼区、广州越秀区、厦门湖里区、成都青羊区、海口秀英区、长沙芙蓉区、西宁城西区、遂宁船山区、景德镇珠山区。

更加丰富的指标——在保持城市自体检指标体系确定的 7 大核心目标不变的前提下，将 7 大核心目标分解为 24 个分目标、43 个核心指标、77 个指标进行分析评价，更加多维度、更清晰地对城市发展进行画像。

2. 第三方数据获取

城市第三方体检的数据来源以政府公开数据为基础，加强了空间分析数据的使用，重点结合城市遥感数据和人工智能分析，同时辅助以社会大数据、社会感知数据、抽样调查数据进行分析。

空间数据——空间数据分析来源重点采用了遥感数据＋人工智能分析方法，实现了低成本、快速建模，形成了城市体检的数据底板。

人口数据——人口数据以政府公开数据为基础，辅助以百度人口数据。

交通数据——交通数据以百度地图、高德地图交通大数据为主，结合抽样调查数据。

环境数据——以政府公开数据为基础，辅助以蔚蓝地图、英视睿达环境数据等社会大数据。

城市特色、生活舒适数据——以高德地图 POI 数据和空间数据为基础，综合运用社会参与数据、抽样调查数据。

城市活力数据以 2861 城市心跳数据为主。

三、社会满意度调查和评价

"金杯银杯不如老百姓的口碑"，城市建设和管理的优劣老百姓最有发言权。城市人居环境的状态直接影响居住在城市的老百姓的主观感受，因此，从居民的感受来评价城市人居环境充分体现了"以人为本"、"人民城市人民建，人民城市为人民"的基本理念。社会满意度调查就是基于居民对城市客观体检的主观判断和评价，也只有把主观感受与城市物质环境评价相结合，才能体现城市体检工作的完整性和科学性。

生态宜居性居民满意度评价主要是从居民自身角度出发，对城市的公园绿地、公共开敞空间等的满意程度，以及对城市各种污染物排放等进行调查和评价，生态环境按照满意度的高低进行评价，污染物排放按照居民感受的轻重程度进行评价。生活舒适性是依据居民对城市和社区的基本公共服务、物业管理和小区活动空间等进行满意度调查和评价，满意度越高说明城市的社会舒适性越好。城市特色和风貌主要是了解居民对所在城市的独特历史文化、城市景观、城市标识和旅游等的满意度，满意度越高，城市特色和风貌评价也越高。交通便捷性主要是了解居民对交通通畅、公共出行、通勤时间和停车等的满意程度。多样包容性是了解居民对外来人口、特殊人群的包容和关爱程度，满意度越高，城市的包容性也高。安全韧性主要是调查和分析居民对城市公共安全、突发事件的相应能力的满意程度；城市活力是调查和评价居民对城市的就业、创业和创新环境的满意程度。在调查中，要充分考虑不同年龄、收入和职业等人群的关切，客观反映各类群体的诉求。

本次满意度评价调查面向沈阳、南京、福州、厦门、景德镇、长沙、广州、海口、成都、遂宁、西宁 11 个试点城市的 73 个城区开展，调查对象主要为 16 周岁以上的本地常住人口，调查形式为线上问卷调查。为了确保调查数据的可靠性、准确性、代表性和广泛性，在调研开展前和调研过程中，通过等比例分层抽样、交叉控制配额抽样等多种抽样方式，控制受访者的总体样本特征，保证受访者总体的空间分布、性别、年龄、职业、收入水平等覆盖范围全面且结构合理。

问卷调查于 2019 年 7～9 月间在 11 个试点城市同步开展，累计发放 13438 份线上问卷，回收有效问卷 12050 份，有效率为 89.7%，受访者总体特征如表 1-10 所示。

受访者总体属性特征　　表 1-10

属性	变量	比例	属性	变量	比例
性别	男	54.1%		党政机关或事业单位领导	3.5%
	女	45.9%		机关和事业单位职员	10.7%
年龄	29 岁及以下	25.0%		企业高管	11.6%
	30～39 岁	24.2%		企业员工	27.2%
	40～49 岁	24.6%		个体经营者	8.9%
	50～59 岁	16.3%	职业	军人	0.1%
	60 岁及以上	9.9%		工人	4.7%
收入	5 万元以下	3.4%		商业、服务业员工	7.9%
	5 万～6.9 万元	10.7%		自由职业者	7.3%
	7 万～9.9 万元	12.5%		学生	4.0%
	10 万～19.9 万元	31.3%		已退休	10.5%
	20 万～29.9 万元	20.2%		待业	3.6%
	30 万～49.9 万元	10.8%		籍贯本地，有本地户口	58.7%
	50 万～100 万元	6.3%	户籍	籍贯外地，已获本地户口	20.1%
	100 万元以上	4.8%		外地户口	21.2%

第三节　城市体检工作组织

一、组织方式

2019 年 4 月，住房和城乡建设部印发《住房和城乡建设部关于开展城市体检试点工作的意见》，指导试点城市开展体检工作。各试点城市按照住房和城乡建设部统一工作部署，均成立由市委市政府主要负责同志担任组长的城市体检工作领导小组，下设市城市体检试点工作领导小组办公室和专责小组，统筹领导全市城市体检工作。广州、长沙、西宁、景德镇 4 个试点城市还同步成立了专家工作组，多方协同推进城市体检试点工作。

二、工作机制

在工作机制探索方面，此次试点工作组织和引导各试点城市将城市体检作为政府的一项重要工作，提升到更高层面定期调度、统筹推进，探索建立了"政府主导、市区联动、部门协同、公众参与"的共建共享共治的工作机制。其中，广州、长沙、福州建立了市、区、街道、社区四级联动工作机制，南京、沈阳、成都、西宁、景德镇、海口 6 个城市确立了市、区两级城市动员和联动的工作机制。

三、技术支撑

为更好地指导城市体检工作，专门成立了住房和城乡建设部城市体检专家指导委员会，成员由国内经济、社会、规划、交通、园林、地理、公共管理等领域的知名专家学者组成，为城市体检工作提供全面的技术支持。同时，考虑到指标信息数据收集环节是开展城市体检评估的基础性工作，为使信息更客观、更扎实，城市体检在经济社会统计数据、城市建设数据、地理国情普查数据的基础上，结合城市运行大数据，指导试点城市建立城市体检评估基础数据库，形成多源数据互为支撑、互为补充、互为校核，通过与相关国家标准和行业标准的比对，可以发现不足和差距，通过与发展目标的比对，能够实时掌握工作进度，便于及时调整各项工作的节奏。

四、交流指导

试点过程中，为保证工作质量，住房和城乡建设部城市体检专家指导委员会定期开展现场工作指导，集中组织专家对试点城市逐一进行现场培训和指导并开展阶段性工作经验交流，组织试点城市在北京、长沙等地召开城市体检试点工作经验交流会，促进试点城市间的学习交流，推动试点城市体检工作的开展。此外，为及时总结好的经验做法，深入推进工作，采取了工作营的方式推进试点工作，选取长沙、广州、福州等工作开展相对较好的城市与中国城市规划协会、清华大学、中国科学院等单位组成工作营，就城市体检重点内容开展专题研讨，编制城市体检技术指南，指导各地城市体检工作。

五、多方参与

为使城市体检工作更具包容性、鲜活性、有效性，由人民群众评判城市人居环境建设成效，组织试点城市开展了社会满意度调查。

沈阳市利用新媒体平台，邀请公众参与城市高质量发展问卷调查，参与人数达 3.3 万人，共收集问卷 2.5 万份，文字建议 115 万字，基本实现了全空间和全人群覆盖，将"自上而下"专业诊断和"自下而上"百姓献策有机融合。

广州市通过配额问卷调查、网络问卷调查、微信小程序调查、焦点小组会议等方式，获取广州市民对各项体检指标的满意程度，以及对城市体检工作的相关意见和建议。

南京市以"人民城市人民管，管好城市为人民"为目标，通过城市体检工作，让更多市民和社会各界走进城市管理、感受城市管理、参与城市管理，形成城市体检问题发现、治疗全过程参与的模式。

第二章

城市体检总体结果

第一节　总体特征

综合城市自体检、第三方体检和社会满意度调查结果看，11 个试点城市的人居环境质量总体较好，主要表现在以下 7 个方面。

一、生态宜居

一是资源环境承载能力较强。从城市水环境质量来看，整体水环境质量较好，11 个试点城市水环境质量达标率均在 85% 以上，有 7 个城市达到 100%。11 个试点城市中有 9 个城市的空气质量优良天数在 275 天以上，空气环境质量达到较好水平（图 2-1）。城市生活污水集中收集率有 8 个城市在 90% 以上。一半以上试点城市公园绿地服务半径覆盖率达到 90%以上。

二是多数城市开发强度较为适宜。从试点城市的区域开发强度指标来看，福州、长沙、厦门、西宁、成都和景德镇等城市区域开发强度在 20%～30% 之间，处于人居环境比较适宜的开发强度规模。广州、南京、遂宁、海口和沈阳等城市区域开发强度低于 20%，城市发展后备潜力较足。

三是中心城区人口和土地的集约程度较高。从中心区人口密度来看，多数试点城市中心区人口密度达到或接近 1 万人 / 平方公里，广州、南京、厦门等城市中心区人口密度分别达到 2.4 万人 / 平方公里、1.97 万人 / 平方公里、1.82 万人 / 平方公里，遂宁、景德镇、海口等城市人口密度也达到了 0.9 万人 / 平方公里以上。从中心城区建筑开发强度看，城市建筑毛容积率比较高，11 个试点城市中有 9 个城市的容积率在 1 以上，土地利用比较充分。

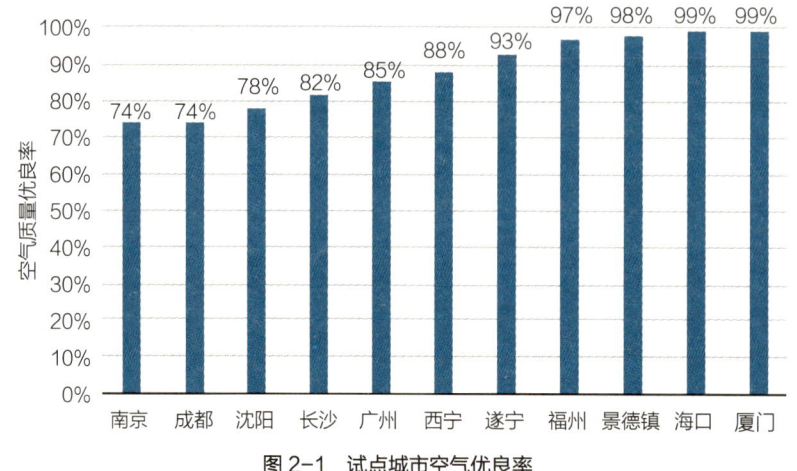

图 2-1　试点城市空气优良率

二、城市特色

从试点城市的体检结果看，目前国内城市在城市历史文化保护和文化旅游发展上取得了较好的进展，正在形成"看得见的历史、可阅读的城市"氛围。

一方面，历史文化保护成效较明显，历史建筑活化利用不断得到加强。试点城市在城市历史建筑和传统民居环境与本体保护、建成区历史建筑普查挂牌等方面做了较多工作。多数城市历史建筑和传统民居保护完整性都达到 90% 以上，其中南京和成都已经达到 100%。

另一方面，城市建成区内已公布历史建筑挂牌率较高，广州、福州、南京、长沙均达到或接近 100%。同时，城市也日益重视对自身历史文化的发掘和修复，加强对历史建筑的活化利用。比如景德镇在城市"双修"的基础上增加了文化修筑，以促进千年瓷都的文化复兴。福州以三坊七巷历史文化街区为代表的历史建筑保护和利用已经成为全国典范。另外，试点城市游客吸引力不断增强。广州、成都、南京、长沙等节假日国内外游客接待量均保持在 2000 万人次以上，城市吸引力较高（图 2-2）。

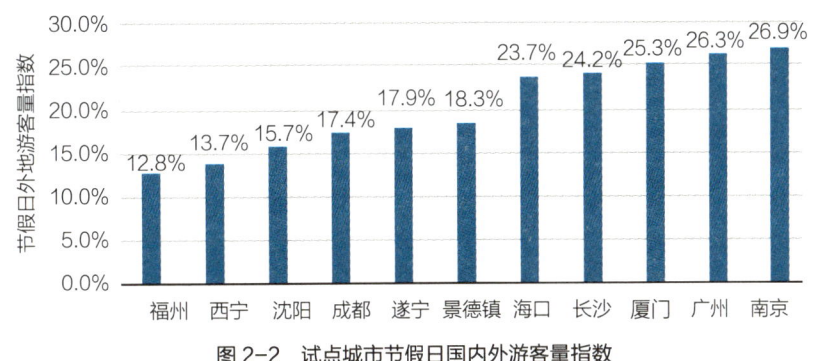

图 2-2　试点城市节假日国内外游客量指数

三、交通便捷

近年来，城市建成区路网密度正在稳步提高。广州、福州、南京、长沙、厦门 5 个城市城市建成区道路网密度在 6 公里 / 平方公里以上。其中福州达到了 8.05 公里 / 平方公里，已经达到了《中共中央　国务院关于进一步加强城市规划建设管理工作的若干意见》中提出的，2020 年城市建成区平均路网密度 8 公里 / 平方公里的目标值。从高峰时段建成区主干道平均车速指标来看，11 个试点城市中，长沙、遂宁、厦门、海口、西宁、成都高峰时段建成区主干道平均车速达到 30 公里 / 小时以上，其他城市也都在 24 公里 / 小时以上❶，城市的日常交通通畅水平正在不断提高（图 2-3）。

---

❶ 2019 年高德地图交通大数据监测的 50 个主要城市结果显示，超大城市全天平均车速为 28.9 公里 / 小时；特大城市为 29.97 公里 / 小时；大城市为 31.1 公里 / 小时。

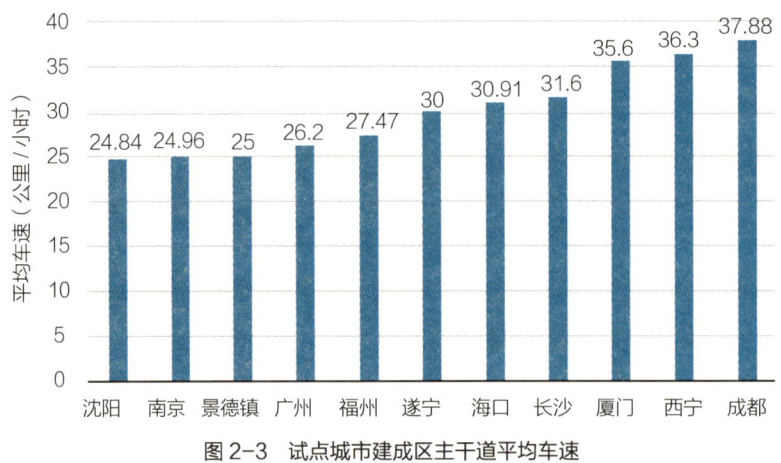

图 2-3　试点城市建成区主干道平均车速

四、生活舒适

多数试点城市常住人口基本公共服务覆盖率超过 90%，基本公共服务均等化水平较高。多数试点城市公共空间无障碍设施率达到 70%，针对老年人、残疾人等不同城市群体的设施服务能力不断提升。从"一刻钟社区生活服务圈"覆盖率指标数据看，广州、西宁、长沙、福州均超过了 50%，景德镇和厦门达到了 70% 以上。"一刻钟社区生活服务圈"全覆盖格局正在形成。

五、多元包容

根据第三方评价数据，城市无障碍公共设施的覆盖率整体较低，在 57%~67% 范围内，需要加大对残障及老年群体的关注度；从最低生活保障占比来看，整体处于较低水平，在 18%~33% 之间，需要加大政策力度，以保障城市弱势群体的稳定生活。

六、安全韧性

一是从交通安全方面的表现看，试点城市万车死亡率的评价结果处于国家畅通工程评价标准的一等区间 ❶，已经达到或接近发达国家水平。

二是从社会治安环境看，近年来刑事案件发生率下降速度较快，广州市 2018 年刑事案件发生率为 57.8 件 / 万人，相较于 2014 年下降了 44%。福州市由 2016 年的 150.72 件 / 万

---

❶　根据国家畅通工程评价标准（即 2012 年版城市道路交通管理评价指标体系），万车死亡率在 2~5 人 / 万车评价为一等，在 5~8 人 / 万车评价为二等，在 8~12 人 / 万车评价为三等，在 12~16 人 / 万车评价为四等，在 16~30 人 / 万车评价为五等。

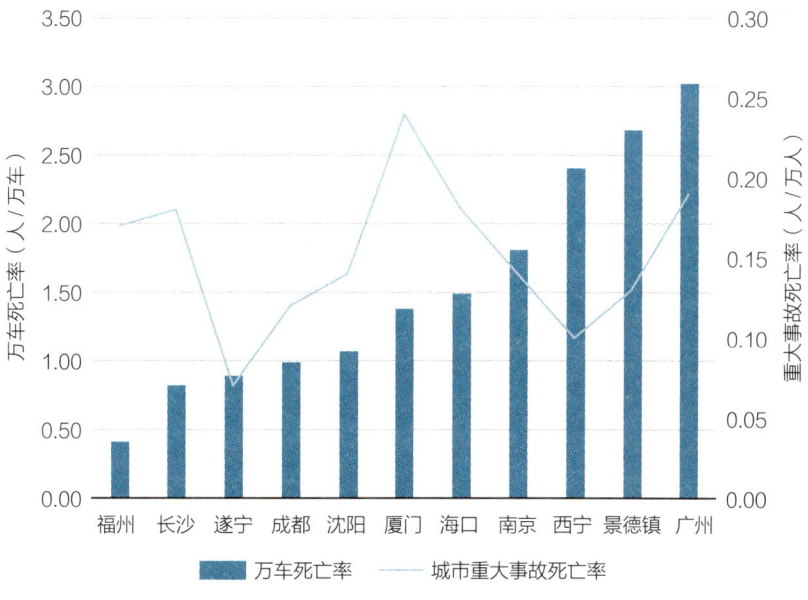

图 2-4　试点城市重大事故死亡率和万车死亡率

人下降到了 2018 年的 95.01 件 / 万人，两年下降幅度达到 37%。这表明试点城市的社会治安防控能力在快速提升，社会治安环境明显好转。这与试点城市公众安全满意度调查结果一致，超过一半的试点城市满意度在 90% 以上，公众对城市安全满意度高，居民生活安全感较强。

三是从极端天气与自然灾害抵御能力看，随着海绵城市建设、城市双修等工作的推进，对提升城市抵御极端天气、缓解城市内涝起到重要作用。如 2018 年，遂宁市城市积水内涝最长排干时间缩短至 30 分钟，南京市城市积水内涝最长排干时间缩短至 180 分钟。

七、城市活力

一是多数城市对青壮年人口的吸引力较高。根据 2018 年全国统计年鉴数据显示，2017 年全国 15～35 岁人口数所占比例为 28.12%。11 个试点城市中有 7 个城市的 14～35 岁人口占比数据高于全国水平，广州更是达到了 44.82%。

二是民营经济增速较快，经济比较活跃。11 个试点城市中，民营经济占比达到 60% 以上的城市包括景德镇（97.2%）、长沙（61.3%）、福州（65.4%）、遂宁（62.49%），整体处在一个较高的水平，与国家整体经济发展趋势一致。从民营经济新增比例来看，多在 8% 以上，增速较快。

三是在高素质人才吸引方面，多数试点城市表现优异。南京、沈阳、广州、福州、长沙等城市新增就业人口中大学以上文化程度所占比例均在 35% 以上，南京、沈阳和长沙更是超过了 50%。

第二节　主要城市病

虽然我国城市人居环境建设取得了巨大成就，但通过体检也发现试点城市仍然存在一些突出的短板问题，与人民群众日益增长的对美好人居环境的需要和期盼仍有较大差距，城市不生态、不宜居、不便捷、不舒适、不安全等问题仍然不同程度存在。主要表现在以下几个方面。

一、生态宜居性与人民满意还有一定差距

在 11 个试点城市人居环境满意度调查中，接近一半的试点城市的生态宜居性得分偏低（图 2-5）。对居住环境品质影响较大的垃圾处理方面，垃圾分类收集比例偏低，除厦门、广州和南京为 70% 以上外，其他试点城市的垃圾分类收集比例均在 50% 以下。另外，垃圾回收利用水平有待提升，垃圾回收利用率普遍较低。

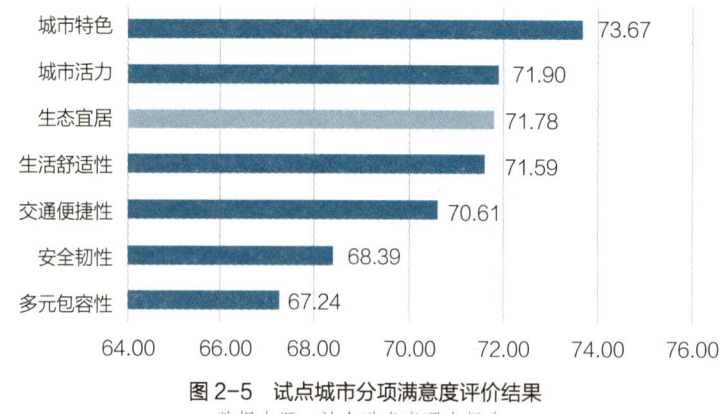

图 2-5　试点城市分项满意度评价结果

数据来源：社会满意度调查报告。

二、历史文化资源活化和保护制度尚待健全

一是历史资源活化利用不足。由于大部分历史街区和历史文化遗产处于老城区，建筑密集、产权复杂、市政基础设施老化等问题，对活化利用形成了较大的障碍。一些城市的优质历史资源被机关、部队、科研院所等单位使用，存在潜在破坏，未能很好地进行开放展示。仍有部分历史文化街区处于自然衰败状态。

二是文化遗产活化利用的规模、范围、方式有限。工业遗产、优秀近现代建筑、乡土建筑等遗产，未形成适应性保护利用方法。同时，历史文化街区缺乏长效运营机制和资金投入，导致保护利用规划落地实施困难。

三、交通拥堵治理任重道远

一是公共交通出行分担率有待提高，慢行交通尚未形成体系。从城市体检情况看，仍有较多城市的公共交通出行率偏低，其中福州为 22.61%，海口为 16.7%，西宁为 45%，均低于 60% 的国际标准（图 2-6）。原因主要是受场站建设滞后、换乘衔接不畅以及高峰道路交通阻滞的影响，公共交通出行舒适性和便捷性不高。另外，公交线网密度和站点覆盖率不够，也影响公共交通系统的出行分担率。慢行交通方面，部分城市由于步行道路不连续、步行道过窄、机动车或其他设施占道、缺少专门的自行车道、骑行与公共交通换乘不方便等原因，导致城市步行和骑行环境较差，老百姓满意度不高。

二是停车位不足，停车满意度低。如，福州市中心城区停车泊位与小汽车拥有量之比为 0.53：1，半数机动车处于无车位状态，同时停车设施供应结构也不合理，配建停车泊位、路外公共停车泊位和路内停车泊位比例为 93：3：4，规划的 65 个停车场中仅实施了 8 处。遂宁市汽车车位数与车辆数之比只有 0.49。在满意度调查中，市民停车便利程度整体满意度偏低。

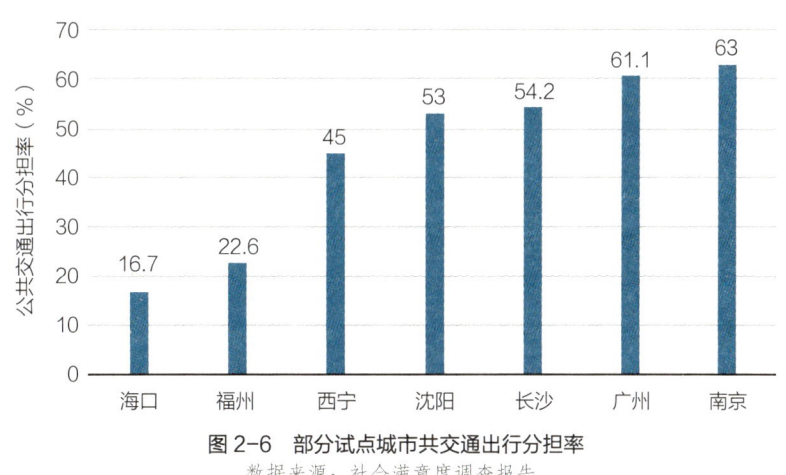

图 2-6 部分试点城市共交通出行分担率
数据来源：社会满意度调查报告。

四、城市多元性和包容性尚需努力

一是公共设施供给不均衡。从城市人口密度分布来看，在便民社区服务、卫生服务、养老服务等方面还有所欠缺，影响居民生活质量。

二是公共设施服务缺乏多样化与人性化。从城市体检结果看，城市对外来人口、儿童、老年人、残疾人等群体的特殊需求普遍关注不够。幼儿入园、老人养老、外来人口等个体差异性需求未能得到充分满足。虽然随着城市规模的快速增长，公共服务设施建设投入不断加大，很多公共服务设施都实现了全覆盖，但优质的公共服务依然紧缺。

三是市民对城市的多元包容性满意度较低。社会调查结果显示，居民对养老设施、儿童活动场地、残疾人无障碍设施和公租房建设满意度非常低，城市对弱势群体的支持不足。11 个试点城市中仍有大部分城市公共空间无障碍设施覆盖率处在 80% 以下。在城市最低收入群体居民生活必需品人均消费支出与城市居民最低生活保障比这一数据上，南京、景德镇、遂宁、西宁、成都均接近或者超过 100%。这表明城市对残疾人、低收入群体友好度不够，城市的多元包容性尚需加强。

五、城市安全韧性有待提高

一是城市抵御自然灾害能力尚须提高。积水内涝的最长排干时间普遍较长，近一半试点城市超过 3 小时（图 2-7）。

二是防灾避灾设施建设有待加强。从人均避难场所面积来看，试点城市普遍偏低。广州、福州、南京、厦门、成都、沈阳人均避难场所面积不足 1 平方米，其中广州不足 0.5 平方米，低于国家标准。

三是市民对城市安全韧性满意度较低。从社会调查满意度来看，居民的主要不满体现在城市防灾抗险能力方面。其中，基础设施抗风险能力和防灾应急组织能力方面的得分较低。

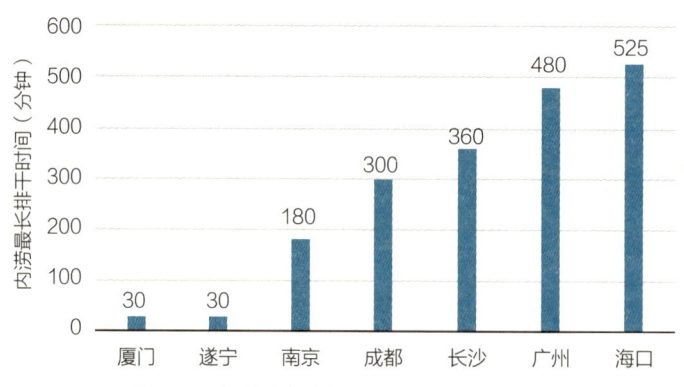

图 2-7　部分试点城市积水内涝最长排干时间

数据来源：试点城市自体检报告。

第三章
试点城市体检诊断

按照《住房和城乡建设部关于开展城市体检试点工作的意见》部署，各试点城市高度重视，均成立了城市体检工作领导小组，由城市人民政府主要负责同志担任组长，制定了城市体检试点工作方案，组织设计院、高校等科研机构成立工作组，开展并完成了城市自体检工作。同时，住房和城乡建设部组织中国城市规划协会、清华大学、中国科学院地理科学与资源研究所、住房和城乡建设部遥感应用中心等单位开展第三方城市体检和社会满意度调查。

第一节　沈阳市

一、主要成效

1. 公园绿地覆盖率较高

以"5000m^2（含）以上绿地按照 500m 服务半径"、"2000（含）~5000m^2 的绿地按照 300m 服务半径"测算，沈阳中心区公园绿地服务半径覆盖率为 96%，中心区绿地服务水平较高（图 3-1）❶。

2. 传统城市文化地表认同度较高

城市文化认同感指标方面，通过调查数据分析，沈阳市市民对传统城市文化地标沈阳故宫的认同感指标达到 95%，为试点城市中的最高值（图 3-18）。

3. 住房服务水平较高

通过第三方数据分析，沈阳市生活舒适整体情况良好。

社区建设指标方面，基于空间数据分析，沈阳市城市中心区完整社区覆盖率指标为 28.20%，在试点城市中处于中游水平（图 3-2）。

公共服务设施指标方面，沈阳中心区幼儿教育、社区医疗、社区养老等各类公共服务设施覆盖率指标，在体检一、二线城市中均处于中等水平（图 3-3、图 3-4）。

住房服务水平指标方面，沈阳城市房价收入比、租金收入比指标在试点的所有试点的省会城市、特大城市中处于最好水平（图 3-4）。

4. 物价平稳，多元包容整体情况良好

通过第三方数据分析，沈阳多元包容整体情况良好。

城市老年人、残疾人指标方面，根据调查指标，沈阳市城市无障碍设施覆盖率为 58%，

---

❶ 本章中相关图见本章附录。

处于较低水平（图 3-6）。

外来人口指标方面，根据城市上报数据，沈阳城市常住人口基本公共服务覆盖率指标56.05%，居于中游（图 3-7）。

低收入人群指标方面，根据统计数据，城市居民恩格尔系数为 28.55，城市居民最低生活保障占消费比（城市居民最低生活保障/上年度城市人均消费支出）为 24%，均处于试点城市的平均水平（图 3-8、图 3-9）。

综合以上数据说明，沈阳的多元包容性整体处于良好水平。城市物价水平比较平稳，对于老年人、残疾人、外来人口公共服务处于平均水平。

5. 城市安全整体情况良好

通过第三方数据分析，沈阳城市安全韧性整体情况良好。

根据空间数据分析以及统计数据和当地政府上报数据，2018 年沈阳市建成区内万车死亡率为 1.07 人/万车（图 3-10），刑事案件发生率为 58.12 件/万人（图 3-11），人均避难场所面积为 3.8 平方米/人（图 3-12）。

二、问题诊断

1. 生态环境整体情况一般，热岛效应严重

通过第三方数据分析，沈阳生态宜居整体情况一般。

自然环境指标方面，第三方数据表明，沈阳市空气质量优良率为 78%，处于各试点城市下游水平（图 3-13）；同时，城市水环境质量优于 V 类指标为 60.7%，城市水质指标夏季城市监控断面中约 40% 的水质断面为黑臭或劣 V 类水体，在 11 个试点城市居于下游水平（图3-14）。作为辽宁省省会和东北地区核心城市，沈阳应该进一步提高城市空气质量，改善环境，同时应该加大投入进行水体整治，通过截污疏浚、生态治理、专项整治、流域生态恢复等多种手段有效改善城市水质。

城市人工环境指标方面，各项指标处于正常值：

沈阳城市中心区人口密度根据统计信息达到 1.35 万人/平方公里；同时，通过百度大数据校核，中心区建成区活跃人口的密度为 1.27 万人/平方公里（图 3-15）。

中心区建设开发强度指标为 1.12，在各试点城市中处于正常水平（图 3-16）。

综合各项指标，反映沈阳城市中心区人口密度出现下降趋势，处于人口疏解阶段。

通过空间数据分析，沈阳市热岛效应影响比较严重，城市建成区高温区比例指标达到22.00%，不利于城市污染物扩散（图 3-17）。

以上数据说明，沈阳城市建设中对生态系统规划布局不尽合理，中心区密度偏高，对城市人居环境质量影响较大。

2. 城市现代地标认同率低，传统街区留存度较低

通过第三方数据分析，沈阳城市特色整体情况一般。

市民对现代地标奥体中心认同率指标仅为41%，在各试点城市中居于较低水平（图 3-18）。

历史文化保护指标方面，本次第三方体检选取了 1911 年沈阳市历史地图，测算中心区原有历史街区面积为 32.78 平方公里，通过卫星遥感图片比对分析，目前城市中心区留存历史街区面积仅为 0.77 平方公里，而且呈高度分散斑块，城市传统街区留存比指标仅为 2.35%，在试点城市中最低（图 3-19）。

城市吸引力指标方面，根据百度时空大数据团队提供的数据，2018 年"五一"、"十一"、春节节假日外地游客数量占城市常住人口的比例指标为 15.7%，在试点城市中处于较低水平（图 3-20）。

3. 市民平均通勤时间较长

通过第三方数据分析，沈阳城市交通整体情况一般。

公共交通与绿色出行方面，通过调查数据和空间数据分析，沈阳城市中心区公交站点覆盖率、高峰时段城市公共交通平均车速、绿色出行比例等指标均处于试点城市下游水平（图 3-22~图 3-24）。

机动车交通和道路设施指标方面，通过高德第三方交通数据和城市空间数据分析，沈阳中心区机动车交通健康指数、城市道路网密度指标，处于平均水平（图 3-21、图 3-25）；但是，根据调查数据，市民单程平均通勤时间在各试点城市中最高（图 3-26）。

4. 城市创新能力不足

根据第三方数据分析，沈阳城市活力整体情况良好。

沈阳市作为传统工业城市和区域中心城市，在城市活力方面总体表现居于试点城市中游水平，创新活力指标加权值较低（图 3-27、图 3-28）。

三、结论与建议

1. 合理规划空间布局，打造高品质城市空间

考虑到沈阳周边新城新区开发已经出现大量闲置土地，沈阳未来发展应避免铺摊子、摊大饼，走内涵发展提升路线。通过城市品质提升，构造集约高效、绿色低碳、宜居宜业的城市高品质空间环境是沈阳市应该重点考虑的问题。

同时，未来沈阳市应加强城市生态系统设计，进一步拓展城市绿道、生态廊道和斑块体系，构建城市生态通廊，进行城市系统的有机更新和生态体系品质提升。

2．重视城市特色营造，打造历史文化街区

沈阳市城市文化特色问题成为城市发展的主要短板。在工业化和城市化进程中，沈阳对城市历史文化保护传承重视不足，历史文化遗产保护滞后，破坏严重。作为我国近代工业和新中国工业发展的摇篮，沈阳尚保有一批城市工业发展遗迹，建议沈阳未来要高度重视城市文化传承保护问题，一方面抓历史文化保护与传承，一方面做好现代城市文化打造，加强对历史文化街区和风貌的持续保护，特别是沈阳市工业文化遗产保护。沈阳市应该大力改善城市品质，提升旅游服务质量，推动旅游业在城市发展中的重要位置。

3．坚持绿色交通优先，改善城市交通状况

从体检结果来看，沈阳市一方面在规划系统存在问题，土地利用与职住平衡存在问题，就业与居住之间不均衡；另一方面，公共交通、道路交通、绿色交通系统发展不足。

建议沈阳市未来坚持绿色交通优先的城市发展原则，优化公交线网系统，开展 TOD 规划和城市有机更新，通过精细化手段开展城市路网的完善工作，保证城市公共交通系统的可达性，深入挖掘背街小巷的街巷空间，通过有机更新将其转化为城市重要的绿色出行补充通道，建设完整街道，改善城市的交通，使出行安全便捷。

4．增加基础设施投入，增强人才吸引力

沈阳作为东北老工业基地振兴的中心城市，住房服务、公共服务设施基础较好，但在新一轮城市发展中仍面临重大挑战。建议沈阳市加大公共服务设施和完整社区建设投入，增加完整社区的覆盖率，提高群众的满意度、获得感、幸福感，只有这样才能留住人才，保证老工业基地重新焕发青春。

沈阳市下一步应该在提升人口活力、经济活力、创新活力等方面整体布局，利用国家振兴东北的机遇，充分挖掘潜力，从人才储备和机制创新等多个方面发奋图强，实现沈阳市城市活力发展的新腾飞。

第二节　南京市

一、主要成效

1．城市地标认同率高，对外吸引力强

通过第三方数据分析，南京城市特色整体情况较好。

城市文化认同感方面，通过调查数据，南京市市民对传统地标认同感指标，中山陵得到了85% 的认同度；城市市民现代地标认同感指标，南京长江大桥得到了 73% 的认可度，在各试点城市中都居于高位（图 3-18）。

城市吸引力方面，根据百度大数据提供的数据，2018 年"五一"、"十一"、春节节假日外地游客数量占城市常住人口的比例指标为 26.9%，在各试点城市中最高（图 3-20）。

历史文化保护方面，本次第三方体检选取了 1933 年南京市历史地图，测算中心区原有历史街区面积为 45.62 平方公里，通过卫星遥感图片比对分析，目前城市中心区留存历史街区面积为 3.78 平方公里，通过空间数据分析表明，南京城市历史街区留存比例指标居于中游水平（图 3-19）。

2. 完整社区覆盖率较高

通过第三方数据分析，南京生活舒适整体情况较好。

社区建设方面，基于空间数据分析，南京市完整社区的覆盖率为 47.70%，在试点城市中仅次于广州（图 3-2）。

公共服务设施方面，城市教育、社区医疗、养老等各类公共服务设施的覆盖率都居于全国较好水平，城市公办幼儿园与私立幼儿园的教育服务均衡度较好，值得进一步推广（图 3-3）。

住房服务水平方面，南京城市房价收入比、租金收入比指标均处于中游水平，处于可控区间，在特大城市中城市租金收入指标较好（图 3-5）。

综合以上数据说明，城市生活舒适成为南京的主要城市优势，城市社区发展、公共服务配套、住房服务整体均衡。

3. 常住人口基本公共服务覆盖率较高

南京市常住人口基本公共服务覆盖面广，水平较高，主要公共服务产品覆盖率均在 90%以上（图 3-7）；同时，城市无障碍设施覆盖率为 62%，服务品质和均衡性可进一步提升（图 3-6）；南京城市居民的恩格尔系数在各试点城市中仅次于广州，属于物价水平较低城市（图 3-9）；同时，2018 年城乡低保标准占当地城乡居民上年度人均消费支出比率为 29%，处于 11 个试点城市的较高水平（图 3-8）。

数据分析表明，南京是一个多元包容性较高的城市，整体物价水平较低，蔬菜、肉类、生活必需品价格可控，公共服务覆盖率较高，房价和租金水平整体可控，适合外来人口居住。

4. 城市经济和创新活力较强

第三方数据分析，南京市在城市活力各项指标总体表现居于试点城市前列（图 3-27、图 3-28），反映了该城市在经济和创新方面的新动能，为城市未来的发展奠定了良好基础。与其他试点城市相比，南京市在大学和科研机构数量，高新企业产值占第二产业比例等方面具有优势，反映了南京市在高新技术发展、人才储备和新旧动能转换等方面的潜力，应该进一步抓住机遇，充分挖掘潜力，实现南京市高新技术发展的新腾飞。

5. 交通便捷情况良好

通过第三方数据分析，南京交通便捷整体情况良好。

道路设施指标方面，中心区道路网密度指标为 5.37 公里 / 平方公里，处于各试点城市上游水平（图 3-21）。

公共交通和绿色出行指标方面，南京市城市中心区公交站点覆盖率为 93.9%（图 3-22），城市绿色出行比例指标也处于较高水平（图 3-24）；但是调查数据表明，城市高峰时段公共交通平均车速以及市民平均通勤时间等指标在试点城市中均处于中下游水平（图 3-23、图 3-26）。

机动车交通指标方面，根据高德第三方交通数据，机动车交通健康指数为 65.10%，处于试点城市中游水平（图 3-25）。

二、问题诊断

1. 空气质量较差，开发强度高

根据第三方数据分析，南京生态宜居整体情况一般。

自然环境指标方面，南京市环境质量不容乐观，第三方数据表明，南京市全市全年空气质量优良率为 74%，处于 11 个试点城市下游水平（图 3-13）；同时，水环境质量优于 V 类指标为 70%，城市夏季实时监控断面中仍有 30% 的水质断面为黑臭或劣 V 类水体，而且多集中于城市中心区域，水质指标在试点城市中居于中游水平（图 3-14）。

2. 城市人工环境方面，各项指标偏高

根据统计信息，南京城市中心区（鼓楼区）建成区人口密度已经达到 2.56 万人 / 平方公里，中心区建筑开发强度（毛容积率）达到 1.48，这两项指标在 11 个试点城市中心区中均处于较高值（图 3-15、图 3-16）。

同时，通过百度大数据校核，中心区活跃人口的密度为 2.09 万人 / 平方公里。

这反映出南京作为长江三角洲的主要特大城市，中心区已经高度饱和，人口密度高，开发强度大；同时，活跃人口低于常住人口，说明已经进入城市对外疏解阶段。

根据空间数据分析，目前南京市建成区内高温区比例为 7.60%，在 11 个试点城市中处于中游水平（图 3-17）；同时，以 "5000m² （含）以上绿地按照 500m 服务半径测算；2000 （含）~5000m² 的绿地按照 300m 服务半径测算"，南京市核心区公园绿地服务半径覆盖率为 53%，中心区绿地服务水平不高，在 11 个试点城市处于中游水平（图 3-1）。

根据总体指标分析，南京市虽然开发强度较大，密度较高，但是城市山水格局完整，城市建成区生态系统比较完善；但是城市中心区开敞空间供应仍显不足。

3. 城市交通安全和治安水平一般

南京市防涝能力全面提高，2018 年城市建成区内涝最长排干时间 180 分钟，2018 年南京市人均避难场所面积 4.5 平方米 / 人，均处于试点城市平均水平（图 3-12）。但是，南京的城市万车死亡率为 1.81 人 / 万车，处于试点城市较高水平，南京市民对于城市安全事件的关注度处于各试点城市的最高水平，说明城市交通安全、治安是城市主要短板（图 3-10、图 3-11）。

数据分析说明，南京地处长江三角洲核心区，江苏、安徽两省交界，人流、物流频繁，城市安全指标仍然很高。在城市治理方面需要大力加强，进一步提高城市安全韧性。

三、结论与建议

1. 加强历史文化保护，发展生态文化旅游

综合数据分析表明，南京城市富有魅力，对外吸引力强，城市文化认同感较高，重视现代城市建设中的城市设计，和长三角地区中心城市的地位相符；同时，作为"六朝古都"，南京历史文化保护任务面临挑战，中心区历史街区留存度较低，历史文脉的传承与创新是下一步工作重点。南京在长江三角洲建设国际城市群进程中，应进一步建设国际级文化旅游城市，建设南京—黄山和南京—杭州生态文化旅游带，继续提升城市品质，创新城市文化，提升旅游业在城市发展中的重要位置。

2. 提高生态环境质量，加强城市生态建设

作为江苏省省会城市和长三角地区核心城市，生态环境质量是南京当前城市发展的短板。南京市要进一步提高城市空气质量，改善环境；同时，应该下大力气进行水体整治，通过截污疏浚、生态治理、专项整治、流域生态恢复等多种手段，有效改善城市水质。

下一阶段应通过城市有机更新，城市品质提升，创造高密度下宜居宜业的城市空间环境；同时，中心区城市老龄化的情况将日趋严重，因此更应注意社区建设和服务设施提供，构造老有所养的城市服务体系。

应该进一步挖掘潜力，进一步拓展城市绿道、生态廊道和斑块体系，进行城市系统的有机更新和生态体系品质提升，构成城市绿色生态空间网络。

3. 优化路网和用地布局，缓解城市交通压力

当前南京城市路网系统、公共交通系统建设均达到较高水平，但是需要进一步提升城市整体交通系统水平。一方面，土地开发与交通协调均衡，在城市对外疏解过程中，突出产城融合、就业与居住平衡；同时，城市应开展 TOD 规划和城市有机更新，通过精细化手段开展城市路网的完善工作，保证城市公共交通系统的可达性，深入挖掘背街小巷等街巷空间，通过有

机更新将其转化为城市重要的绿色出行补充通道，以及城市居民与城市交互的公共空间体系，形成完整街道，改善城市的交通，安全便捷可达。重点增加支路网密度，打通瓶颈路、断头路，有效畅通"微循环"，缓解城市交通压力。

4. 继续加强完整社区覆盖，提高城市品质

目前南京市完整社区覆盖率较高。未来应通过城市有机更新，进一步提高完整社区的覆盖率，进一步提高城市品质。同时，需要合理控制城市租房价格，提供更多的公共租赁住房资源。

第三节 厦门市

一、主要成效

1. 生态环境质量整体较好，生态格局优良

根据第三方数据分析，厦门城市生态宜居整体情况较好。

自然环境指标方面，通过第三方数据分析，厦门市空气质量优良率指标为 99%，领先于全部试点城市（图 3-13）；城市水环境质量优于 Ⅴ 类指标为 80%（图 3-14），虽然在试点城市中居于上游水平，但夏季城市监控断面中仍有 20% 的水质断面为黑臭或劣 Ⅴ 类水体，而且多集中于城市中心区域。

城市人工环境方面，各项指标处于正常值。

根据统计信息，厦门市中心区建成区的常住人口密度达到 1.88 万人 / 平方公里，通过百度大数据方法校核，中心区活跃人口密度为 1.89 万人 / 平方公里（图 3-15）；根据空间分析数据，厦门城市中心区建筑开发强度为 1.01（图 3-16）。

综合以上数据分析表明，厦门本岛内人口密度较高，常住人口和活跃人口密度基本相等，说明当前城市发展正处于人口集聚与向岛外疏解的临界点；同时，城市中心区（湖里区）开发强度相对较低，仍存在较多特区建设时期的老旧小区和城中村，居住比较拥挤，人居环境质量有待提高。

根据空间数据分析，厦门市城市热岛效应指标不高，城市建成区高温区比例指标仅为 2.20%，是各试点城市的最低值（图 3-17）；同时，以"5000m²（含）以上绿地按照 500m 服务半径测算；2000（含）~5000m² 的绿地按照 300m 服务半径测算"，中心区公园绿地服务半径覆盖率为 78%，处于各试点城市中较高水平（图 3-1）。

这说明厦门虽然城市人口密集，但是城市山海格局使得城市整体生态水平较好；同时，厦门市在精细化城市设计、城市绿色网络和生态廊道拓展方面进行了卓有成效的工作。

2. 历史街区保护完整，对外吸引力强

根据第三方数据分析，厦门城市特色整体情况较好。

城市文化认同感指标方面，厦门城市市民传统地标认同感指标中，具有传统底蕴的鼓浪屿建筑群得到了 88% 的认同度；城市市民现代地标认同感指标中，位于城市中心的厦门大学得到了 77% 的认可度，两项指标均居于试点城市上游水平（图 3-18）。

历史文化保护指标方面，本次第三方体检选取了 1931 年厦门市历史地图，测算中心区原有历史街区面积为 7.09 平方公里，通过卫星遥感图片比对分析，目前城市中心区留存历史街区面积为 1.74 平方公里，城市历史街区留存率指标达到 24.54%，也居于各试点城市前列，鼓浪屿、中山路等传统街区保存比较完整（图 3-19）。

城市吸引力指标方面，根据百度大数据，2018 年"五一"、"十一"、春节节假日外地游客数量占城市常住人口的比例指标为 25.3%，对外地游客吸引力也位于试点城市前列（图 3-20）。

3. 路网密度大，绿色出行情况较好

通过第三方数据分析，厦门交通便捷整体情况较好。

道路设施指标方面，根据空间数据分析，城市中心区道路网密度指标为 5.41 公里／平方公里，在各试点城市处于前列（图 3-21）。

机动车交通指标方面，基于高德交通数据，厦门城市机动车交通健康指数为 75.71%，居于各试点城市前列（图 3-25）。

城市公共交通和绿色出行方面，根据空间数据分析和调查数据，厦门城市中心区公交站点覆盖率、高峰时间公交车车速和城市绿色出行比例指标较高（图 3-22~ 图 3-24）；但是，根据调查数据，厦门城市居民平均通勤时间为 33 分钟，相对较长，和厦门海岛城市岛内外的交通联系瓶颈相关（图 3-26）。

4. 生活舒适情况整体较好

通过数据分析，厦门城市生活舒适整体情况良好。

社区建设指标方面，基于空间数据分析，厦门市中心区完整社区覆盖率为 44.60%，在各试点城市中相对较好（图 3-2）。

城市公共服务设施指标方面，中心区教育、社区医疗、养老等公共服务设施服务覆盖率均处较高水平（图 3-4）；城市公立与私立幼儿园的服务覆盖情况较为均衡（图 3-3）。

5. 常住人口基本服务保障率高

根据第三方数据分析，厦门城市多元包容整体情况良好。

老年人、残疾人指标方面，根据调查数据，城市中心区无障碍设施覆盖率指标为 64%，

在各试点城市中居于上游水平（图 3-6）。

外来人口指标方面，基于城市政府上报数据，厦门市常住人口的基本公共服务覆盖指标达到 98.2%，达到各试点城市最高水平（图 3-7），特别是在基本医疗保障服务方面，厦门市医疗保障覆盖率指标与深圳、珠海近似，且远高于其他沿海副省级城市，不仅满足户籍人口需求，也对外来常住人口提供了有力保障。

6. 社会治安良好

根据第三方数据分析，厦门市安全韧性整体情况良好。

应急设施方面，根据空间数据分析，中心区人均避难场所面积为 2.9 平方米 / 人，在试点城市中略低（图 3-12）。

城市交通安全指标方面，机动车万车死亡率指标为 1.38 人 / 万车，处于试点城市平均水平（图 3-10）；刑事案件发生率指标处于各试点城市平均水平，城市安全事件市民关注度指标较低，说明厦门城市整体社会治安情况良好（图 3-11）。

二、问题诊断

1. 住房压力大，物价水平高

住房服务水平指标方面，根据统计数据分析，厦门的城市房价收入比指标和租金收入比两项指标均偏高，处于各试点城市的高位（图 3-5）。

厦门虽然生活舒适度整体较好，但是住房问题是厦门城市发展的主要短板。虽然城市政府做了大量工作进行公共租赁住房建设，但是厦门城市规模较小，受到厦门房地产市场投机性影响，导致厦门房价收入比赶超一线城市。这一趋势应该引起重视，已经对厦门引进人才、产业发展产生负面影响，厦门应采取积极措施平抑房价，降低住房租金。

低收入人群指标方面，厦门市城乡居民恩格尔系数指标为 31.53%，在各试点城市中处于高位（图 3-9）；同时，根据统计数据分析，城市居民最低生活保障占消费比指标在试点城市中较低（图 3-8）。说明厦门作为著名旅游城市，城市整体物价水平较高，宜考虑适当提高低收入人群相应的保障水平。

2. 城市活力整体情况一般

根据第三方数据分析，厦门城市活力整体情况一般。

在 11 个试点城市中，厦门市的城市发展活力指标加权值居于中游水平，相比同类城市并不突出（图 3-27、图 3-28）。其中，除了厦门人口活力加权值指标较高，其他经济活力、创新活力、产业活力、市场活力指标都有待提升。

三、结论与建议

1. 改善人居环境，推进慢行系统规划建设

厦门作为国内知名生态环境建设示范城市，须保证城市空气质量持续优秀。同时，应该继续下大力气进行城市岛内、岛外河湖溪流水体整治，通过截污疏浚、生态治理、专项整治、流域生态恢复等多种手段有效改善城市水质。

当前厦门市岛内的发展以品质提升为主，加快人口向岛外疏解，同时应该结合城市有机更新、老旧小区提升改造，重点考虑如何构造集约低碳、宜居宜业的城市高品质空间环境。

同时，由于厦门城市交通体系比较成熟，未来城市交通应该进一步完善公共交通体系和绿色交通系统，开展 TOD 规划和城市有机更新，通过精细化手段开展城市路网的完善工作，推动小街区密路网的城市交通系统，保证城市公共交通系统的可达性。深入挖掘背街小巷的街巷空间，通过有机更新将其转化为城市重要的绿色出行补充通道，以及城市居民与城市交互的公共空间体系，形成完整街道。

坚持生态环境的城市品牌，改善人居环境，继续补齐城市水环境质量短板，推动城市有机更新，推进慢行系统规划建设。

2. 打好城市魅力品牌，加强城市建设设计

厦门的城市特色突出，是城市发展的一大优势。应进一步发挥"鹭岛"的海岛城市风貌特色，保护好城市历史文化风貌，传承城市历史文脉，发掘闽南文化特色，进一步提升市民的文化自豪感。打好城市魅力品牌，突出海岛城市文化特色，强化历史文化保护与传承，增强城市文化认同感，在城市建设中突出城市设计。未来厦门应进一步塑造海岛城市特色，拓展城市绿道、生态廊道和斑块体系，进行城市系统的有机更新和生态体系品质提升，构成城市绿色生态空间网络。

同时，厦门城市吸引力很高，游客量不断增长，但厦门市旅游发展布局岛内、外不均匀，过于集中于鼓浪屿、中山路、厦门大学、南普陀等传统历史街区，下一步应该大力改善城市品质，提升旅游服务质量，创新旅游文化，提升旅游业在城市发展中的重要位置。

3. 补齐城市活力短板，激发城市创新活力

厦门城市经济总体规模不大，土地面积有限，在城市应急设施指标、交通安全指标、城市防洪排涝等方面仍存在不足。在未来城市转型中应该抓住转型机遇，制定系统化解决方案，激发城市人口活力、经济活力、市场活力、创新活力，充分挖掘潜力，实现厦门市城市活力发展的新腾飞。

第四节 广州市

一、主要成效

1. 现代城市设计突出，市民文化自豪感强

根据空间数据分析和调查数据，广州城市特色方面整体较好。

城市文化认同感方面，调查数据表明，广州市市民对现代城市地标"小蛮腰"广州塔的市民认同感最高，达到93%，在11个试点城市中居于高位；城市市民传统地标认同感指标，具有传统底蕴的五羊雕像得到了68%的认同度，居于试点城市中游水平（图3-18）。

在历史文化保护指标方面，广州城市发展面临挑战。本次第三方体检选取了1932年广州市历史地图，测算中心区原有历史街区面积为16.86平方公里，通过卫星遥感图片比对分析，目前城市中心区留存历史街区面积为2.91平方公里，城市传统街区留存比指标为17.26%，在11个试点城市中处于较好水平（图3-19）。

城市吸引力指标方面，根据百度大数据，2018年"五一"、十一、春节节假日外地游客数量占城市常住人口的比例指标为26.3%，广州市在11个试点城市中对外地游客吸引力居于高位（图3-20）。

2. 完整社区覆盖率和公共服务覆盖率高

基于空间数据分析，广州城市生活舒适质量整体较好。

社区建设方面，基于POI空间数据分析，广州市完整社区的覆盖率为57.30%，在试点城市中达到了最高水平（图3-2）。

城市教育、医疗、养老等各类公共服务设施的覆盖率都居于全国较高水平（图3-3、图3-4）。

住房服务水平方面，广州住房的房价收入比在各试点城市处于中游水平，在特大城市中属于整体可控水平；但城市租金收入比指标偏高（图3-5）。

3. 经济和创新方面活力强

根据第三方数据分析，广州市在城市活力各方面指标表现突出。

11个试点城市中，广州的城市人口活力、经济活力、创新活力等各项指标加权值都居于11个试点城市前列（图3-27、图3-28）。由此说明，广州的城市活力是城市的一大优势，反映了城市在经济和创新方面的新动能，为城市未来的发展奠定了良好基础。

4. 交通便捷整体质量良好

通过空间数据和社会大数据分析，广州交通便捷质量整体良好。

通过高德等第三方交通数据和城市空间数据分析，广州市中心区道路网密度、城市绿色出行比例、公交站点覆盖率和高峰时段公交车平均车速等指标在 11 个试点城市中均处于较高水平（图 3-21~ 图 3-24）；但是，广州城市中心区机动车交通健康指数、市民平均通勤时间指标不乐观（图 3-25、图 3-26）。

数据分析表明，广州中心区平均路网密度已经达到 6.4 公里 / 平方公里，在 11 个试点城市中处于较好水平（图 3-21）。

5. 城市多元包容性较高

根据第三方数据评价，广州多元包容情况整体良好。

城市外来人口方面，通过城市政府统计数据，广州市 2018 年常住人口基本公共服务覆盖率为 82.1%（图 3-7），在各试点城市中处于较高水平，其中教育、住房、养老、医疗等基本公共服务覆盖率较高，义务教育公用经费保障、义务教育免费提供教科书、棚户区住房改造、职工基本养老保险、城乡居民基本养老保险覆盖率均为 100%；社保、就业等基本公共服务覆盖率有待进一步提高。

老年人、残疾人方面，在特大城市中广州 2018 年公共空间无障碍设施覆盖率指标为 63%，属于较高水平（图 3-6）。

低收入人群方面，广州城市居民的恩格尔系数是各试点城市中最低的，2018 年城乡低保标准占当地城乡居民上年度人均消费支出比率为 25%，处于 11 个试点城市的平均水平（图 3-8、图 3-9）。

整体数据分析表明，广州的城市多元包容性较高，公共服务较好，城市整体物价水平较低，蔬菜、肉类、生活必需品价格可控，适合外来人口居住。

二、问题诊断

1. 水环境质量差，中心区饱和度高

通过第三方数据，广州生态宜居质量整体情况一般。

第三方环境数据表明，广州市全市全年空气质量优良率为 85%，处于 11 个试点城市中游水平（图 3-13）；但是，广州水环境质量优于 Ⅴ 类指标仅为 24.6%，全市夏季实时监控断面中超过 75.4% 的水质断面为黑臭或劣 Ⅴ 类水体，在所有 11 个试点城市中问题最为突出（图 3-14）。

城市人工环境方面，广州中心区整体指标偏高。

根据统计信息和空间数据，广州城市中心区（越秀区）建成区常住人口密度达到 3.86 万人 / 平方公里，建成区活跃人口密度 2.74 万人 / 平方公里（图 3-15）；中心区开发强度（毛容积率）达到 2.14（图 3-16）。这两项指标均为 11 个试点城市的最高值。

根据空间数据分析，广州城市热岛效应控制较好，目前广州市建成区内高温区比例仅为2.40%，在 11 个试点城市中处于低值（图 3-17）；同时，以"5000m² （含）以上绿地按照500m 服务半径测算；2000（含）～5000m² 的绿地按照 300m 服务半径测算"，广州市中心区公园绿地服务半径覆盖率为 59%，中心区绿地服务水平中等（图 3-1）。

2. 城市安全韧性一般

第三方数据分析，广州安全韧性整体情况一般。

应急安全方面，全市人均避难场所面积为 4.8 平方米 / 人，属于各试点城市平均水平（图3-12）。但是，根据高德积水地图数据，广州市城市建成区重度、中度积水点密度较大，城市韧性挑战较大。

交通安全方面，广州万车死亡率 3.02 人 / 万车，是各个试点城市的最高值（图 3-10）。

社会安全方面，根据政府统计数据，城市刑事案件发案率指标在 11 个试点城市中偏高（图 3-11），同时，根据社会感知数据分析，广州市民对于城市安全的关注度处于较高值。

三、结论与建议

1. 加强生态宜居治理，重视区域疏解

广州作为本次 11 个试点城市的唯一超大城市，未来在城市治理层面，需要把生态宜居治理放在首位，高度重视人居环境的有机更新与区域疏解。作为中国高质量发展代表性城市，"花城"广州应该进一步提高城市空气质量，改善城市大气环境；同时，应该下大力气进行全域水体整治，通过截污疏浚、生态治理、专项整治、流域生态恢复等多种手段有效改善城市水质。

广州作为超大城市，中心区已经高度饱和，人口密度高、建设强度大；同时，由于活跃人口密度低于常住人口密度，说明城市中心区人口已经进入了人口对外疏解阶段，城市老龄化将日趋严重。因此广州下一阶段需要高度重视城市品质提升和有机更新，构造高密度、宜居宜业的城市空间环境；同时，需要高度重视中心区社区营造，构造老有所养的城市服务体系。

此外，广州市热岛效应影响较低，反映出广州市良好的山水格局特性塑造了良好的城市生态系统，未来发展应该进一步保护好城市山水通廊，维持好城市良好的空间结构；同时，广州中心区以往城市开发强度过大，开敞空间供应不足，还需要进一步挖掘潜力，进一步拓展城市绿道、生态廊道和斑块体系，进而构成城市绿色生态空间网络。同时，必须保证该系统的亲民特征，保证城市居民对绿色生态空间的可到达、可亲近、可触摸和可感知。

2. 缓解交通拥堵，加强公共交通和绿色出行

作为国际化超大城市，广州存在机动车拥堵、城市居民通勤时间长等问题，需要进一步加

强公共交通和绿色出行比例。

广州近年来在城市交通发展中做了大量工作，大力发展 BRT 和轨道交通，主要快速路、主干道路网建设基本完成，广州城市交通建设整体已处于较高水平。但是，城市中心区路网密度与国家要求的 8 公里 / 平方公里的指标仍有差距。这说明广州下一步应将注意力放在更加精细化开展城市次支路网的完善上面，深入挖掘背街小巷的街巷空间，通过有机更新将其转化为城市重要的绿色出行补充通道，以及城市居民与城市交互的公共空间体系，形成完整街道，安全便捷可达。

3. 提升城市品质，加大旅游业发展

作为岭南文化的代表性城市，广州在现代城市设计和市民文化自豪感方面具有自身优势，城市吸引力突出，是富有城市魅力和文化特色的城市。但是，广州历史文化保护工作仍然不容乐观，未来工作重点应进一步保护城市历史文化风貌，塑造城市历史文脉；同时，广州市应该打好城市文化、城市魅力这张牌，进一步提升城市品质，创造旅游文明和旅游文化，加大旅游业在城市发展中的比重。

4. 控制城市租房价格，加强公共服务

城市生活舒适成为广州的一大城市特色，未来可通过城市有机更新，进一步提高完整社区的覆盖率，进一步提高城市品质。同时，需要合理控制城市租房价格，提供更多的公共租赁住房资源。针对老年人、残疾人、外来人口的公共服务需要进一步提升。

5. 加强城市安全治理，提高城市安全韧性

广州在城市安全韧性方面存在较多挑战，虽然进步显著，但各项指标仍然很高，在城市治理方面需要大力加强，提高城市安全韧性。

第五节 成都市

一、主要成效

1. 经济、市场、创新活力较高

成都的城市活力水平整体较好。

在 11 个试点城市中，成都市的城市发展活力指标加权值位列前茅，新增民营企业数量占比达到 97%（图 3-27）。特别是成都的经济活力、市场活力及创新活力指标较高，是成都市

目前城市活力发展的三大主要动力（图 3-28）。未来宜在人口活力上继续加强。

2.　市民安全感较高

成都市中心区人均避难场所面积为 4.4 平方米，在 11 个试点城市中处于平均水平（图 3-12）；其次，成都市城市重大事故死亡率较低，仅为 0.12 人 / 万人，机动车万车死亡率指标为 0.99 人 / 万车，均控制在较好水平（图 3-10）；成都刑事案件发生率和市民对安全事件的关注度指标在 11 个试点城市中处于中等偏低水平，说明成都市民的城市安全感整体较高（图 3-11）。

而随着城市的发展与城镇化进程的加快，结合目前其他大城市的趋势，未来居民对于城市安全的关注度定将提高。在未来城市的发展过程中也应统筹考虑，加强管理，严控安全事故。

3.　交通便捷质量整体较好

通过空间数据和社会大数据分析，成都交通便捷质量整体良好。

根据空间分析数据，成都市中心区道路密度指标为 5.26 公里 / 平方公里，在 11 个试点城市中位列靠前（图 3-21）。根据成都市未来的发展，《成都市总体规划（2016-2035）》中要求未来中心城区内的路网密需达到 8 公里 / 平方公里，实际与目标还有相当大的差距。成都市作为原址原建的历史城市，存在大量细密的小支路网，未来成都市的建设宜在现有城市结构的基础上疏通细密路网，提高城市的路网密度与整体可达性，让居民出行更加便捷。

二、问题诊断

1.　生态宜居质量一般

自然环境指标方面，通过第三方数据分析，成都市生态宜居质量一般。

其中空气质量优良率指标为 74%，水环境质量优于 V 类指标为 61.6%，在 11 个城市中处于中下游水平（图 3-13、图 3-14）。

数据分析表明，城市生态环境是当前城市发展的主要短板。成都市地处四川盆地的核心区，自然环境不利于污染物的扩散，且近年来由于成都平原工业化的发展，使得可吸入污染物与工业废水排放量增加，空气质量持续下降；水体环境容量透支，府南河、岷江均受到了一定程度的污染。

城市人工环标方面，指标基本正常。

城市中心区青羊区作为成都市传统的城市建成区，人口密度根据统计信息为 1.06 万人 / 平方公里，而通过百度大数据校核，获得的动态活跃人口的密度为 1.55 万人 / 平方公里，比常住人口多出约 50%（图 3-15）。

成都市中心区开发强度目前平均容积率为 1.32，作为城市老城区来讲处于正常范畴（图 3-16）。

根据空间数据分析，目前成都市建成区内高温区比例为 11.90%，在 11 个试点城市中处于中游水平，但在参与体检的大城市中指标偏高（图 3-17）；同时，以"5000m^2（含）以上绿地按照 500m 服务半径测算；2000（含）~5000m^2 的绿地按照 300m 服务半径测算"，成都市核心区公园绿地服务半径覆盖率为 73%，中心区绿地服务水平较高（图 3-1）。

2. 城市居民文化认同一般，历史文化保护面临挑战

通过第三方调查数据和空间数据分析，成都城市特色整体质量一般。

从城市文化认同感分析看，城市市民传统地标认同感指标，具有传统底蕴的宽窄巷子得到了 74% 的认同度；城市市民现代地标认同感指标，位于城市中心、近年来新翻修的天府广场得到了 61% 的认可度，两项排名均居于试点城市中游水平（图 3-18）。

成都市具有非常好的历史文化本底条件，作为首批中国历史文化名城，有大量的非物质文化遗产和文物古迹、历史地标；同时作为现代文化娱乐的聚集地，拥有全国前沿的潮流文化。但是，从城市居民文化认同度的角度分析，成都市需要进一步加强城市设计，塑造城市文化特色，宜结合新地标与城市传统地标的长处打造古今结合、多元认同的城市地标。

在历史文化保护指标方面，成都城市发展面临严峻挑战。本次第三方体检选取了 1933 年成都市历史地图，测算中心区原有历史街区面积为 16.45 平方公里，通过卫星遥感图片比对分析，目前城市中心区留存历史街区面积仅为 0.7 平方公里，而且呈高度分散斑块，城市传统街区留存比指标仅为 4.26%，在 11 个试点城市中处于下游水平（图 3-19）。

这与成都市以往旧城改造、快速城镇化不无关系。虽然成都城市中心区有锦里、宽窄巷子、春熙路太古里等全国知名的旧城更新文旅项目，但是面临着历史文化街区、历史建筑的破碎，亟需在未来的城市有机更新过程中强化历史文脉的传承与保护，保障城市历史建筑风貌留住成都的历史文化载体。

城市吸引力指标方面，根据百度大数据，2018 年"五一"、"十一"、春节节假日外地游客数量占城市常住人口的比例指标为 17.4%，在 11 个试点城市中处于中游水平，与第一名的南京相差近 10 个百分点（图 3-20）。由此说明，虽然成都近年来一直被作为国内旅游目的地城市，但是在城市吸引力方面仍面临挑战，应进一步提高旅游服务与旅游接待水平，增强旅游景点的公共交通可达性，提高旅游基础设施建设。

3. 公共交通建设一般

在机动车交通方面，通过高德等第三方交通数据和城市空间数据分析，成都市城市中心区机动车交通健康指数指标为 63.96%，居于各试点城市中游水平（图 3-25）；城市公交系统方面，成都市目前公交站点覆盖率达到 86.1%（图 3-22），但公交车辆早晚高峰行驶速度仅为 14.6 公里 / 小时（图 3-23），城市平均通勤时间达到人均 33 分钟（图 3-26），在 11 个试点城市中仅次于广州和沈阳，说明成都市当前公共交通整体质量一般。

综合数据分析，当前成都市在交通便捷方面仍存在挑战。一方面，由于路网密度不足导致

的整体交通通行能力受限；另一方面，城市公交运输能力仍不足，目前成都市城市地下轨道交通建设正在推进，系统性还不足，且大量的轨道交通建设致使交通堵点密度上升。

4. 社区建设存在不足，租金收入比相对较高

基于空间数据分析，成都城市生活舒适质量整体良好，但在社区建设、租金收入比等方面表现一般。

社区建设方面，基于 POI 空间数据分析，成都市目前完整社区覆盖率为 34.50%，相比于目前成都市的经济发展水平以及经济增长程度，社区建设仍存在不足，与城市总体规划设定的社区完整性目标还有相当的差距（图 3-2）。

城市教育、医疗、养老服务整体处于中游水平，中心区幼儿园覆盖率为 62.33%，还有待提高，公立私立幼儿园分布均衡度较好（图 3-3）；社区医疗中心和养老服务覆盖方面，目前社区养老设施的覆盖率指标居于中游水平（图 3-4）。

从住房服务水平看，目前成都市房价整体较为平稳，房价收入比指标在 11 个试点城市中位列中游，但是城市租金收入比指标相对较高（图 3-5）。

5. 常住人口公共服务覆盖率一般，物价较高

根据第三方数据评价，成都多元包容情况整体良好，但具体在常住人口基本公共服务、物价方面表现一般。

老年人、残疾人友好指标，根据调查数据，成都市中心区目前无障碍设施覆盖率达 63%，在 11 个试点城市中位列前列，覆盖程度较好（图 3-6）；城市外来人口方面，根据政府统计数据，城市常住人口基本公共服务覆盖率 40.64%，居于各试点城市中游偏下水平（图 3-7）。城市低收入人群方面，成都城市居民的恩格尔系数在各试点城市中较高，城市物价较高，2018 年城乡低保标准占当地城乡居民上年度人均消费支出比率为 27%，处于 11 个试点城市的平均水平（图 3-8、图 3-9）。

综合分析，成都作为国家中心城市，外来人口、创新人才引入将是长期任务，但是城市外来人口基本公共服务覆盖仍需努力；同时，城市住房服务的房租收入比较高、物价水平较高，对低收入人群影响较大，对城市服务业发展不利。

三、结论与建议

1. 解决生态环境问题，鼓励城市绿色发展

城市生态环境是当前成都市城市发展的主要短板。建议成都市在城市发展中高度重视城市生态环境问题，严控大气污染源和交通污染源，对于水体污染，通过污染源排放源头控制管理、截污疏浚、流域生态恢复等多种手段有效改善城市水质。

目前，成都城市发展尚处于高度集聚时期。而随着建设国家中心城市的步伐加快，未来成都市中心区将会聚集更多的人口，对于公共服务设施、基础设施的需求会进一步加大。所以，城市中心区一方面要重视人口疏解，同时也要进一步优化城市建成环境，重视中心区的有机更新，提高教育、医疗等公共服务水平，实现中心区的增容增量，以协同快速的城市发展与人口增长。

此外，成都市正在努力打造"美丽宜居公园城市"，成都气候宜人、内部水系发达、公园绿地率高，在主城区与卫星城联络线间形成了大量的楔形绿地，但是必须充分考虑成都市全年静风频率较高、城市自身散热能力有限等不利条件，且成都市未来将持续处于城镇化的过程中。未来城市建设过程中应注重生态廊道、斑块规划，重视空间规划和城市设计的合理性，鼓励城市建设的绿色发展，推进绿色建筑、绿色交通方式、清洁能源等，严格控制城市热岛效应。

2. 坚持发展 TOD 理念，形成完整街道网络

尽管成都市交通便捷整体良好，但仍有城市通勤时间较长、城市中心区路网密度不足、城市公交服务能力不足等问题。

近年来，成都市大力开展 TOD 建设，为未来城市交通健康发展提供了有效保证。建议成都市在充分利用轨道交通建设的同时，坚持发展 TOD 理念，同时通过精细化手段开展城市路网的完善工作，推动小街区密路网的城市交通系统，保证城市公共交通系统的可达性，深入挖掘背街小巷的街巷空间，通过有机更新将其转化为城市重要的绿色出行补充通道，构建城市居民与城市界面交互的公共空间体系，形成完整的街道网络。

第六节　福州市

一、主要成效

1. 空气和人工环境质量较好

通过空间数据分析和第三方数据，福州市整体生态宜居质量较好。

福州市空气质量达标率指标为 97%，水环境质量优于 V 类指标为 71.8%，空气质量处于试点城市较高水平，城市水环境质量在 11 个试点城市居于中游偏上水平（图 3-13、图 3-14）。

城市人工环境指标方面，福州中心区整体指标偏高。

城市中心区鼓楼区作为福州市传统的城市建成区，根据统计信息，建成区常住人口密度为 1.50 万人 / 平方公里，通过百度大数据校核，活跃人口的密度为 1.72 万人 / 平方公里（图 3-15）。

城市中心区建筑开发强度指标达到了 1.91，在 11 个试点城市中仅次于广州，中心区人口密度和开发强度均处于高位（图 3-16）。

根据空间数据和人口数据分析，福州作为省会城市和海西城市群中心城市，当前仍处于城市中心区集聚阶段，外来人口有进一步增长趋势。

2. 公共服务设施覆盖率较高

基于空间数据分析，福州城市生活舒适质量整体较好。

基于百度空间数据分析，福州市完整社区覆盖率指标为 39.30%，处于试点城市中游偏上水平（图 3-2）。同时，城市的教育、医疗、养老等各类公共服务设施的覆盖率指标，均居于各试点城市的较好水平，幼儿园覆盖率为 79.94%，公办、民办幼儿园服务均衡度较高（图 3-3）；社区医疗覆盖率达到 82%，养老设置覆盖率为 47%，相对来说城市养老服务提升空间仍然很大（图 3-4）。

3. 市民保障水平较好

根据第三方数据评价，福州城市多元包容情况整体良好。

老年人、残疾人指标方面，福州市中心区公共空间无障碍设施覆盖率为 62%，在试点城市中处于中游水平（图 3-6）；外来人口指标方面，根据城市上报数据，福州市常住人口中享受 6 项基本公共服务覆盖的人数比例 54.7%，水平中等（图 3-7）；低收入人群分析，福州市恩格尔系数为 33.97，物价水平偏高（图 3-9）；根据城市公开数据，城市居民最低生活保障标准占上年度城市人均消费支出的 29%，保障水平较好（图 3-8）。城市物价水平较高，常住人口公共服务覆盖率需要进一步提升。

4. 道路安全水平较高

福州城市安全韧性整体评价一般。

根据空间数据分析，福州市中心区人均避难场所面积高达 5.1 平方米，处于国内较高水平（图 3-12）；根据第三方数据，福州市万车死亡率指标较低，城市重大事故死亡率为 0.17 人 / 万人，在试点城市中处于中游水平，说明道路安全水平较高（图 3-10）。

但是，福州城市刑事案件发生率及市民对于安全事件关注度指标较高（图 3-11），说明社会治安等方面有待加强，市民安全感还需要进一步加强。

5. 城市活力整体良好

福州市在城市活力方面总体表现良好。

福州在民营企业 500 强数量、万人研发人员数量、专利授权量等几个指标均居于各试点城市前列，但是城市经济和新型经济总体体量不大，明显小于广州、南京、成都等省会城市（图 3-27、图 3-28）。

二、问题诊断

1. 中心区道路密度一般，机动车健康指数较低

通过空间数据和社会大数据分析，福州交通便捷质量整体一般。

根据空间分析数据，福州市中心区道路密度指标为 4.77 公里／平方公里，在 11 个试点城市中位列中游（图 3-21）。

机动车交通方面，通过高德等第三方交通数据和城市空间数据分析，福州城市中心区机动车交通健康指数指标为 53.92%，居于各试点城市中游偏下水平（图 3-25）。

公共交通方面，中心区公交站点覆盖率为 93.9%（图 3-22），市民平均单程通勤时间指标为 28 分钟（图 3-26），高峰期公交车速指标整体较好（图 3-23）。

指标分析表明，福州的城市交通问题比较突出，道路交通、公共交通和绿色出行均需要加强（图 3-24）。

2. 住房租金和房价水平偏高

福州市住房价格和租金价格较高。针对福州城市住房服务水平分析，城市租金收入比指标为 0.010，但房价收入比指标偏高，说明城市住房租金和房价水平已经偏高，会对外来人才引进带来负面影响（图 3-5）。

3. 历史文化保护面临挑战，对外吸引力一般

通过第三方调查数据和空间数据分析，福州城市特色整体质量一般。

在城市文化认同感指标方面，城市市民传统地标认同感指标，具有传统底蕴的三坊七巷得到了 74% 的认同度；但是在城市市民现代地标认同感指标，海峡奥运中心仅得到 41% 的认可度，两项排名均居于试点城市中游水平（图 3-18）。

在历史文化保护指标方面，福州城市发展仍面临挑战。本次第三方体检选取了 1945 年福州市历史地图，测算中心区原有历史街区面积为 18.5 平方公里，通过卫星遥感图片比对分析，目前城市中心区留存历史街区面积为 2 平方公里，城市传统街区留存比指标为 10.81%，在 11 个试点城市中处于中游水平（图 3-19）。

在城市吸引力指标方面，根据百度大数据，2018 年"五一"、"十一"、春节节假日外地游客数量占城市常住人口的比例指标为 12.8%，处于试点城市中较低水平（图 3-20）。

4. 夏季水质较差，热岛效应偏高

虽然福州市整体环境质量较好，但城市夏季实时监控断面中仍有 28.2% 的水质断面为黑臭或劣 V 类水体（图 3-14）。

根据空间数据分析，福州市城市建成区高温地区面积比例为 14.80%，城市热岛效应指标

偏高，在各试点城市中处于高位（图 3-17）；同时，福州城市中心区公园绿地服务半径覆盖率在 11 个试点城市中处于中游水平，反映了福州城市生态系统构布局仍需完善（图 3-1）。

三、结论与建议

1. 完善城市生态网络，加快城市对外疏解

从未来城市发展潜力来看，福州市作为海西城市群中心城市和国家生态文明示范区省会城市，应该树立城市生态环境的最高标准，做示范、做标杆，进一步保证城市空气质量，并在前一阶段海绵城市、黑臭水体治理攻坚的基础上，下大力气进行小微水体、河道整治，通过截污疏浚、生态治理、流域生态恢复等多种手段有效改善城市水质。

当前福州城市开发强度等各项指标已经偏高，福州市必须严格控制中心区的开发强度，加快城市对外疏解进程，加快城市新区开发建设。同时，要加大中心区人居环境的有机更新力度，重视城市市政基础设施、公共服务设施的进一步完善，提高城市服务品质和数量，保证城市健康有序发展。

为了克服以往城市高密度发展带来的生态问题，福州市应在城市有机更新进程中，进一步完善城市生态系统和网络，打通山、水通廊，提高城市绿化覆盖率和立体绿化水平，保证城市生态空间的亲民特征，使城市居民可达、可亲、可体验、高品质的城市生态空间。

2. 提升生活舒适水平，降低居民住房成本

福州市需要加强基本公共服务的提供水平，提升对城市外来人口的友好度。同时进一步推进无障碍设施建设，保障老年人和残疾人的生活需求和出行需求。

建议福州市结合"有福之州，幸福之城"发展目标，进一步提升城市生活舒适水平。在老旧小区改造和有机更新中，进一步增加完整社区的覆盖率，通过社区共建共享，加强社区服务中心、菜市场、公共厕所、图书馆、快递点、消防点六类社区服务设施建设，同时推进城市住房体系建设，应进一步加大公共租赁住房建设，降低城市居民的住房成本。

3. 加强高新技术活力，保证城市稳定发展

福州市下一步要借助科研和高科技企业具有的一定优势，集中力量，进一步提供良好的城市品质和服务，推动高新技术在福州的进一步发展，转化城市发展动能，保证城市经济的健康稳定发展。

4. 加强绿色交通基础设施供给，保证出行安全便捷

针对机动车交通健康指数较低、公交不足等问题，福州市需要系统对策，提升城市交通系统水平。应该通过城市综合交通规划，公共交通系统优化，特别是城市绿色交通和街巷体系的

提升，大力提高城市绿色交通基础设施供给，改善城市出行品质和体验，保证城市交通出行的安全、便捷与舒适。

5. 加强历史街区保护，加强现代城市设计

城市特色方面是当前福州城市发展的主要挑战。城市现代地标的认同度低，节假日国内外游客量指数低，旅游吸引力还需提升，需重视现代城市建设中的城市特色营造，强调建设中体现城市文化价值，提高市民城市认同感。

福州作为海上丝绸之路支点城市，应借助第 44 届世界遗产大会召开的契机，打造历史文化传承与创新的示范城市。未来城市应在历史街区、历史建筑保护方面进一步加强，提升市民历史文化认同感和自豪感；更要重视现代城市建设中的特色营造，加强城市设计，体现城市文化价值；要充分挖掘非物质遗产，重视城市历史文化的传承与创新，提升城市品质和城市魅力，打造海西文化之城、魅力之城。

第七节　长沙市

一、主要成效

1. 城市自然山水格局较好，生态廊道布局合理

城市人工环境指标方面，长沙市中心区基本处于正常范围。

根据统计信息，长沙城市中心区建成区人口密度达到 1.52 万人 / 平方公里，通过百度大数据校核，获得中心区活跃人口的密度为 1.70 万人 / 平方公里（图 3-15）；根据空间数据分析，长沙市中心区建筑开发强度（毛容积率）为 1.23（图 3-16）。

以上数据分析表明，目前长沙城市中心区处于较为合理的城市开发强度和人口聚集度；同时，长沙市中心区目前处于大城市中心集聚阶段，中心区外来人口有继续增长趋势，因此应该重视城市基础服务设施的进一步完善，提高城市服务品质和数量，保证城市中心区健康有序发展。

城市热岛效应指标方面，根据空间数据分析，长沙市建成区内高温区比例仅为 5.70%，处于各试点城市低值（图 3-17）。

综合以上数据分析，长沙市城市生态系统建设整体较好，城市自然山水格局较好，生态廊道布局较为合理；但是，长沙城市中心区开敞空间供应不足，公园绿地分布不尽合理。

2. 城市文化认同度高，对外吸引力较强

通过第三方调查数据和空间数据分析，长沙城市特色指标整体较好。

从城市文化认同感指标分析看，城市市民传统地标认同感指标，具有传统底蕴的岳麓书院得到了 82% 的认同度；城市市民现代地标认同感指标，湖南省博物馆得到了 62% 的认可度，两项排名均居于试点城市中上游水平（图 3-18）。

城市对外吸引力指标分析，根据百度大数据，2018 年"五一"、"十一"、春节节假日外地游客数量占城市常住人口的比例为 24.2%，仅次于广州、南京、厦门等旅游目的地城市，在 11 个试点城市中位于中上游水平（图 3-20）。

3. 社区医疗覆盖度较高，住房服务水平较高

基于空间数据分析，长沙城市生活舒适质量整体良好。

社区建设指标方面，基于 POI 空间数据分析，长沙市目前完整社区覆盖率为 36.60%，处于试点城市中游水平，相比于目前长沙市的经济发展水平以及经济增长程度，社区建设仍存在不足（图 3-2）。

公共服务设施指标，长沙城市教育、社区医疗、养老服务整体处于中上游水平，社区医疗覆盖率为 80%，居于试点城市前列，目前社区养老设施的覆盖率指标还需提高（图 3-4）。

住房服务水平指标方面，长沙房价收入比、租金收入比两项指标都居于试点城市上游水平（图 3-5）。

综合以上数据分析表明，生活舒适是长沙市的一大优势，特别是城市住房服务水平居于全国前列。作为我国中部长江经济带核心城市，长沙市通过进一步增加城市基础服务设施的投入，保障城市的社区完整和社区服务的品质，将会进一步增强城市活力。

4. 多元包容度整体较好，是城市的另一特色

根据第三方数据分析，长沙多元包容整体情况较好。

外来人口指标方面，根据城市上报数据分析，截至 2018 年年底，长沙市常住人口基本公共服务覆盖率已经达到 94%，在各试点城市中处于较高水平（图 3-7）。

老年人残疾人友好指标方面，城市公共空间无障碍设施覆盖率居于试点城市平均水平（图 3-6）。

低收入人群指标方面，长沙城市居民恩格尔系数指标较低，反映出城市整体物价水平比较合理（图 3-9）；但是，2018 年城乡低保标准占当地城乡居民上年度人均消费支出比率指标偏低，反映出低收入保障水平需要提高（图 3-8）。

综合以上数据说明，长沙城市多元包容度整体较好，是城市的另一特色。长沙常住人口公共服务覆盖水平高，城市物价、房价水平较低，适宜年轻人、外来人口创业。

5. 城市安全水平逐年上升

根据第三方数据分析，长沙城市安全韧性整体情况良好。

城市安全指标方面，数据表明，长沙市城市安全事件市民关注度处于中游水平；城市万车

死亡率从 2016 年的 0.997 人 / 万车降低至 2018 年的 0.82 人 / 万车，参考国家畅通工程评价标准，该项指标达到一等标准（图 3-10）；城市刑事案件发生率，在试点城市中处于较好水平（图 3-11）。

城市应急设施方面，长沙城市中心区人均避难场所面积达到 4.7 平方米 / 人，处于各试点城市中游水平（图 3-12）。

城市防洪排涝指标，根据高德积水地图数据，长沙在 3 个具有积水地图数据城市（长沙、南京、广州）中，城市建成区重度、中度积水点最少，处于较好水平。

综合以上数据分析说明，长沙城市安全韧性水平整体良好，防洪排涝、交通安全、社会治安整体较好。

二、问题诊断

1. 城市水质一般，公园覆盖率较低

通过第三方数据分析，长沙生态宜居整体情况一般。

城市自然环境指标方面，通过第三方数据分析，长沙市空气质量优良率指标为 82%，处于试点城市中游水平（图 3-13）；同时，城市水环境优于劣 V 类指标为 64.8%，夏季城市监控断面中仍有 35.2% 的水质断面为黑臭或劣 V 类水体，而且多集中于城市中心区域，在试点城市中处于中游水平（图 3-14）。

同时，以"5000m² （含）以上绿地按照 500m 服务半径测算；2000（含）～5000m² 的绿地按照 300m 服务半径测算"，长沙市核心区公园绿地服务半径覆盖率为 47%，处于各试点城市中下游水平（图 3-1）。

2. 城市历史文化传承与创新方面存在不足

历史文化保护指标方面，本次第三方体检选取了清末民初的长沙市历史地图，测算中心区原有历史街区面积为 7.42 平方公里，通过卫星遥感图片比对分析，目前城市中心区留存历史街区面积仅为 0.79 平方公里，城市历史街区存留比例为 10.65%，在各试点城市处于中下游水平（图 3-19）。

3. 道路拥堵比较严重

通过空间数据和社会大数据分析，长沙市交通便捷质量整体一般。

机动车交通指标，根据高德等第三方交通数据，长沙机动车交通健康指数偏低（图 3-25），长沙中心区公交早晚高峰行驶车速指标偏低（图 3-23）；道路设施指标方面，根据空间数据分析，城市中心区道路网密度指标处于各试点城市平均水平（图 3-21）。

公共交通和绿色出行指标方面，城市中心区公交站点覆盖率、城市绿色出行比例、市民单程通勤时间等指标居于平均水平（图 3-22、图 3-24、图 3-26）。

4. 城市经济活力、创新活力亟待提升

根据多项指标数据加权分析，长沙市在城市活力方面总体表现居于各试点城市中游水平，其中城市人口活力指标较好，但是经济活力、创新活力等各项指标均处于平均水平（图3-27、图3-28）。

三、结论与建议

1. 下力整治黑臭水体，提升城市自然环境

作为湖南省省会、长江中游城市群的区域中心城市，长沙生态环境质量仍然存在挑战。城市未来应该进一步提高城市空气质量，下大力气进行水体整治，保证城市自然水体水质的提升。通过截污疏浚、生态治理、流域生态恢复等多种手段有效改善城市水质。

2. 建设可到达、可亲近的绿色生态空间

长沙城市中心区未来发展应该摈弃追求大绿地、大公园的思路，从精细化、分布式的生态斑块体系进行建设，保证城市居民对绿色生态空间的可到达、可亲近，促进城市的有机更新和生态体系品质提升，构成分布均衡的城市绿色生态空间网络。

3. 传承历史文脉，传播城市文化

综合指标分析表明，长沙在城市特色方面整体较好，但仍存在诸多挑战。一方面，应进一步加大保护城市历史文化力度，传承与创新城市历史文脉；同时，长沙应充分发挥自身城市文化传播优势，大力提升城市文化品质和旅游服务质量，创造旅游文明和旅游文化，推动旅游业在城市发展中的重要位置。

4. 推动绿色出行优先，有机更新城市街巷空间

总体分析，长沙市城市交通便捷状况不容乐观。长沙未来应该在进一步提升城市交通服务水平上下功夫，大力推动公交优先，开展TOD规划和城市有机更新，通过精细化手段开展城市路网的完善工作，保证城市公共交通系统的可达性，深入挖掘背街小巷的街巷空间，通过有机更新将其转化为城市重要的绿色出行补充通道，以及城市居民与城市交互的公共空间体系，形成完整街道，安全便捷可达。

5. 借势长江经济带等区域政策，优化营商环境

长沙城市发展应该进一步抓住长江中游城市群、"一带一路"等机遇，充分发挥省会优势，持续优化营商环境，利用低房价、人才引进政策等优势，实现长沙市城市活力发展的新腾飞。

第八节 海口市

一、主要成效

1. 生态宜居整体情况良好，空气质量较高

通过第三方数据分析，海口城市生态宜居整体情况较好。

自然环境方面，海口市空气质量优良率为 99%，处于试点城市领先水平（图 3-13）。

2. 城市人工环境方面，指标基本正常

根据统计信息，海口市中心区（龙华区）建成区常住人口密度为 1.07 万人 / 平方公里，通过百度大数据方法获得中心区活跃人口密度为 1.09 万人 / 平方公里；中心区建设开发强度为 1.15，各项指标均处于合理区间（图 3-15、图 3-16）。

根据数据分析，海口城市中心区具有合理的人口密度、开发强度，活跃人口密度略高于常住人口，也反映出该区域人口流动相对稳定，中心区集聚动力不强。

根据空间数据分析，海口市建成区高温区比例为 5.80%，城市热岛效应较轻，在试点城市中处于领先地位。这反映出海口的山、海、湿地生态系统，促进了城市总体生态系统良好格局（图 3-17）。

3. 历史街区保护程度较好

通过第三方调查数据和空间数据分析，海口城市特色整体情况良好。

历史文化保护指标方面，本次第三方体检选取了清末民初的海口历史地图，测算中心区原有历史街区面积为 1.07 平方公里，通过卫星遥感图片比对分析，目前城市中心区留存历史街区面积为 0.19 平方公里，海口市历史街区留存比例指标为 17.76%，在各试点城市中处于较好水平（图 3-19）。

城市文化认同感方面，根据调查数据，海口市市民对城市传统地标、城市现代地标认同感均处于试点城市的较低值，其中对城市现代地标万绿园的认同率仅为 42%，对于传统地标钟楼的认同率为 64%（图 3-18）。这说明海口在城市特色塑造和城市设计方面存在欠缺，需要进一步提升城市历史文化特色，更要重视现代城市建设中的热带海岛城市特色营造，提高市民对城市的认同感。

城市吸引力指标方面，根据百度大数据，2018 年"五一"、"十一"、春节节假日外地游客数量占城市常住人口的比例指标为 23.7%，位于试点城市中游水平，但与南京、广州、厦门等旅游发达城市相比尚有一定差距，没有充分体现海南国际旅游岛省会城市的优势地位（图 3-20）。海口应结合海南国际旅游岛丰富的旅游资源，大力提升城市品质，提升旅游服务质量，创新城市旅游文明和旅游文化，提升旅游业在海口城市发展中的地位。

4. 人均避难场所面积较高，城市安全整体情况较好

根据第三方数据分析，海口安全韧性整体情况较好。

应急设施指标方面，海口市中心区人均避难场所面积高达 7.1 平方米/人，处于各试点城市最高水平（图 3-12）。

城市安全方面，根据统计数据，城市重大事故死亡率、万车死亡率均处于中游水平（图 3-10）；同时，根据统计数据，城市刑事案件发生率以及市民对于安全事件关注度较低，说明海口市民安全感普遍较好（图 3-11）。

二、问题诊断

1. 城市水环境质量较差，中心城区水质亟待改善

城市水环境质量优于 V 类指标为 69.5%，夏季城市监控断面仍有 30.5% 的水质断面为黑臭或劣 V 类水体，而且多集中于城市中心区域，水质指标在试点城市居于中游水平（图 3-14）。由此可见，海口市仍存在生态环境短板，应该下大力气进行水体整治，通过截污疏浚、生态治理、专项整治、流域生态恢复等多种手段有效改善城市水质。

2. 城市公园绿地覆盖率较低

根据百度空间数据分析，城市中心区公园绿地服务半径覆盖率仅为 36%，在各试点城市中处于较低水平（图 3-1）。城市中心区的开敞空间供应严重不足，布局存在问题。

3. 城市肌理存在缺陷，公共交通发展水平较差

通过空间数据和社会大数据分析，海口交通便捷整体情况良好。

机动车交通方面，通过高德交通数据分析，海口市机动车交通健康指数指标处于试点城市中较好水平（图 3-25）。

城市道路设施方面，通过空间数据分析，海口市中心区道路网密度较低，仅为 3.47 公里/平方公里，城市肌理存在缺陷（图 3-21）。

公共交通方面，通过空间数据和调查数据分析，海口城市中心区公交站点覆盖率不足，仅为 64.0%（图 3-22），高峰时段公交行驶速度较低，仅为 13.6 公里/小时（图 3-23）。

总体数据分析表明，海口市机动车交通、慢行交通发展水平较好，但是公交服务水平存在明显不足，需要大力提升。

4. 完整社区覆盖率较低，租金收入比指标偏高

通过第三方数据分析，海口生活舒适整体情况一般。

社区建设方面，通过空间数据分析，海口市中心区完整社区覆盖率仅为 22.20%，在试点

城市中处于较低水平（图3-2）。

公共服务设施方面，城市教育、社区医疗、养老等各类公共服务设施的覆盖率在试点城市中均处于中游偏下水平，其中幼儿园覆盖率为51.88%，其中公办幼儿园比例较高，体现了较好的均衡度（图3-3）。社区医疗与养老服务覆盖率分别为55%和49%（图3-4）。

城市住房服务水平方面，海口的城市房价收入比指标总体水平较好，但是城市租金收入比指标偏高（图3-5）。租金在城市居民人均可支配收入中占比偏高，说明海口房屋租金水平超越市民收入水平，会对外来人口集聚和创业者进入带来负面影响，这与其旅游城市的性质有关。

5. 常住人口公共服务覆盖率较低

通过第三方数据与统计数据分析，海口城市多元包容情况一般。

老年人、残疾人方面，通过调查指标，海口市中心区公共空间无障碍设施覆盖率指标为57%，在试点城市中处于较低水平（图3-6）。

外来人口方面，根据城市上报数据，海口市常住人口中享受6项基本公共服务覆盖的人数比例为36.7%，在各试点城市中水平较低（图3-7）。

低收入人群方面，海口市城市居民恩格尔系数为36.02，处于各试点城市最高值，反映出海口物价水平较高（图3-9）；同时，根据城市统计数据，城市居民最低生活保障标准占上年度城市人均消费支出比例为24%，位于试点城市中游水平（图3-8）。

总体来讲，海口城市多元包容性明显不足，不利于对外来人才吸引。长期以来海口定位发展旅游城市、潜在的养老目的地，海口市在多元包容方面的表现亟需提升。海口市需要加强公共空间的无障碍水平，保障老年人和残疾人的生活需求和出行需求；加强基本公共服务的提供水平，提升对城市外来人口的友好度。

6. 城市活力水平整体较低

根据第三方数据分析，海口城市活力整体情况一般。

海口市城市活力各项指标加权值，在试点省会城市、大城市中处于较低水平，其中人口活力指标较高，但是经济活力、创新活力、产业活力加权值均较低，与其他省会和计划单列市相比尚有较大差距（图3-27、图3-28）。海口市应该借助自由贸易区的发展机遇，明确城市发展定位，激发城市经济活力新动能，充分挖掘潜力，从人才储备和机制创新等多个方面发奋图强，实现城市活力发展的新腾飞。

三、结论与建议

1. 改变城市布局模式，提升城市生态品质

首先，海口应继续优化城市生态环境，针对水环境问题、中心区公园绿地服务半径覆盖率

低问题，精细化下功夫。在今后城市建设过程中，海口应重视城市内部的绿地系统建设，改变传统大绿地、大空间的布局模式，转而追求精细化和网络化，不断拓展城市绿道、生态廊道和斑块体系，进行城市系统的有机更新和生态体系品质提升，构建城市绿色生态空间网络。同时，必须保证该系统的亲民特征，实现城市居民对绿色生态空间的可到达、可亲近、可触摸和可感知。

2. 坚持绿色交通优先，优化公交线网系统

由于城市发展尚未成熟，交通状况有可能随时间推移出现恶化，因此应坚持绿色交通优先的城市发展原则，优化公交线网系统，开展 TOD 规划和城市有机更新，通过精细化手段开展城市路网的完善工作，保证城市公共交通系统的可达性，深入挖掘背街小巷的街巷空间，通过有机更新将其转化为绿色出行补充通道，以及城市居民与城市交互的公共空间体系。

3. 利用城市更新，提升城市公共服务设施

海口在生活舒适方面要下功夫，可以充分利用老旧小区改造、城市有机更新机遇，通过共同缔造、公众参与提升社区建设水平，同时在公共租赁住房、社区医疗、社区养老服务等公共服务设施方面提升。建议海口市下一步加大投入，加强老旧小区改造更新，通过强化社区服务中心、菜市场、公共厕所、图书馆、快递点、消防点等各类社区服务设施建设，进一步增加完整社区的覆盖率。同时推进公共租赁住房建设，降低城市居民的住房成本。

4. 借势自由贸易区，提升城市人才吸引力

海口在多元包容方面，应该借助自由贸易区发展机遇，针对常住人口公共服务覆盖率低、城市住房租金偏高、城市物价水平偏高等问题，提出系统解决方案，提升城市对外来人口和人才的吸引力。同时，针对城市老龄化趋势，重视无障碍设施建设。

第九节　西宁市

一、主要成效

1. 城市公园绿地服务覆盖率较高

以"5000m²（含）以上绿地按照 500m 服务半径测算；2000（含）～5000m² 的绿地按照 300m 服务半径测算"，西宁市中心区公园绿地服务半径覆盖率为 71%，处于试点城市中上游水平（图 3-1）。

2. 城市文化认同感较强

根据调查数据，城市文化认同感方面，西宁市市民对于传统地标认同感较高，具有传统底蕴的塔尔寺得到了 77% 的认同度，而现代地标青海省博物馆认可感指标为 68%，反映了市民对于现代建筑文化特色的认可度较高，处于试点城市中上游水平（图 3-18）。

3. 城市交通便捷整体情况较好

根据第三方数据分析，西宁城市交通便捷整体情况较好。

通过高德等第三方交通数据和城市空间数据分析，城市中心区的机动车交通健康指数为 64.76%，在 11 个试点城市中处于中游水平（图 3-25），而其高延时运行之间占比达到 52% 以上，高峰延时指数高于 1.9，且高峰时段平均车速为 23.8 公里（图 3-23）；公共交通方面，西宁市公交覆盖站点 500 米范围达到 73.5%，早晚高峰公交行驶速度为 23.8 公里 / 小时，为 11 个试点城市的第一名（图 3-22、图 3-23）。

交通基础设施方面，西宁市目前路网密度为 4.37 公里 / 平方公里，在 11 个试点城市中位于下游水平（图 3-21），与国家的要求目标还有相当大的差距；绿色出行方面，城市绿色出行比例为 75%，但市民单程通勤时间达到人均 30 分钟，处于试点城市中游水平（图 3-24、图 3-26）。

4. 城市房价收入比较低

住房服务水平指标分析，目前西宁市房价整体较为平稳，虽然人均工资较低，但房价收入比指标为 28%，在 11 个试点城市中处于较好水平；而租金收入比指标相对较高（图 3-5）。西宁市中心区外来人口较多，租房价格偏高，未来的主要任务应为在城市发展的同时提高居民的平均收入，进而提升居民生活质量。

5. 城市安全韧性整体情况较好

根据第三方数据分析，西宁城市安全韧性整体情况较好。

应急服务指标方面，西宁市中心区人均避难场所面积为 5.4 平方米 / 人，在 11 个试点城市中处于较高水平，已远远超过国家规定的 2 平方米 / 人，宜在未来的城市发展过程中继续保持（图 3-12）。

城市安全指标方面，根据国民经济与社会发展统计公报，目前西宁市城市重大事故死亡率较低，仅为 0.1 人 / 万人。但万车死亡率较高为 2.4 人 / 万车，证明交通事故死亡率是西宁城市安全的重要影响因素（图 3-10）。西宁刑事案件发生率处于中游水平（图 3-11）。在西宁未来城市的发展过程中应统筹城市交通、土地利用，注重人性化设计，加强交通管理，提升城市安全水平。

二、问题诊断

1. 城市自然环境较差，热岛效应较为严重

通过第三方数据分析，西宁生态宜居整体情况较好。

城市自然环境指标方面，根据第三方数据，西宁市空气质量优良率指标为 88%，整体良好（图 3-13）；但水体环境质量堪忧，城市水环境优于 V 类比例为 59.4%，监控断面中黑臭和劣 V 类水体断面占总断面数的 40.6%，在 11 个试点城市中处于下游，城市水生态环境急需改善（图 3-14）。

城市人工环境指标方面，各项指标基本处于正常范围。

根据统计信息，西宁城市中心建成区人口密度为 0.86 万人 / 平方公里，通过百度大数据校核，中心区建成区活跃人口的密度为 1.57 万人 / 平方公里（图 3-15）；基于空间数据分析，西宁中心区建筑开发强度（毛容积率）为 1.21，属于正常范围（图 3-16）。

以上数据表明，西宁城市发展尚处于中心区高度集聚时期。城市中心区活跃人口密度明显高于常住人口密度，西宁作为西部地区省会城市，区域发展还不够均衡。

在城市热岛效应指标方面，基于遥感数据分析，目前西宁市城市建成区内高温区比例为 26.2%，在 11 个试点城市中处于最高值（图 3-17）。

分析原因，尽管西宁中心区绿地服务水平较高，但是城市中心区受湟水中游河谷盆地的地形影响，呈十字形布局，中心区建设密度大，生态系统布局存在问题，造成城市热岛效应比较严重。未来城市建设过程中应该注重城市规划的系统性、科学性，打通城市生态廊道，鼓励推进绿色建筑、可持续交通、清洁能源等新方法、新技术的应用，缓解城市热岛。

2. 城市历史街区留存度较低，城市吸引力不足

历史文化保护指标方面，本次第三方体检选取了 1938 年西宁市历史地图，测算中心区原有历史街区面积为 3.64 平方公里，通过卫星遥感图片比对分析，目前城市中心区留存历史街区面积仅为 0.16 平方公里，城市历史街区留存比例指标仅为 4.40%，处于试点城市中下游水平（图 3-19）。

城市吸引力指标方面，根据百度大数据，2018 年"五一"、"十一"、春节节假日外地游客数量占城市常住人口的比例指标为 13.7%，在 11 个试点城市中处于下游水平，与最高值南京相差近 13 个百分点（图 3-20）。

根据以上指标分析，西宁市在历史文化保护与传承方面挑战较大。

3. 城市基础公共服务设施覆盖率不高

根据第三方数据分析，西宁城市生活舒适整体情况一般。

根据百度空间数据分析，西宁市目前完整社区覆盖率为 19.80%，处于试点城市较低水平

（图 3-2）；其次，城市教育、医疗、养老等公共服务水平较低，幼儿园覆盖率不高，公立私立幼儿园平衡度较低，社区医疗水平中等，养老设施覆盖率不高，在 11 个试点城市中均处于下游水平（图 3-3、图 3-4）。

4. 常住人口基本公共服务覆盖率较低

根据第三方数据分析，西宁城市多元包容整体情况较好。

老年人与残疾人友好指标方面，西宁市中心区目前无障碍设施覆盖率达 62%，在 11 个试点城市中位于前列，覆盖程度较好，但对比国内外发展质量较高的城市尚有差距（图 3-6）。

外来人口指标方面，城市常住人口基本公共服务覆盖率偏低，仅为 29.3%，在有统计数据的城市中处于下游水平（图 3-7）。

低收入人群指标方面，城市居民恩格尔系数处于试点城市平均水平，城市物价平稳，但是 2018 年城乡低保标准占当地城乡居民上年度人均消费支出比率为 20%，处于 11 个试点城市的平均水平，说明低收入人群保障应适度提高（图 3-8、图 3-9）。

在西宁物价水平的基础上，其最低生活保障消费占比较低，而恩格尔系数处于合理区间。

5. 城市活力总体不足

城市活力指标方面，在 11 个试点城市中，西宁市的城市发展活力居于各试点城市下游水平（图 3-27、图 3-28）。

数据分析表明，西宁人口活力较好，但是在经济活力、创新活力、产业活力、市场活力四个方面均表现不够理想。

三、结论与建议

1. 重视水体污染问题，控制排放源头

作为青藏高原区域中心城市、国家公园示范城市和三江源保护的示范城市，西宁在我国生态文明和绿色发展治理体系中占有重要地位。西宁市应高度重视水体污染问题，通过污染源排放源头控制管理，通过截污疏浚、生态治理、专项整治、流域生态恢复等多种手段有效改善城市水质。

2. 有机更新城市，推进城市疏解

随着西宁市城镇化进程的进一步推进，未来西宁市中心区人口密度将可能进一步提高，对于公共服务设施、基础设施的需求会进一步加大。所以，西宁城市中心区需要把城市有机更新、优化城市建成环境提上日程，一方面实现中心区的增容增量、协同城市发展与人口快速增长，同时注重都市圈区域新城建设，推进城市人口、职能疏解。

3. 建设城市特色，提高旅游服务水平

西宁作为古代丝绸之路的节点城市之一，拥有丰富的历史文化资源。但是，西宁的城市文化建设、城市吸引力明显不足。西宁市应把城市特色建设作为工作重点，一方面做好城市历史文化的保护与创新，同时，进一步提升城市品质，提高旅游服务与旅游接待水平，提高旅游基础设施建设，成为辐射青藏高原和河西走廊沿线的游游服务中心城市。

4. 疏通细密路网，构筑城市绿色交通系统

综合数据分析，西宁市交通便捷仍存在较多挑战。西宁城市空间布局呈十字形，目前西宁市人口密度不高且机动车普及率与内地城市还有一定差距。未来随着西宁市城镇化进程的加快，交通压力将进一步增大。作为原址原建的历史城市，中心区断头路多，存在大量细密的小支路网尚未发挥交通作用。未来西宁市的建设宜在现有城市结构的基础上，一方面疏通细密路网，提高城市的路网密度与整体可达性；另一方面要构筑城市绿色交通系统，鼓励公共交通发展，让居民出行更便捷。

第十节　景德镇市

一、主要成效

1. 自然环境较好，城市开发强度较低

通过第三方数据分析，景德镇生态宜居整体情况较好。

城市自然环境方面，第三方数据表明，景德镇市空气质量优良率指标为 98%，城市水环境质量优于 V 类指标为 94.7%，自然环境质量总体优秀，两项指标在各试点城市中均处于较高水平（图 3-13、图 3-14）。

城市人工环境方面，各指标均处于正常范围。

根据空间数据和政府统计信息，景德镇市中心区（珠山区）建成区常住人口密度偏低，为 0.55 万人／平方公里，通过百度大数据获得中心区活跃人口密度为 1.34 万人／平方公里，中心区开发强度（毛容积率）为 1.08，作为城市老城区来讲处于正常范畴（图 3-15、图 3-16）。

根据空间数据分析，目前景德镇市建成区内高温区比例为 3.90%，在 11 个试点城市中处于较高水平（图 3-17）；同时，以 "5000m² （含）以上绿地按照 500m 服务半径测算；2000（含）～5000m² 的绿地按照 300m 服务半径测算"，景德镇市中心区公园绿地服务半径覆盖率为 47%，中心区绿地服务水平处于中游偏下（图 3-1）。

2. 城市历史文化保护较好

通过调查数据和空间分析数据，景德镇城市特色整体情况较好。

历史文化保护方面，本次第三方体检选取了1949年景德镇历史地图，测算中心区原有历史街区面积为1.89平方公里，通过卫星遥感图片比对分析，目前城市中心区留存历史街区面积为0.93平方公里，城市中心区历史街区留存比例达到49.21%，是11个试点城市中的最高值（图3-19）。

城市文化认同感方面，景德镇市民对陶溪川创意广场作为现代城市地标认同度为65%，处于试点城市中游水平；但是，市民对传统地标认同度相对较弱（图3-18）。

城市吸引力方面，根据百度大数据，2018年"五一"、"十一"、春节节假日外地游客数量占城市常住人口的比例指标为18.3%，在试点城市中处于中游水平（图3-20），虽然同其他南京、厦门、广州等旅游发达城市相比尚有差距，但是超过福州、西宁等省会城市。

3. 城市住房服务水平较高

住房服务水平方面，景德镇房价收入比、租金收入比指标在11个试点城市中处于较好水平（图3-5）。景德镇市应抓住这一优势，结合老旧小区改造，加大投入社区营造，增加完整社区的覆盖率，保证基本公共服务设施的投入。

4. 恩格尔系数较低，低收入人群生活质量较高

通过第三方数据分析，景德镇多元包容整体情况良好。

老年人、残疾人方面，通过调查数据分析，景德镇市中心区公共空间无障碍设施覆盖率为62%，位于试点城市中游水平（图3-6）。

外来人口方面，根据城市上报数据，景德镇常住人口中享受6项基本公共服务覆盖的人数比例48.4%，在试点城市中游偏下水平（图3-7）。

低收入人群方面，景德镇市恩格尔系数为27.76，城市总体物价水平不高（图3-9）；同时，根据城市统计数据，城市居民最低生活保障标准占上年度城市人均消费支出的33%，在各试点城市中处于上游水平（图3-8）。

综合各项指标分析，景德镇城市多元包容度较高，物价、房价不高，如果进一步提高城市基本公共服务水平，将会进一步提升对城市外来人口的友好度和吸引力。

二、问题诊断

1. 城市路网密度较低，公交及绿色交通水平不高

第三方数据分析表明，景德镇交通便捷整体情况良好。

道路设施方面，通过城市空间数据分析表明，景德镇市中心区道路网密度过低，仅为2.66公里/平方公里（图3-21）。

公共交通和绿色出行方面，通过调查数据和空间数据分析，景德镇市中心区公交站点覆盖率为 66.4%，绿色出行比例为 68%，各项指标均处于 11 个试点城市下游水平（图 3-22、图 3-24）；但是，城市居民单程平均通勤时间、中心区公交早晚高峰行驶车速等指标在试点城市中处于较好水平（图 3-23、图 3-26）。

机动车交通方面，基于高德第三方数据，景德镇市的机动车交通健康指数为 71.45%，在试点城市中处于较好水平（图 3-25）。

2. 公共服务设施覆盖度较低

基于空间数据分析，景德镇城市生活舒适整体情况一般。

社区建设方面，基于空间数据分析，景德镇城市中心区完整社区覆盖率指标较低，仅为 16.40%（图 3-2）。

公共服务设施方面，基于空间数据和调查数据，城市教育、医疗、养老等公共服务设施服务半径覆盖率水平较低，城市幼儿园公办私立平衡度较低（图 3-3、图 3-4）。这反映了景德镇市城市公共服务与社区发展建设尚不成熟，公共服务水平需进一步加强。

3. 城市万车死亡率较高，人均避难场所面积较低

根据第三方数据分析，景德镇城市安全韧性整体情况一般。

城市应急设施方面，景德镇市中心区人均避难场所面积为 1.3 平方米/人，处于试点城市下游水平（图 3-12）。

城市安全方面，根据统计数据，城市交通安全万车死亡率指标为 2.68 人/万车，在试点城市中数值偏高；同时，城市重大事故死亡率、刑事案件发生率和安全事件市民关注度指标较低，说明市民安全感普遍较好（图 3-10、图 3-11）。

综合分析，景德镇城市安全韧性在交通安全、应急措施方面存在挑战，需要进一步加强中心区避难场所建设和道路安全管理。

4. 城市活力整体水平不高

通过第三方数据分析，景德镇城市活力整体情况一般。

景德镇城市活力各项指标加权值，经济活力、人口活力、创新活力等均居于 11 个试点城市下游水平，与省会城市和计划单列市城市相比差距较大（图 3-27、图 3-28）。

三、结论与建议

1. 以内涵式发展为主基调，提升城市服务品质

数据分析说明，景德镇城市发展尚不完全，常住人口密度低；但是当前处于人口集聚阶段，周边县区人口在中心区居住、学习、工作，活跃人口密度较大。这将加剧城市基础设施、

公共服务设施的压力。未来城市应以内涵式发展作为主基调，避免盲目扩张，通过城市有机更新，以提高城市服务品质为主要抓手，保证城市健康有序发展。

2. 建设可亲近的绿色生态空间

根据空间数据分析，景德镇市整体生态系统健康，但是城市中心区开敞空间服务水平略低，分布不均衡。在下一步城市建设过程中，应避免大绿地、大空间的点状发展模式，在进一步拓展城市绿道、生态廊道和斑块体系的同时，保证该系统的亲民特征，保证城市居民对绿色生态空间的可到达、可亲近、可触摸和可感知。

3. 突出城市文化特色，提升城市魅力

综合数据分析，景德镇拥有丰富的历史文化遗存和陶瓷之都品牌，近年来城市政府对城市文化历史遗存保护做了大量精细工作。下一步，景德镇市需要进一步突出城市文化特色，加强城市设计，大力提升城市品质；同时提升城市魅力，发掘非物质文化遗产，提升旅游服务质量，创新旅游文化，进一步提升文化产业和旅游业在城市发展中的地位。

4. 坚持绿色交通优先，优化公交、绿色出行系统

综合以上数据分析，景德镇市城市发展尚处于发展初期的人口集聚阶段，当前城市绿色交通水平、公交水平不高，机动车出行占据优势地位。未来城市必须坚持绿色交通优先的城市发展原则，优化公交线网系统，开展 TOD 规划和城市有机更新，通过精细化手段开展城市路网的完善工作，保证城市公共交通系统的可达性，深入挖掘背街小巷的街巷空间，建设完整街道，增强步行友好性。

5. 寻找城市经济新动能，实现城市发展新腾飞

景德镇市处于城市经济转型关键时期，应认真反思城市发展定位，将城市的文化特色转化为城市动力，激发创新活力，寻找城市经济活力新动能，充分挖掘潜力，从人才储备和机制创新等多个方面发奋图强，实现城市活力发展的新腾飞。

第十一节　遂宁市

一、主要成效

1. 城市自然环境较好，开发强度较低

通过第三方数据分析，遂宁城市生态宜居整体情况良好。

自然环境指标方面，通过第三方数据分析，遂宁市空气质量优良率指标为 93%，水环境质量优于Ⅴ类指标为 93.5%，自然环境质量总体优秀，在 11 个试点城市中名列前茅（图 3-13、图 3-14）。

根据统计信息，遂宁市中心区（船山区）建成区常住人口密度指标正常，为 0.94 万人 / 平方公里；通过百度大数据校核，中心区建成区活跃人口的密度为 2.11 万人 / 平方公里（图 3-15）；中心区开发强度指标为 0.91，在各个试点城市中数值较低（图 3-16）。

2. 绿色出行比例较高，通勤时间较短

通过第三方数据分析，遂宁城市交通便捷整体情况良好。

道路设施方面，通过空间数据分析，遂宁市中心区道路网密度为 5.15 公里 / 平方公里（图 3-21）。

公共交通与绿色出行指标方面，中心区公交站点覆盖率仅为 56.7%，处于试点城市下游水平（图 3-22）；但是，遂宁市高峰时期公交行驶车速、绿色出行比例、城市居民单程平均通勤时间等各项指标均名列试点城市前茅（图 3-23、图 3-24、图 3-26）。

机动车交通指标方面，城市中心区机动车交通健康指数为 83.15%，为 11 个试点城市的最高值（图 3-25）。

3. 公共空间无障碍设施覆盖率较高，基本公共服务提供力度较大

根据第三方数据分析，遂宁城市多元包容整体情况较好。

老年人、残疾人方面，根据调查数据，遂宁市中心区公共空间无障碍设施覆盖率为 67%，在试点城市中处于领先地位（图 3-6）。

外来人口方面，根据城市上报数据，遂宁市常住人口中享受 6 项基本公共服务覆盖的人数比例 64.2%，在试点城市中处于中游水平，仅次于厦门、南京、长沙、广州等大城市，在中小城市中水平较好（图 3-7）。

低收入人群指标方面，遂宁市恩格尔系数为 32.72，物价水平指标偏高（图 3-9）；同时，根据城市公开数据，城市居民最低生活保障标准占上年度城市人均消费支出的 28%，处于较好水平（图 3-8）。

综合以上数据，遂宁市在多元包容方面在中小城市中表现较好，但是需要重视城市物价水平，保持在无障碍设施建设方面的优势，进一步加强基本公共服务提供力度。

4. 城市安全性较好

根据第三方数据分析，遂宁城市安全韧性总体情况较好。

应急设施指标方面，根据空间数据分析，遂宁市中心区人均避难场所面积为 1.4 平方米 / 人，处于试点城市下游水平（图 3-12）。

城市安全指标方面，城市重大事故死亡率、万车死亡率指标较低（图 3-10）；同时，城

市刑事案件发生率和安全事件市民关注度指标均较低（图 3-11）。

由此说明遂宁市民安全感整体较好。建议进一步加强中心区避难场所建设。

二、问题诊断

1. 城市热岛效应凸显，公园绿地覆盖率较低

空间数据分析表明，遂宁市建成区高温地区面积比例为 14.40%，城市热岛效应指标较高，建成区热岛效应明显（图 3-17）；同时，以"5000m²（含）以上绿地按照 500m 服务半径测算；2000（含）~5000m² 的绿地按照 300m 服务半径测算"，遂宁中心区公园绿地服务半径覆盖率为 36%，在试点城市中处于下游水平（图 3-1）。

2. 城市文化认同感不足，历史文化保护不足

通过第三方数据分析，遂宁城市特色整体情况一般。

城市文化认同感方面，调查数据表明，遂宁市市民对城市传统地标灵泉寺的认同感指标为 55%，市民对城市现代地标遂宁火车站认同感指标仅为 37%，在试点城市中处于较低水平（图 3-18）。

历史文化保护指标方面，本次第三方体检选取了 1940 年遂宁市历史地图，测算中心区原有历史街区面积为 1.45 平方公里，通过卫星遥感图片比对分析，目前城市中心区留存历史街区面积仅为 0.03 平方公里，而且呈高度分散斑块，城市传统街区留存比指标仅为 2.07%，在 11 个试点城市中处于下游水平（图 3-19）。

城市吸引力指标方面，根据百度大数据，2018 年"五一"、"十一"、春节节假日外地游客数量占城市常住人口的比例指标为 17.9%，位于试点城市中游水平（图 3-20）。

综合各项指标，遂宁的城市特色是城市发展的主要短板。虽然从游客量等指标分析，遂宁市旅游业发展尚好；但是城市文脉的传承、城市特色的塑造严重不足。未来城市发展亟需加强城市历史文化传承工作，保护城市历史文化风貌，延续城市历史文脉；同时重视现代城市建设中的特色营造，体现城市文化价值，提高市民对城市的认同感。

3. 完整社区覆盖率及公共服务覆盖率较低

通过第三方数据分析，遂宁城市生活舒适整体情况一般。

社区建设方面，基于空间数据分析，遂宁中心区完整社区覆盖率仅为 14.30%（图 3-2）。

公共服务指标方面，基于空间数据分析，遂宁市中心区幼儿园服务半径覆盖率为 37.82%，城市中心区社区医疗与养老服务半径覆盖率分别为 37% 和 31%；调查数据显示，城市私立幼儿明显多于公立幼儿园，各项指标均低于其他试点城市（图 3-3、图 3-4）。

住房服务水平指标方面，遂宁市租金收入比和房价收入比两项指标均较低，在试点城市中

名列前茅，说明城市总体居住成本较低，适合外来人口引进（图3-5）。

4. 城市活力总体较低

根据第三方数据分析，遂宁城市活力整体情况一般。

本次体检通过第三方数据，进行多项指标加权分析，遂宁市在城市活力的创新活力、人才活力、产业活力等各方面总体表现居于试点城市下游水平，与省会和计划单列市城市相比差距较大（图3-27、图3-28）。

三、结论与建议

1. 强化生态廊道，构建生态网络

综合数据分析，遂宁城市总体生态系统建设存在缺陷，城市中心区生态开敞空间供应不足。未来城市建设过程中，应摒弃大绿地、大尺度点状发展的粗放模式，强化城市生态系统的设计，保持山水廊道，拓展城市绿道、生态廊道和斑块体系，进行城市系统的有机更新和生态体系品质提升，构建城市绿色生态空间网络。

2. 控制城市增长边界，提升城市服务品质

综合数据分析，遂宁城市中心区发展不够均衡，活跃人口密度较高，但是开发强度偏低，说明中心区发展尚处于高度集聚时期。城市开发蔓延发展问题比较突出。遂宁市应以内涵式发展为主基调，控制城市增长边界，不盲目扩张，以提高城市服务品质和数量为主要抓手，保证城市健康有序发展。

3. 坚持绿色交通优先，有机进行城市更新

综合数据分析，遂宁城市交通发展符合城市发展初期的典型交通特征。随着城市的快速发展和机动化，遂宁市交通状况仍有可能随时间推移而恶化，因此必须继续坚持绿色交通优先的城市发展原则，优化公交线网系统，开展TOD规划和城市有机更新，通过精细化手段开展城市路网的完善工作，保证城市公共交通系统的可达性，以及城市居民与城市交互的公共空间体系，形成完整街道网络。

4. 寻找城市定位，推动城市发展

遂宁市应该认真考虑城市的发展定位，寻找城市经济活力新动能，充分挖掘潜力，从人才储备和机制创新等多个方面发奋图强，实现城市活力发展的新腾飞。

本章附录

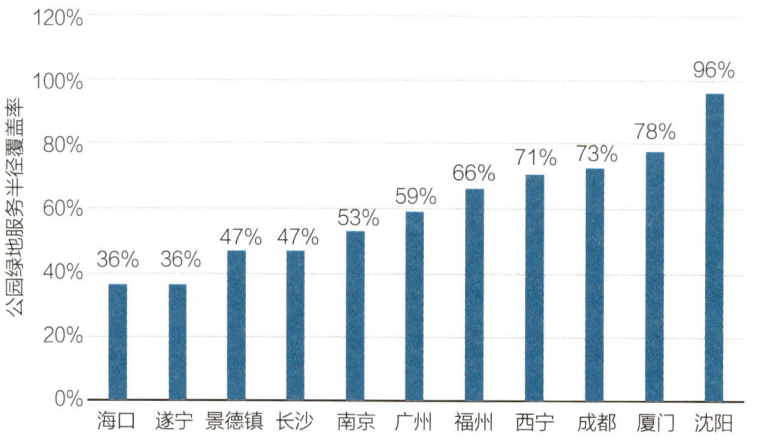

图 3-1 试点城市公园绿地服务半径覆盖率

注：公园绿地服务半径覆盖率 = 公园绿地服务半径覆盖的居住用地面积 /
中心区居住用地总面积 × 100%。

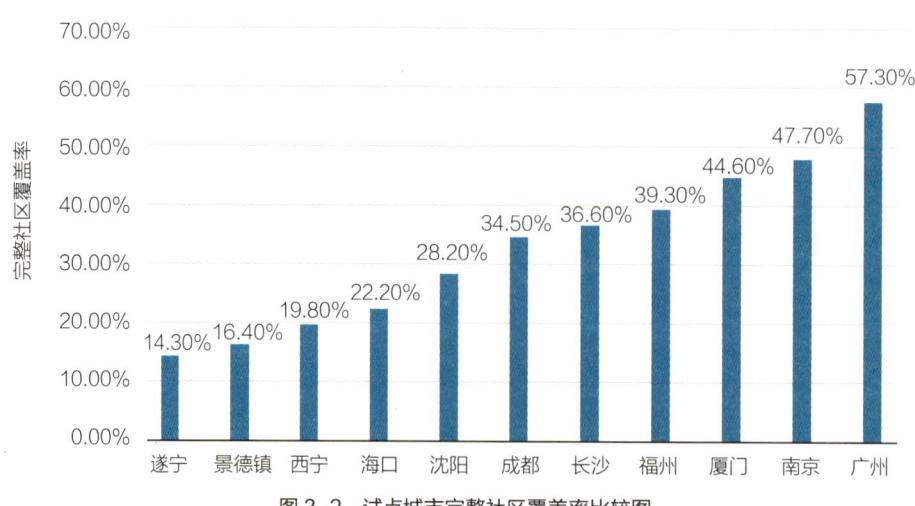

图 3-2 试点城市完整社区覆盖率比较图

注：根据 15 分钟生活圈界定社区服务类别，对 POI 进行重新分类，计算社区服务中心、菜市场、
公共厕所、图书馆、快递点、消防点六类社区服务设施对建成区的覆盖度，并求得均值。

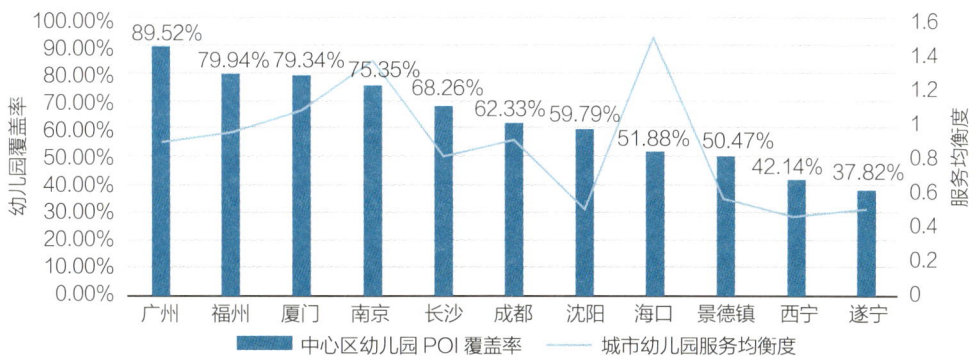

图 3-3　试点城市幼儿园覆盖率与服务均衡度比较图

注：幼儿园覆盖率 = 中心城区幼儿园 POI 点周边 500 米覆盖面积 / 中心区建成区面积（%）；
城市幼儿园服务均衡度 = 公办幼儿园服务人口比例 / 民办幼儿园服务人口比例。

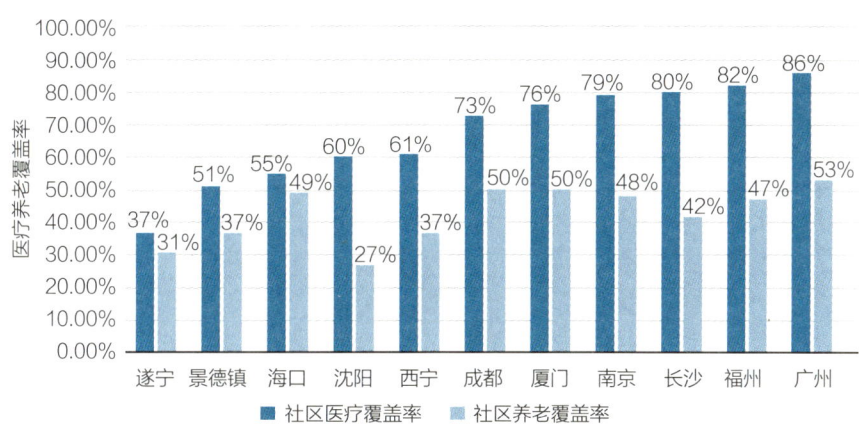

图 3-4　试点城市医疗养老覆盖率比较图

注：社区医疗覆盖率 = 中心城区社区医疗设施 POI 点周边 500 米覆盖面积 / 中心区建成区面积（%）；
社区养老覆盖率 = 中心城区养老设施覆盖人口占比。

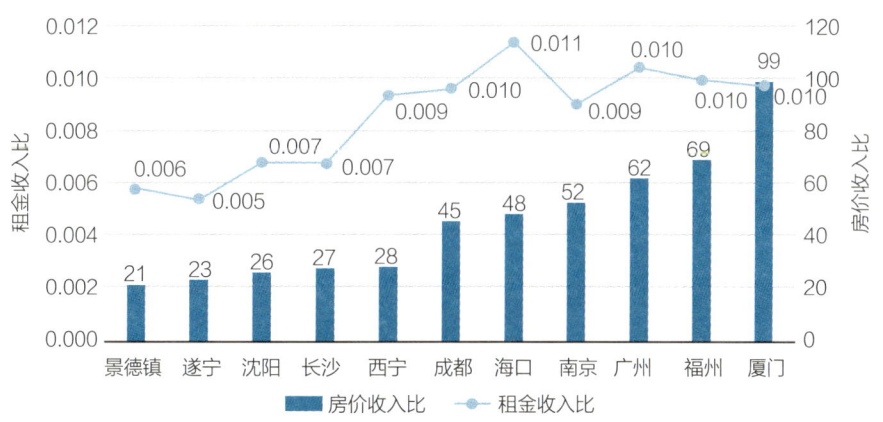

图 3-5　试点城市房租、租金与收入比比较图

注：租金收入比 = 单位面积年租金 / 城市居民人均可支配收入；
房价收入比 = 平均总价 / 城市居民人均可支配收入。

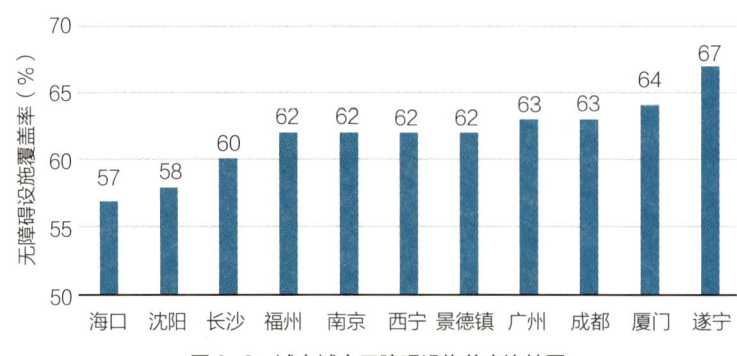

图 3-6　试点城市无障碍设施盖率比较图

注：中心区公共空间无障碍设施覆盖率＝街道无障碍设施覆盖率＋公共建筑无障碍设施覆盖率。

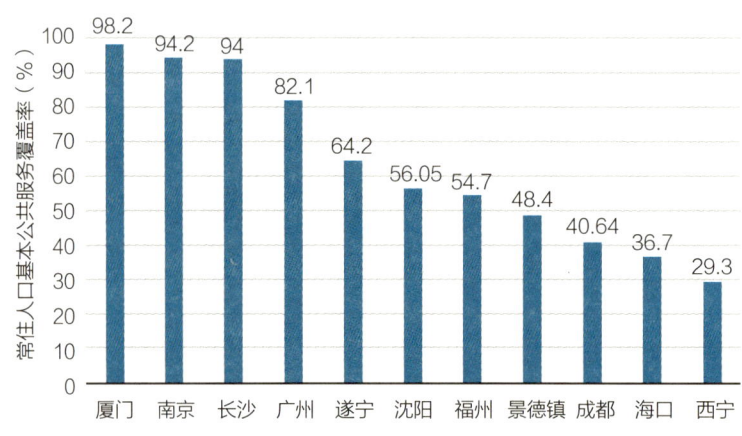

图 3-7　试点城市常住人口基本公共服务设施覆盖率比较图

注：基本公共服务包括教育、医疗、社保、住房、就业、养老
数据来源：城市上报数据。

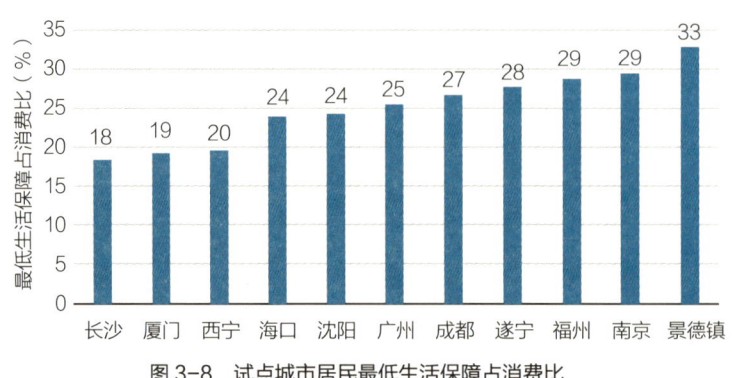

图 3-8　试点城市居民最低生活保障占消费比

注：最低生活保障占消费比＝城市居民最低生活保障／上年度城市人均消费支出 ×100%。

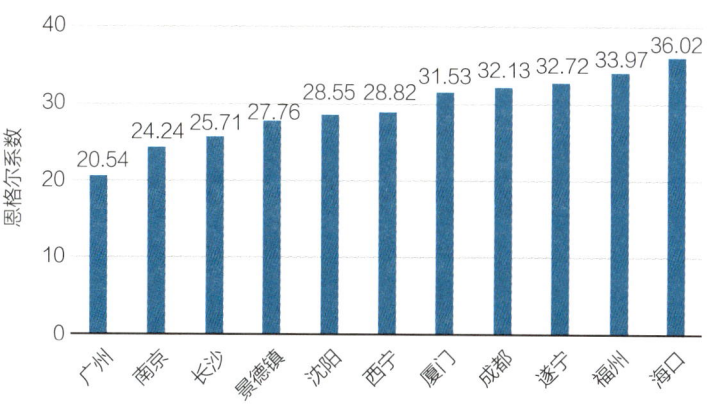

图 3-9　试点城市居民恩格尔系数指标比较图

注：恩格尔系数＝个人食品支出总额／个人消费支出。

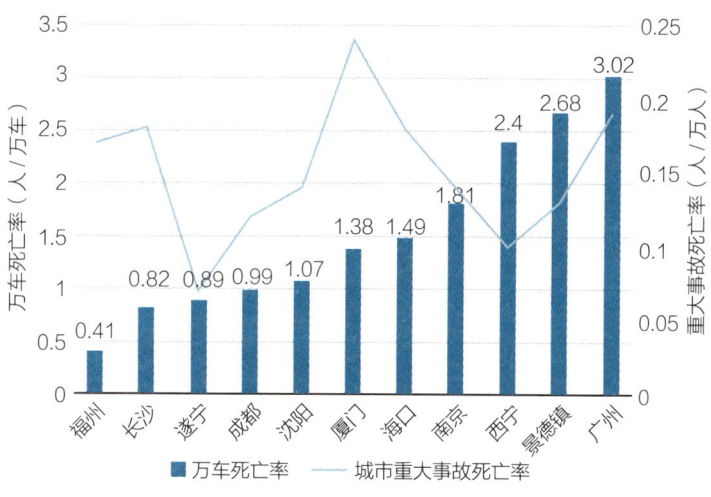

图 3-10　试点城市安全指标比较图

注：城市重大事故死亡率＝城市年均重大事故死亡人数／常住人口；
万车死亡率＝交通事故死亡人数／机动车保有量。

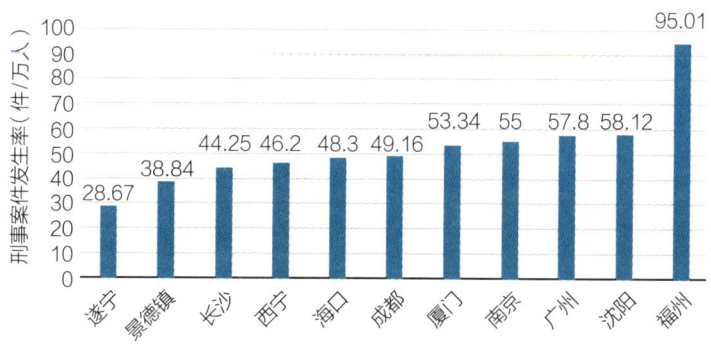

图 3-11　试点城市刑事案件发生率指标图

注：刑事案件发生率＝市区每年度依法侦查或确认的符合刑事案件构成标准的案件数／年平均人口。

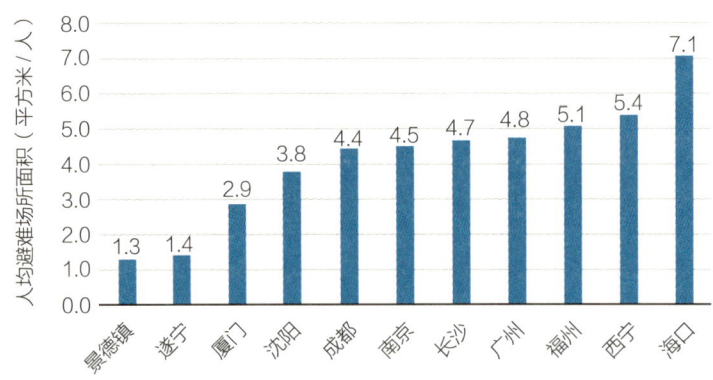

图 3-12　试点城市人均避难场所面积比较图
注：测算公园、绿地、广场、体育场、停车场、学校操场总面积（应急管理部 2019 年标准）。

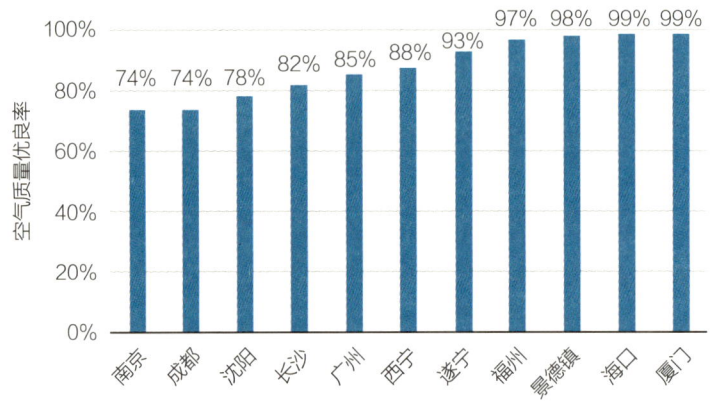

图 3-13　试点城市空气质量优良率
注：城市空气质量优良率（%）＝全年空气优良天数 /365 天。
数据来源：生态环境部。

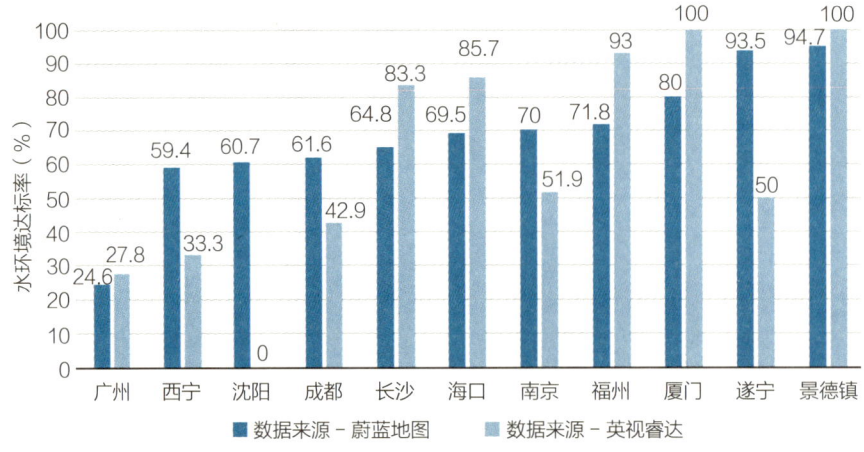

图 3-14　试点城市水环境达标率
注：水环境质量指标城市水环境质量达标率（%）＝1－（劣 V 类水体数 + 黑臭水体数）/ 水体数量。

图 3-15　试点城市常住人口密度及活跃度对比

注：中心区常住人口密度（万人／平方公里）＝中心区常住人口数／建成区面积；
中心区活跃人口密度（万人／平方公里）＝中心区活跃人口数／建成区面积。

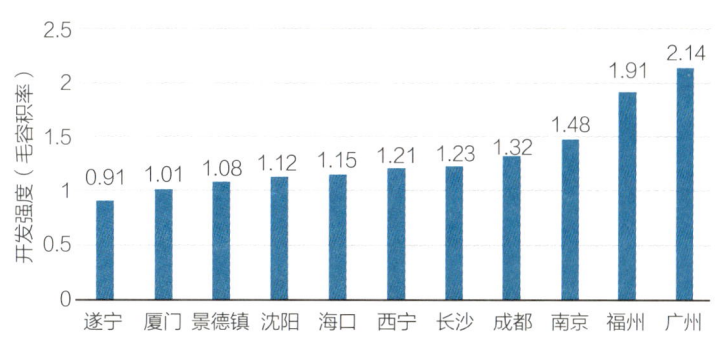

图 3-16　试点城市中心区开发强度（毛容积率）

注：城市中心区开发强度＝城市中心区总建筑面积／城市中心区建设用地面积。

图 3-17　试点城市高温地区比例图

注：建成区高温区域比例（％）＝建成区高温区域面积／建成区面积。

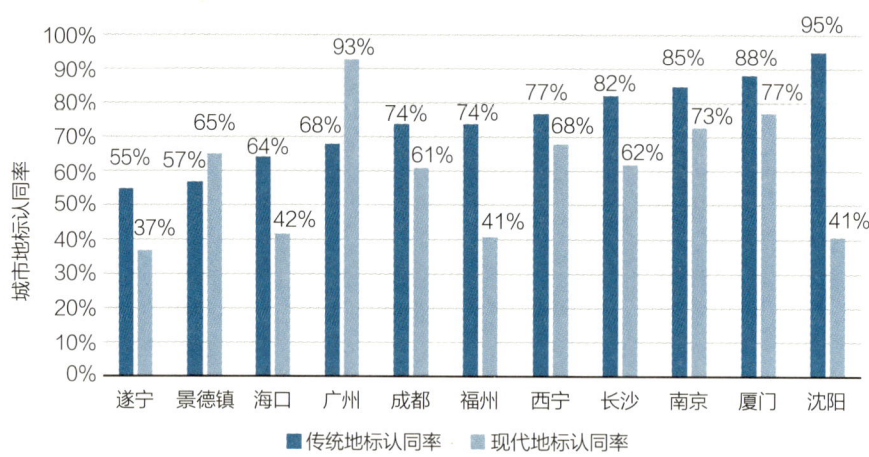

图 3-18　试点城市地标认同度指标图

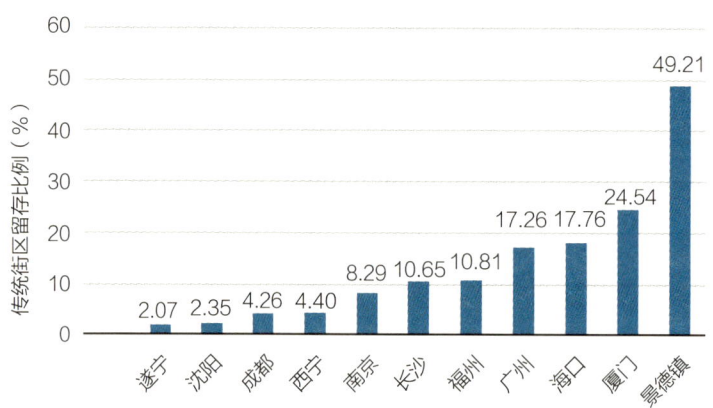

图 3-19　试点城市传统街区留存指标图

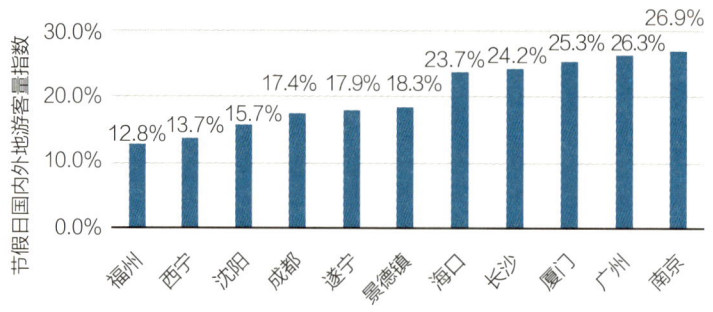

图 3-20　试点城市节假日外地游客量指数

注：节假日国内外地游客量指数（%）＝城市节假日外地游客量／常住人口数。

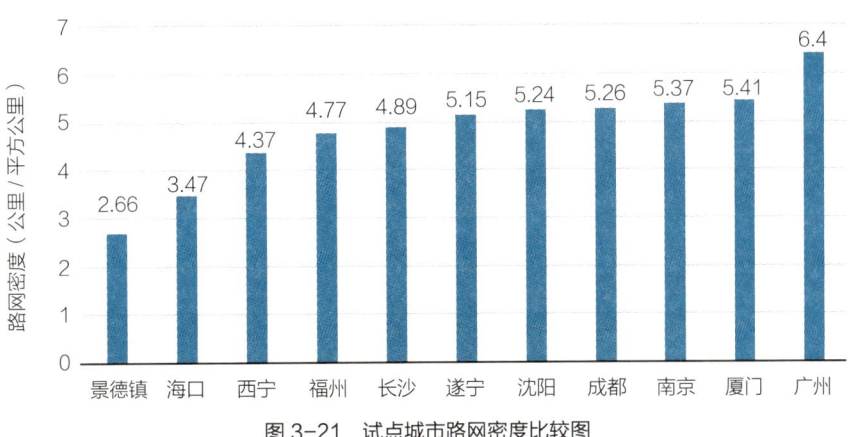

图 3-21　试点城市路网密度比较图

注：中心区道路网密度＝中心区市政道路中心线长度／中心区建成区面积。

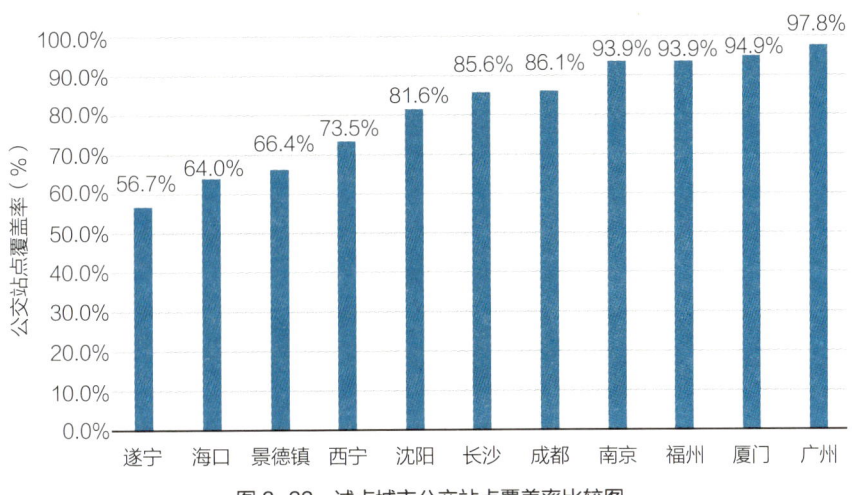

图 3-22　试点城市公交站点覆盖率比较图

注：中心区公交站点覆盖率（％）＝中心城区公交站点周边 500 米覆盖面积／中心区建成区面积。

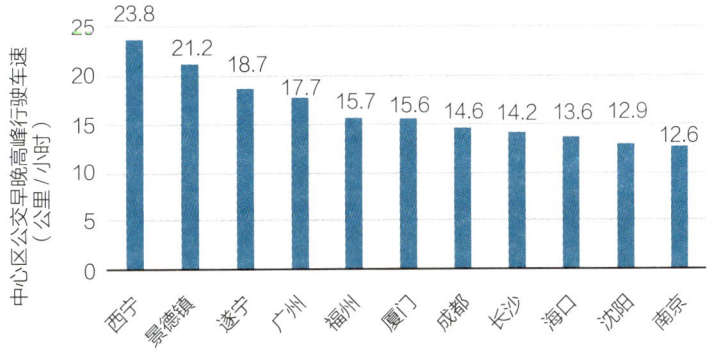

图 3-23　试点城市中心区公交早晚高峰行驶车速比较图

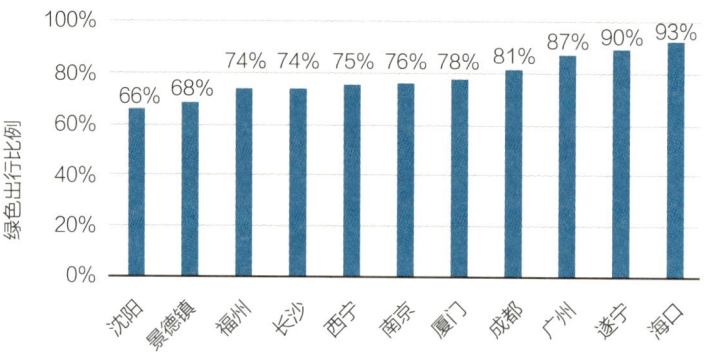

图 3-24　试点城市绿色出行比例比较图

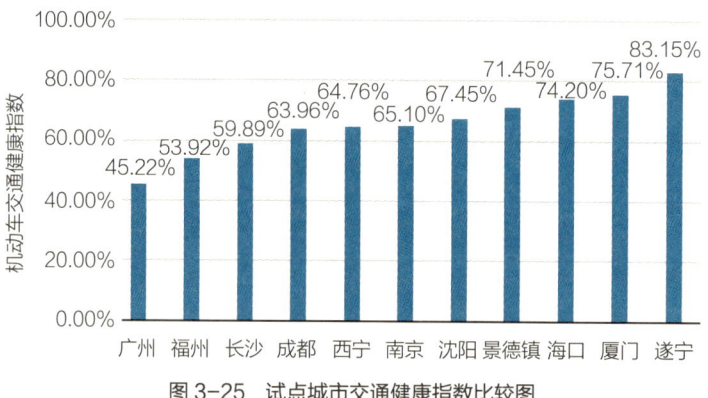

图 3-25　试点城市交通健康指数比较图

图 3-26　试点城市居民平均单程通勤时间比较图

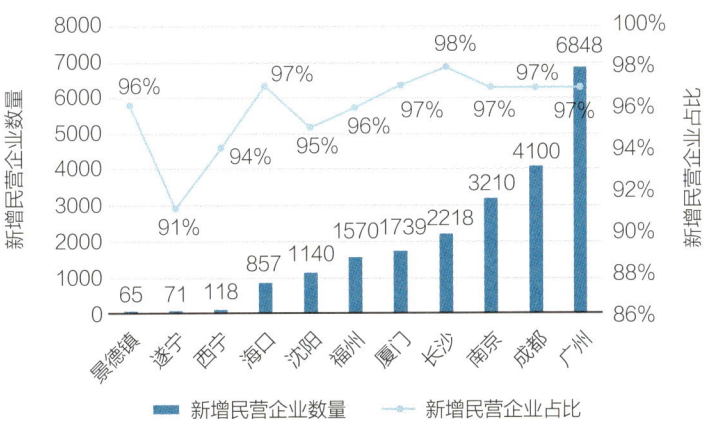

图 3-27　试点城市民营企业发展比较图

注：新增民营企业占比＝当年新增民营企业数／当年新增全部企业数。

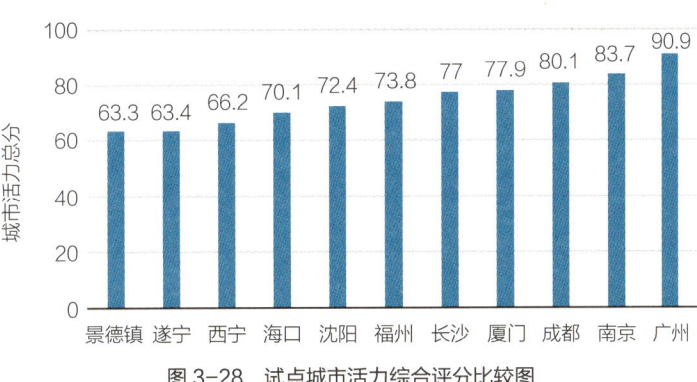

图 3-28　试点城市活力综合评分比较图

第四章

居民满意度分析

随着我国社会经济发展水平的不断提升以及城镇化进程的加快，当前我国常住人口城镇化率已经接近 60%，城镇居民的日常需求也开始从"温饱型"向"品质型"跃迁，如何建设高品质的人居环境已经成为城市发展的重要议题。2013 年的中央城镇化工作会议，作出以人为核心的新型城镇化战略部署；2018 年习近平总书记在庆祝改革开放 40 周年大会上指出"必须坚持以人民为中心，不断实现人民对美好生活的向往"；国家发展改革委《2019 年新型城镇化建设重点任务》再次强调"加快实施以促进人的城镇化为核心、提高质量为导向的新型城镇化战略"，明确"以人为核心"是城市发展和建设的本质。

"金杯银杯不如百姓口碑""以人为核心"的城市人居环境建设离不开对居民实际需求和真实感受的关注，在本次第三方城市体检中引入社会满意度调查评价是对"以人为核心"思想的重要体现。社会满意度评价作为人居环境研究领域重要的研究手段，主张从以人为本视角出发，获取居民对人居环境各种要素的主观感知评价，来揭示实体人居环境与居民个体需求的互动规律，与传统客观评价的单一视角互为补充，从而达到改善区域人居环境和服务民生的目的。本次第三方城市体检的社会满意度评价工作将建立一套城市人居环境主观评价指标体系，通过问卷调查手段获取满意度评价数据，为各试点城市人居环境发展现状进行把脉。

第一节　满意度总体评价

一、总体评价结果

从社会满意度调查结果看，居民对人居环境总体评价良好，满意度水平较高，当前各试点城市的人居环境建设成果得到居民的普遍认可。11 个试点城市总体评价平均得分为 72.8分，61.2% 的受访者对人居环境总体感到"满意"或"非常满意"。各市总体评价得分均超过 70 分，最高分为 75.6 分，各试点城市分差较小（图4-1）。

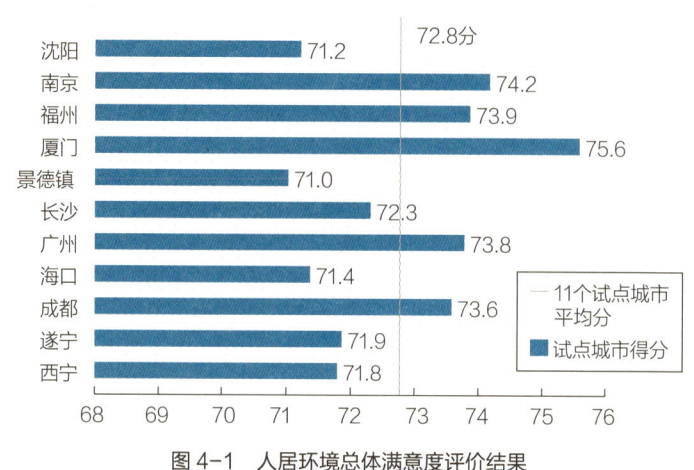

图4-1　人居环境总体满意度评价结果

当前居民的幸福度、外来人口的市民身份认同感和归属感普遍较高。72.4% 的受访者对当前的生活状态感到"幸福"或"非常幸福"；69.6% 的外地籍贯／外地户口的受访者对所在城市有较强的市民身份认同感，其中 47% 的受访者明确表示一定会长期留在所在城市生活（表 4-1）。

居民幸福度、认同感、归属感调查结果　　　　表 4-1

问题	目前这种生活状态您觉得幸福么？				
选项	非常幸福	幸福	一般	不幸福	很不幸福
比例	25.8%	46.6%	25.9%	1.4%	0.3%
问题	您认为自己是这个城市的一分子吗？（仅外地籍贯/户口受访者回答）				
选项	总是认为如此	经常认为如此	有时认为如此	偶尔/从不认为如此	
比例	30.5%	39.1%	26.8%	3.6%	
问题	您考虑长期（至少五年）在这个城市生活吗？（仅外地籍贯/户口受访者回答）				
选项	一定会		不确定	不会	
比例	47.0%		36.6%	16.4%	

　　7 大一级指标中，居民对"城市风貌与特色"满意度最高，而对"安全韧性"和"多元包容性"满意度较低。一级指标中"城市风貌与特色"的得分（73.67 分）明显高于其他各项，65.2% 的居民对这一维度感到满意或非常满意；仅有"安全韧性"和"多元包容性"两个维度 11 个试点城市的平均得分均低于 70 分（图 4-2、图 4-3）。

　　人居环境的各大要素中，居民最看重的是"生态宜居性"。根据问卷调查结果，26.8% 的受访者认为影响人居环境的最重要因素是"生态宜居性"，其次是"生活舒适性"（18.3%），而仅有 6.9% 的受访者最看重"城市活力"要素（表 4-2）。

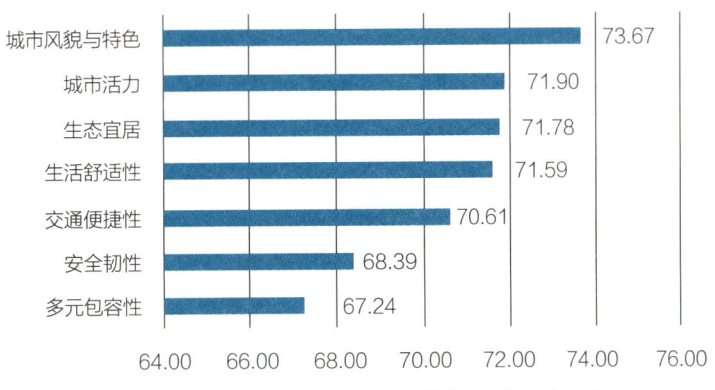

图 4-2　7 大一级指标 11 个试点城市满意度评价平均得分情况

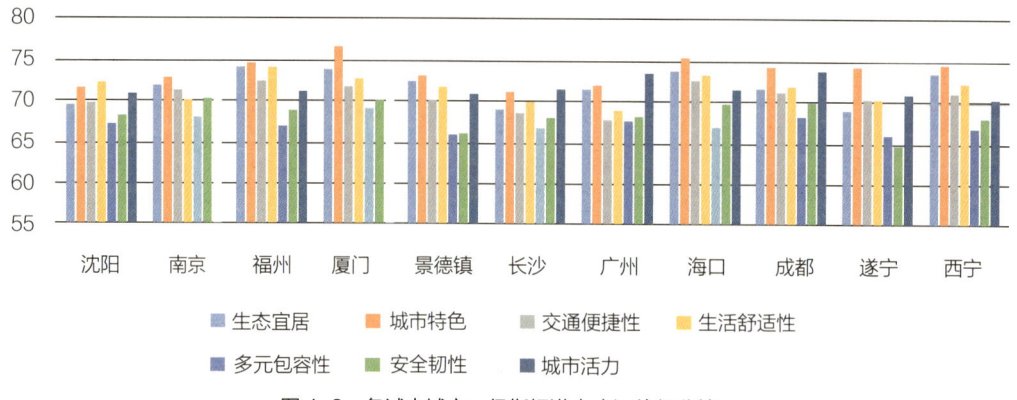

图 4-3　各试点城市一级指标满意度评价得分情况

影响人居环境最重要的要素调查结果　　表 4-2

影响人居环境最重要的要素	生态宜居性	城市特色与风貌	交通便捷性	生活舒适性	多元包容性	安全韧性	城市活力
比例	26.8%	18.0%	14.1%	18.3%	8.0%	7.9%	6.9%

　　不同户籍、收入、年龄的受访者对人居环境的满意度不同。收入与人居环境满意度间呈现"倒 U 形"关系，低收入和高收入人群的满意度评价均偏低。年龄与人居环境满意度间也呈现出"倒 U 形"关系，年轻人对城市多元包容性的评价明显优于中老年人。户口户籍情况也直接影响了居民满意度，老市民（籍贯本地，本地户口）满意度得分明显高于外来人口（外地户口）和新市民（籍贯外地，本地户口）（图 4-4）。

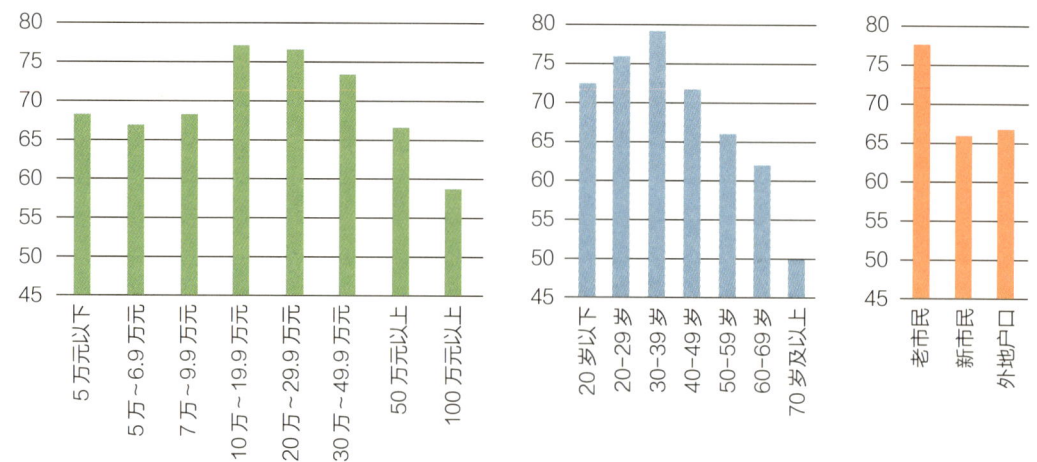

图 4-4　不同户籍、收入、年龄的受访者对人居环境的满意度评价

二、共性问题

11 个试点城市社会满意度评价结果反映了当前城市发展的诸多共性问题，从七大维度来看，当前"多元包容性"和"安全韧性"是人居环境建设的短板，"交通便捷性"也有待进一步提升。

在各个维度内部，也存在诸多共性问题。在生态宜居维度，城市噪声、水体和大气污染问题仍然严重影响居民对宜居性的感知，其中"噪声污染"问题尤为突出，应当予以更多关注。在城市特色维度，应加强对"市民文化素质"的教育引导，推进文明社会建设，同时"非物质文化的传承"的历史遗产保护及开发水平需要得到进一步提升。在交通便捷性维度，"停车便利程度""道路通畅程度"有待进一步加强，通勤时间过长的问题较为突出。在生活便捷性维度，过高的房租/房价严重影响居民对生活便捷性的满意度评价，这一问题在大城市尤为突出。在多元包容性维度，"公租房建设""残疾人无障碍设施"应得到进一步加强，城市对弱势群体的关怀和支持水平还需提升。在安全韧性维度，城市应进一步加强"基础设施抗风险能力"，提高"防灾应急组织能力"，提高城市面对灾害抗性和韧性。而在城市活力维度，"创业氛围""人才引进政策"有待进一步提升，中小城市在城市活力建设方面应予以更多关注。

第二节　满意度分项评价

一、满意度高值要素

1. 生态宜居性

居民对城市生态环境的总体满意度较高，城市绿化情况评价良好，但噪声污染及水污染问题亟待改善。11 个试点城市生态宜居性总体评价的平均得分 71.8 分，在 7 大一级指标中位列第三位，超过 50% 的居民对生态环境总体评价为满意或非常满意，福州、厦门、海口和西宁等城市的生态宜居性评价得分较高（图 4-5）。在各项二级指标中，与城市绿化

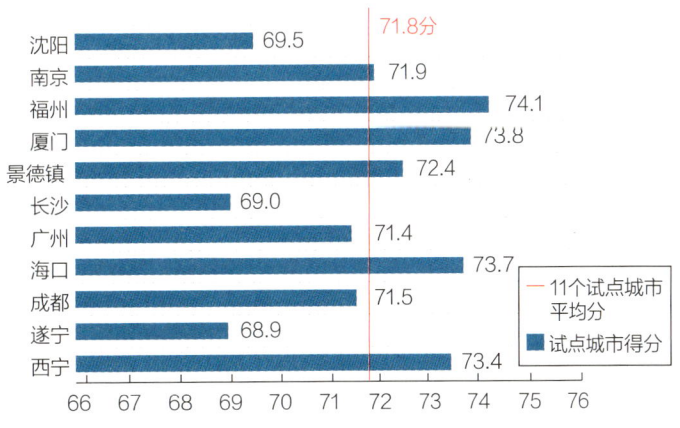

图 4-5　各试点城市生态宜居性总体评价满意度情况

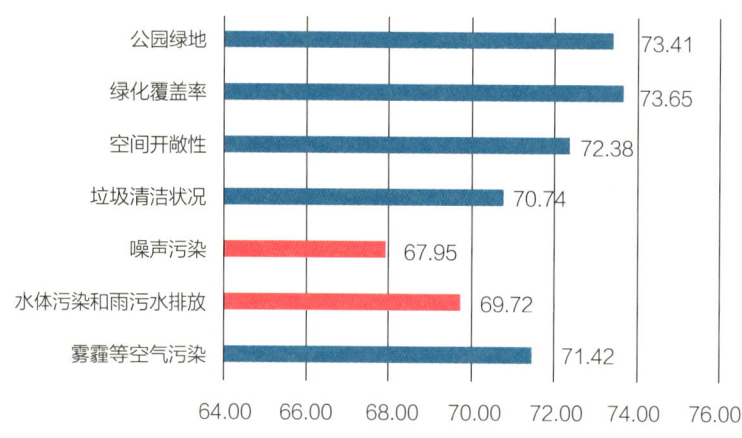

图 4-6   生态宜居性维度二级指标满意度评价得分

相关的"公园绿地""绿化覆盖率"以及"空间开敞性"指标的满意度评价得分最高。但居民对"噪声污染""水体污染和雨污水排放"问题非常不满，两个指标平均得分低于 70 分（图 4-6）。

对比研究团队在 2015 年开展的全国 40 个城市人居环境满意度调查结果，本次城市体检满意度调查的生态宜居性满意度有明显提高，表明近年来以"天蓝、地绿、水清"为目标的城市生态环境建设工作取得了明显成效，尤其是"雾霾等空气污染"的满意度明显提升，一改过去排名垫底的情况。但是"噪声污染"在两次调查中均问题突出，本次调查满意度得分仅为67.95 分，在全部 53 个二级指标中排名倒数第二，未来城市生态环境建设应加强对噪声污染的预防、监测和治理力度。

2. 城市风貌与特色

居民对城市风貌与特色的总体满意度很高，邻里关系满意度最好，但居民对市民文化素质满意度偏低，普遍认为城市物质以及非物质文化遗产的保护传承力度不足。城市风貌与特色一级指标满意度平均得分为 73.7 分，明显高于其他六个一级指标（图 4-7）。二级指标中"邻里关系"指标得分高达 75.44 分，是全部 53 个二级指标中满意度得分最高的一项。"市民文化素质"满意度得分仅为 72.31 分，"非物质文化的传承""历史建筑与传统民居的保护"满意度得分也相对较低（图 4-8）。

11 个试点城市中有 8 个是历史文化名城，本次调查特别针对历史文化名城的保护情况设立了相关问题。这 8 个试点城市"历史文化名城的保护"满意度得分为 73.27 分，总体表现较好。但是在历史文化、文物的保护与开发方面，8 个历史文化名城的各项满意度得分普遍落后于 3 个非历史文化名城（厦门、遂宁、西宁），其中厦门市在城市风貌与特色各个方面的居民满意度几乎都是最高的。这可能与历史文化名城的历史文化遗产丰富，整体的保护与开发面临的压力相对较大等因素有关。

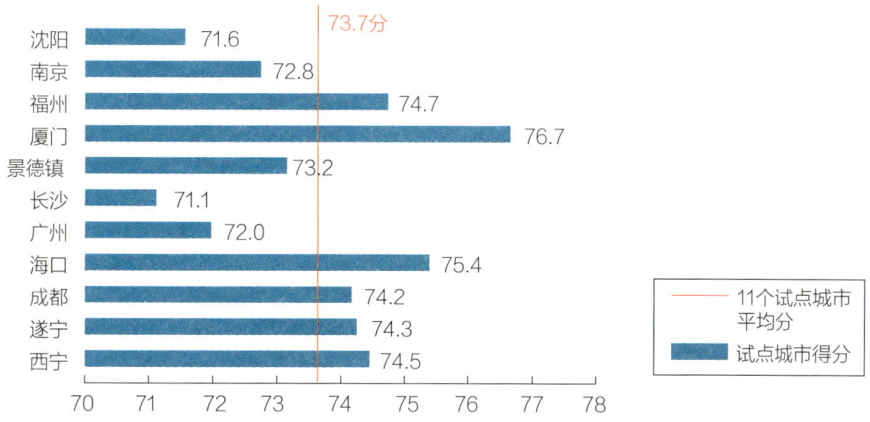

图 4-7 11 个试点城市城市风貌与特色满意度评价得分

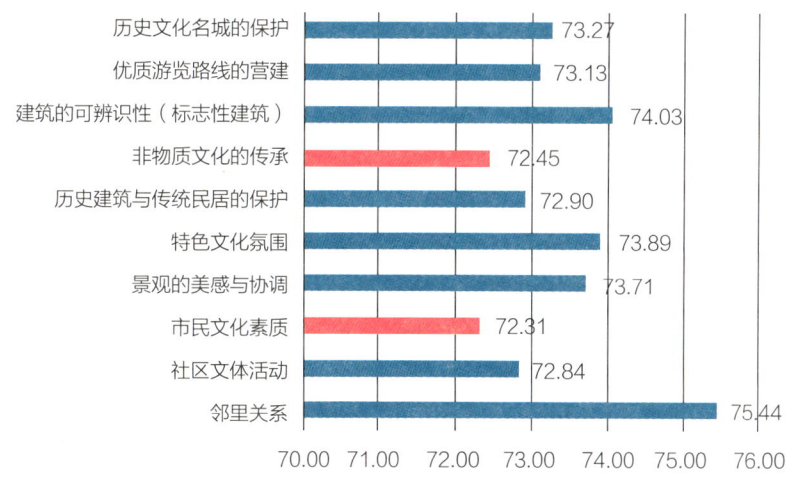

图 4-8 城市特色维度二级指标满意度平均得分

3. 生活舒适性

居民对生活舒适性的总体评价较好，但对房租或房价的可接受程度明显偏低。11 个试点城市生活舒适性满意度平均得分为 71.6 分，在七大一级指标中排名中等水平（图 4-9）。二级指标中，"房租或房价的可接受程度"得分为 67.78 分，是全部 53 个二级指标中得分最低的（图 4-10）。各项公共服务及商业服务设施的满意度普遍较好，其中"日常购物设施"满意度最好；"运动设施"的满意度最低，随着居民对体育锻炼等健康生活方式关注度的提升，城市应进一步加强运动设施的供给与管理；此外"餐饮设施"的满意度也较低。

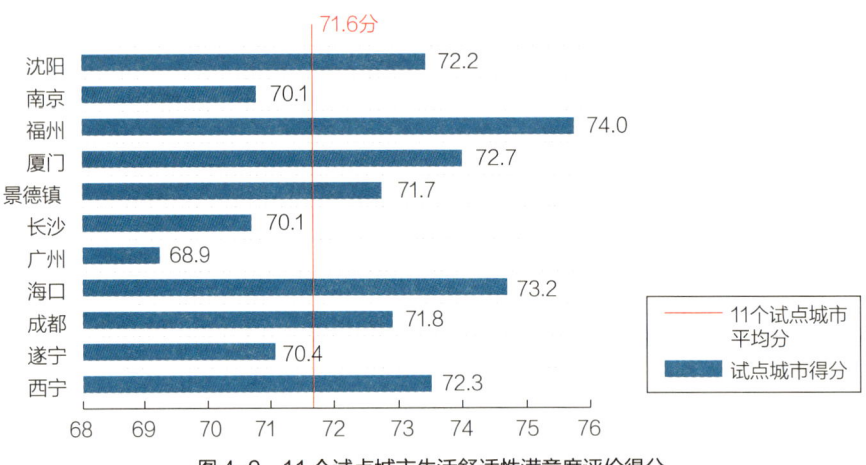

图 4-9　11个试点城市生活舒适性满意度评价得分

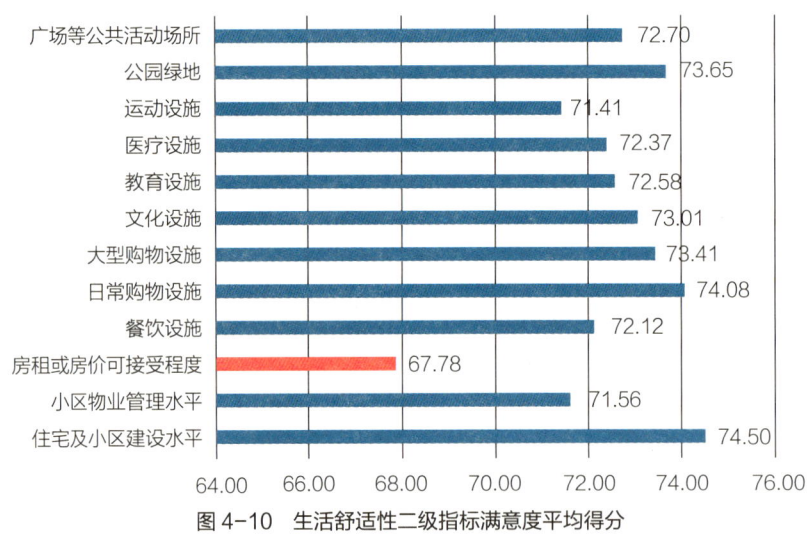

图 4-10　生活舒适性二级指标满意度平均得分

　　不同规模的城市在不同维度的生活舒适性指标上存在明显差异。人口或经济规模较小的城市，其居民对二级指标中的各类服务设施的满意度整体偏低，这与城市提供的公共服务和商业服务的等级偏低、多样性不足有关。而大城市居民对各类服务设施的满意度虽高，但对房租/房价的可接受程度明显偏低，且对生活舒适性总体评价不高。

4. 城市活力

　　居民对城市活力的满意度总体很高，创业氛围和人才引进政策有待进一步改善，值得注意的是11个试点城市的城市活力评价结果存在明显差距，城市活力总体满意度为71.9分，在七大一级指标中排名第2位，所有城市得分均超过70分（图4-11）。南京、厦门、广州和

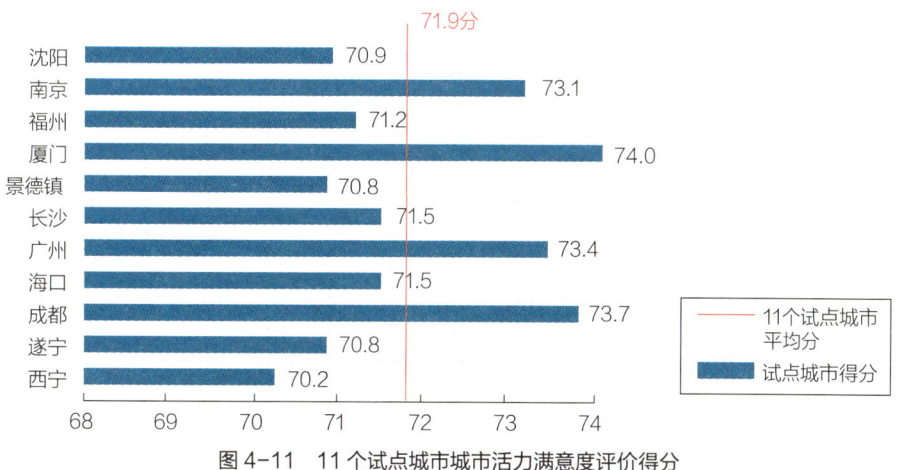

图4-11　11个试点城市城市活力满意度评价得分

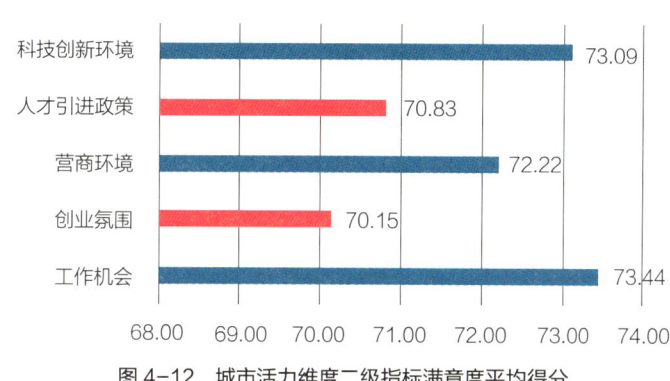

图4-12　城市活力维度二级指标满意度平均得分

成都四市的城市活力总体满意度得分均在73分以上，明显高于其他7个城市。二级指标中，"创业氛围"指标得分仅有70.15分，"人才引进政策"满意度评价得分70.83分，这两项评价明显低于其他三项二级指标，在未来的城市活力营建中应予以更多关注（图4-12）。

二、评价较差的要素

1. 交通便捷性

居民对交通便捷性的满意度总体偏低，停车难、交通拥堵、通勤时间长是各城市的共性问题。交通便捷性总体评价11个试点平均得分仅为70.6分，在七大一级指标中位列倒数第三位（图4-13）。二级指标中"停车便利程度""道路畅通程度"满意度得分均低于70分，"上班通勤时间可接受程度"的得分也不高（图4-14）。

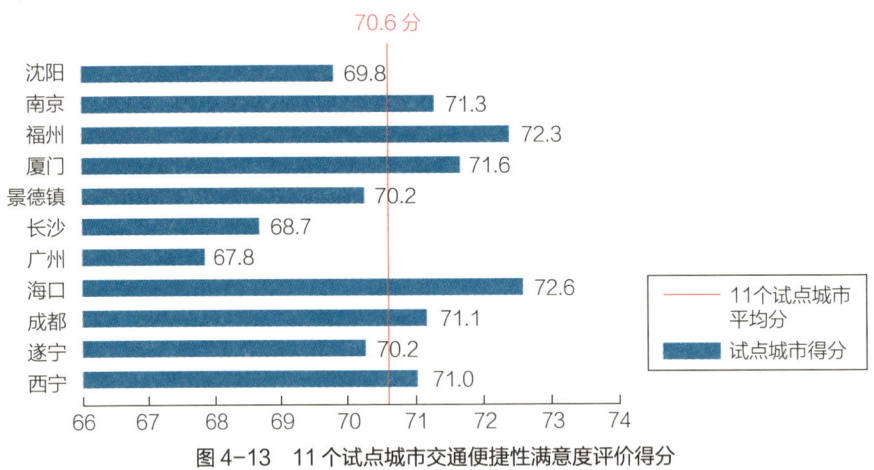

图 4-13　11 个试点城市交通便捷性满意度评价得分

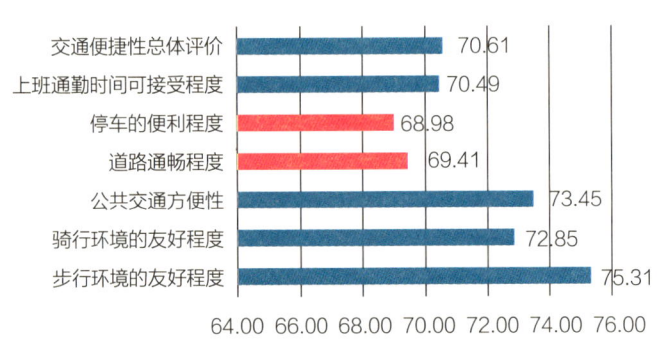

图 4-14　交通便捷性二级指标平均得分

居民对步行环境、骑行环境和公共交通便利性的评价相对较好，城市绿色出行环境的建设颇具效果。本次调查同时采集了居民对绿色出行环境不满意的主要原因，主要体现在步行道路铺装不平整、步行道不连续、步行道太窄、机动车或其他设施占道 4 个方面。53.4% 的受访者对骑行环境不满意的原因是机动车乱停车，此外还有缺少专门的自行车道、公共交通换乘不方便等原因。居民对公共交通便利性不满意的最主要原因是公共交通工具发车间隔时间太长，此外车站距离远、换乘不方便、舒适性差等也影响着居民的满意度。未来城市绿色出行环境建设应着重关注以上因素。

2. 多元包容性

多元包容性是一级指标中满意度最差的一项，居民普遍认为城市对弱势群体的包容与支持不足。11 个试点城市多元包容性总体评价得分均低于 70 分，平均分仅为 67.2 分（图 4-15）。二级指标中，居民对"残疾人无障碍设施"和"公租房建设"满意度明显低于其他二级指标；"养老设施""儿童活动场地""城市对弱势群体的包容性"满意度也偏低

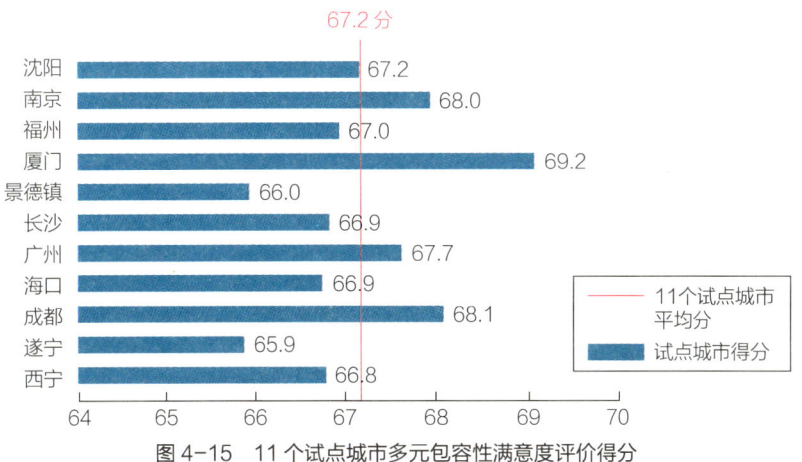

图 4-15　11 个试点城市多元包容性满意度评价得分

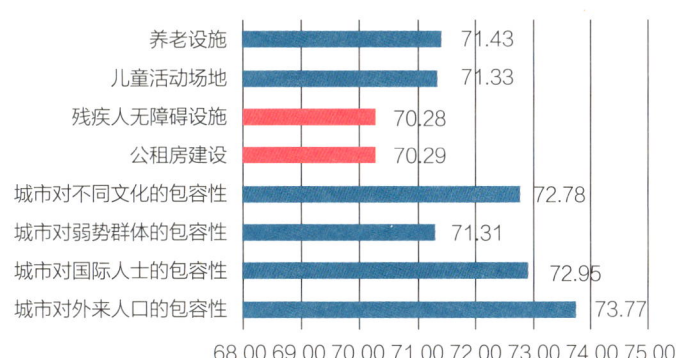

图 4-16　多元包容性维度二级指标平均得分

（图 4-16）。随着人口老龄化情况加剧，以及全面放开并推行的二孩政策，养老问题和儿童成长问题需要得到更多关注。

3. 安全韧性

　　安全韧性总体评价的满意度较低，主要由于居民对城市防灾避难水平满意度不高，同时社会治安水平得到普遍认可。11 个试点城市安全韧性总体满意度平均得分仅为 68.4 分，在七大一级指标中排名倒数第二位（图 4-17）。居民的主要不满表现在城市防灾抗险能力方面，二级指标中"防灾应急组织能力"得分最低。与此同时，"社会治安"的满意度评价得分达到 74.76 分，在全部 53 个二级指标中排名第 3 位，居民对城市治安水平表现出充分肯定（图 4-18）。

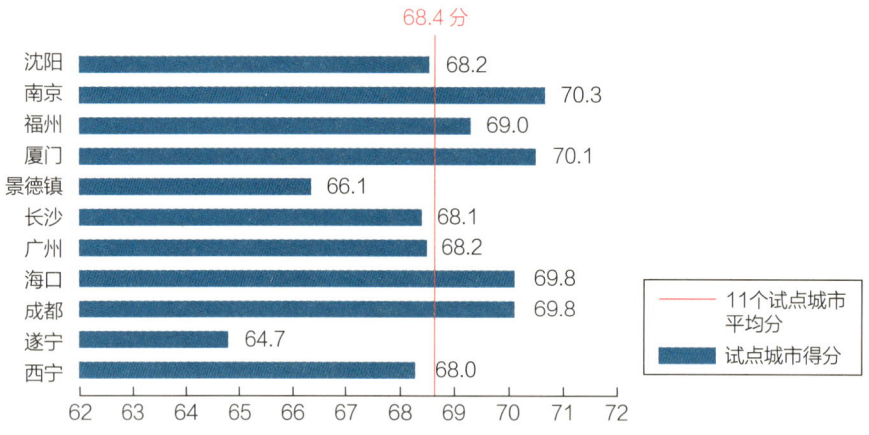

图 4-17　11 个试点城市安全韧性满意度评价得分情况

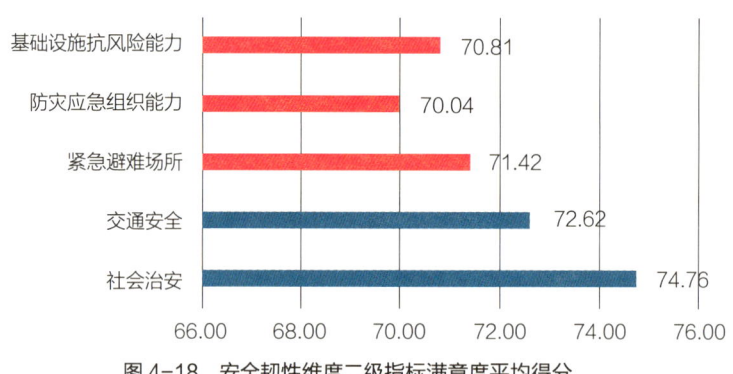

图 4-18　安全韧性维度二级指标满意度平均得分

第三节　结论与建议

一、成效与不足

1. 沈阳市

　　生活舒适性维度的评价结果较好；生态宜居性和城市风貌与特色的评价结果与 11 个试点城市平均分的差距比较明显（图 4-19）。

　　生态本底较弱，生态宜居方面存在短板。2018 年沈阳市空气优良天数 256 天，同其他城市相比仍有差距，空气环境质量有待提升（图 4-20）。

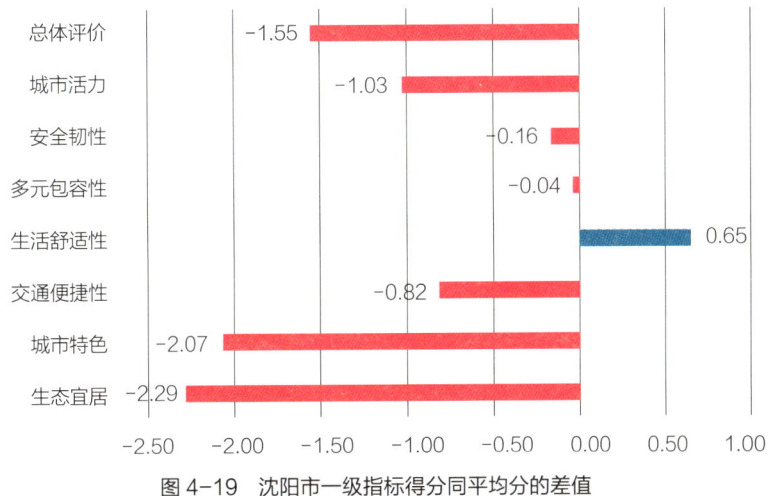

图 4-19　沈阳市一级指标得分同平均分的差值

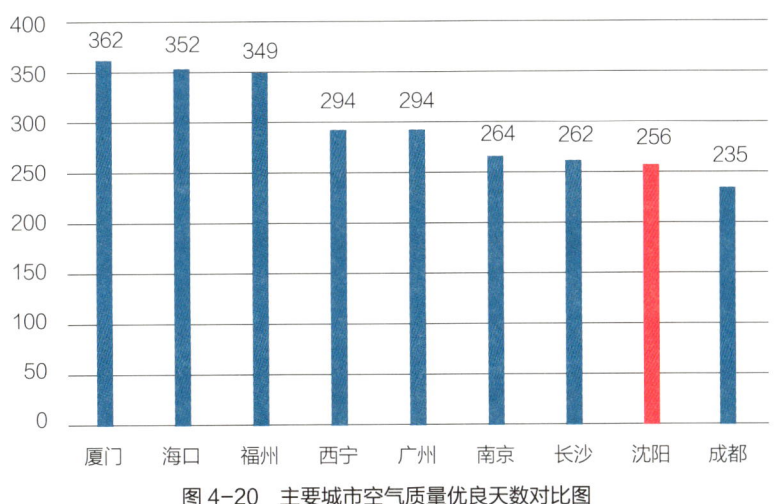

图 4-20　主要城市空气质量优良天数对比图

　　在生态宜居的分项指标评价中，居民对空气、水体和噪声污染的评价尚可，对绿化覆盖率与公园绿地的评价远低于平均水平，空间开敞性评价稍低于平均值。沈阳市绿地面积为 6773 公顷，在 11 个试点城市中排名较为靠前，但公园绿地布局不均衡，存在较多公园绿地服务盲区，这使居民在享受公共绿地开敞空间上受到了影响（图 4-21）。

　　城市风貌与特色的二级指标与平均水平相差较大。其中市民文化素质得分远低于平均水平。"景观的美感与协调""特色文化氛围""优质游览路线的营建""历史文化名城的保护"得分也较低（图 4-22）。

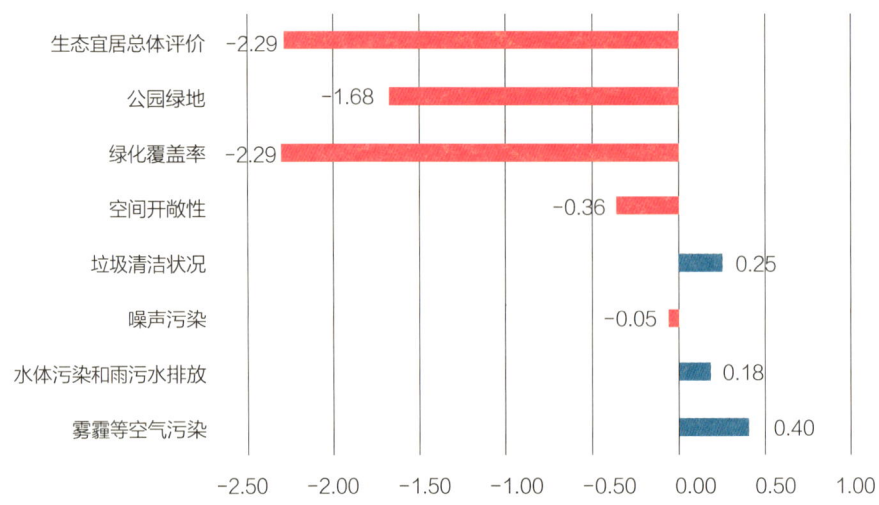

图 4-21　沈阳市生态宜居二级指标得分同平均分的差值

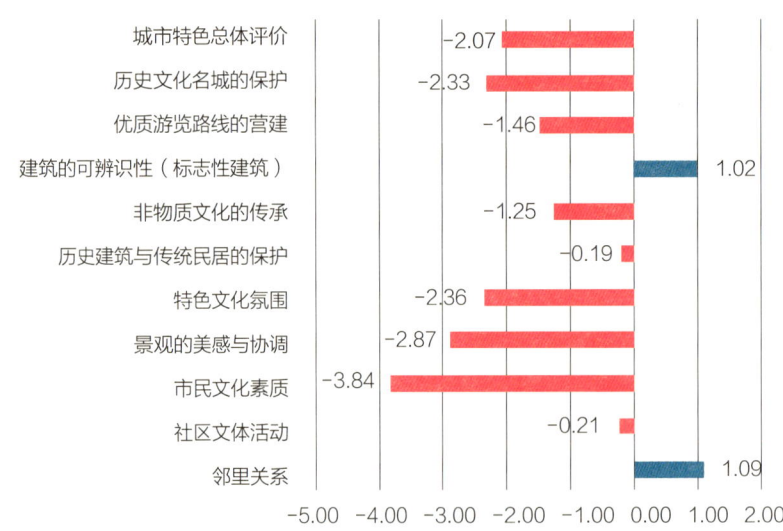

图 4-22　沈阳市城市风貌与特色二级指标得分同平均分的差值

　　沈阳作为国家历史文化名城，拥有 3 处世界文化遗产和 1500 多处历史文化遗迹，然而历史文化与旅游结合较弱，城市整体风貌特色与历史氛围塑造不突出。同时，沈阳对城市历史建筑与传统民居保护的完整性水平也有待提高（图 4-23）。

　　营商环境同平均值的分差较大（图 4-24）。建议沈阳下一步切实改善营商环境，提升城市对人才、技术和资本要素的吸引力。

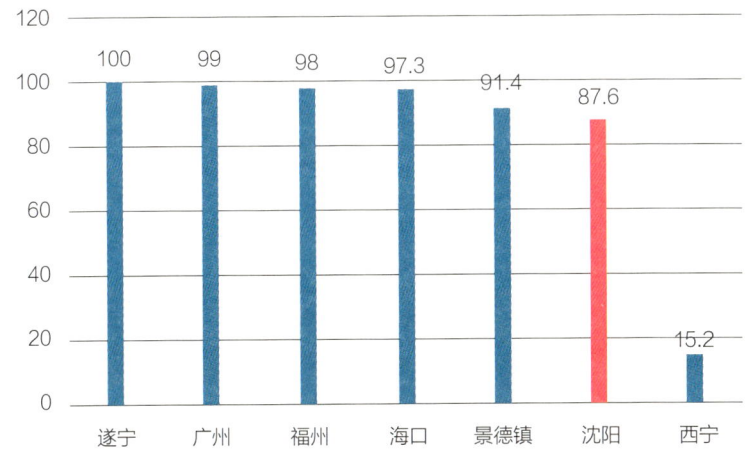

图 4-23　部分试点城市历史建筑、传统民居环境与本体保护完整性对比图

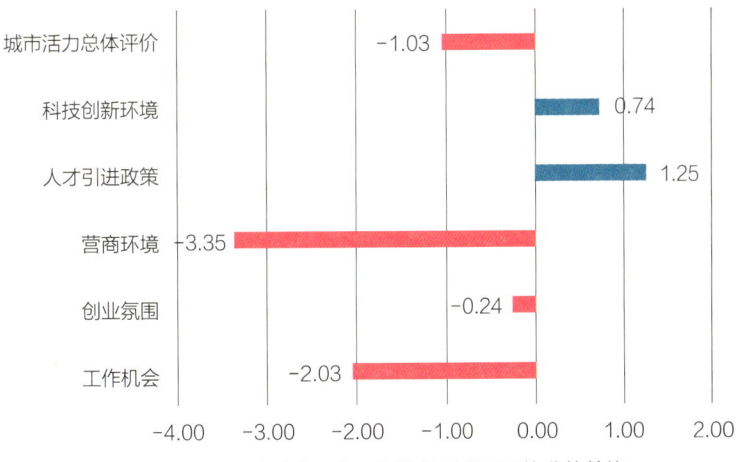

图 4-24　沈阳市城市活力二级指标得分同平均分的差值

2. 南京市

市民对城市活力、安全韧性、多元包容性与交通便捷性四个分项较为满意。对生态宜居性、城市特色与生活舒适性三个方面的评价相对较低（表 4-3）。其中，对生活舒适性的总体评价与平均分差值最大。《南京市城市总体规划（2018—2035）》中提出"创新名城，美丽古都"的目标愿景，并从区域—全球"维度"、空间—生态"高度"、产业—创新"锐度"、文化—文化"厚度"、品质—生活"温度"五个方面出发，谋划了南京的城市发展战略。结合评价情况，目标前 3 个方面的进展情况良好，南京市的文化"厚度"与生活"温度"仍存在提升空间。

南京市各项指标满意度评价

表 4-3

指标	生态宜居	城市特色	交通便捷性	生活舒适性	多元包容性	安全韧性	城市活力	总体评价
南京市平均分	71.86	72.78	71.27	70.15	68.00	70.27	73.08	74.17
11 个试点城市平均分	71.78	73.67	70.61	71.59	67.24	68.39	71.90	72.77
差值	0.08	−0.89	0.66	−1.44	0.76	1.88	1.18	1.40

根据评价结果，居民对噪声污染、垃圾清洁状况与空间开敞性三个维度的评价较为不满，其中对噪声污染的不满程度较大，说明南京在噪声控制与管理方面还有待提升（图 4-25）。

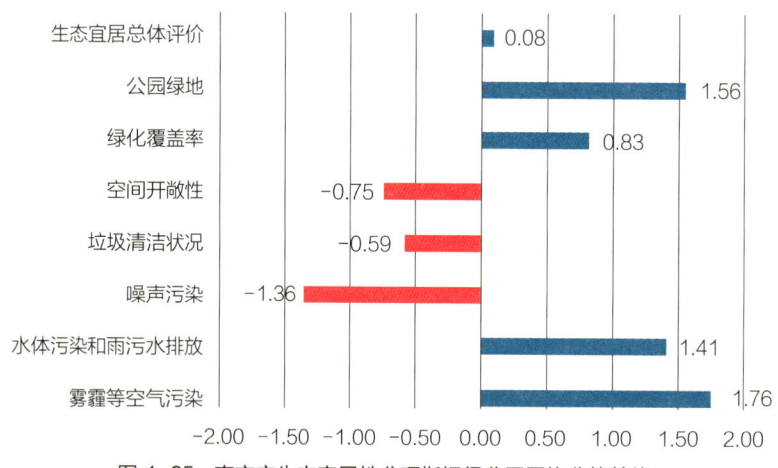

图 4-25　南京市生态宜居性分项指标得分同平均分的差值

在城市特色的评价方面，南京市历史文化名城保护受到肯定，满意度评价高出 11 个试点城市平均值；但居民对景观的美感与协调、特色文化氛围的营造以及优质旅游路线的营建评价较低（表 4-4）。

南京市城市特色部分分项指标满意度评价

表 4-4

指标	历史建筑与传统民居的保护	景观的美感与协调	特色文化氛围	优质游览路线的营建	城市特色总体评价
南京平均分	73.81	72.42	71.88	72.51	72.78
11 个试点城市平均分	72.90	73.71	73.89	73.13	73.67
差值	0.90	−1.29	−2.00	−0.61	−0.89

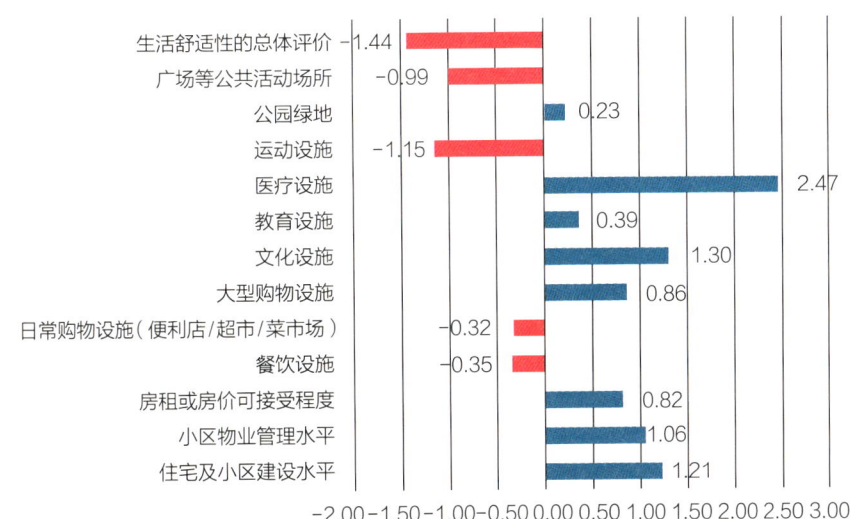

图 4-26　南京市生活舒适性分项指标得分同平均分的差值

生活舒适性的分项评价中，居民对广场等公共活动场所、运动设施、日常购物设施和餐饮设施的满意度评价偏低（图 4-26）。经调查，对设施不满意的原因主要有两个方面，第一大因素是设施数量少，该部分比例占 76.83%；第二大因素是距离远，占比 68.24%，此外使用成本高也是重要的不足因素。

3. 福州市

福州市生态宜居性、城市特色、交通便捷性与生活舒适性位居前三。相较而言，多元包容性、安全韧性与城市活力三个维度的满意度评价稍逊（表 4-5）。

福州市各指标满意度评价　　表 4-5

指标	福州市平均分	11 个试点城市平均分	差值
生态宜居总体评价	74.13	71.78	2.35
城市特色总体评价	74.73	73.67	1.06
交通便捷性总体评价	72.35	70.61	1.74
生活舒适性的总体评价	74.04	71.59	2.45
多元包容性总体评价	66.99	67.24	−0.25
安全韧性的总体评价	68.96	68.39	0.57
城市活力总体评价	71.15	71.90	−0.75
总体评价	73.86	72.77	1.09

居民认为目前福州对国际人士、不同文化以及对外来人口的包容性相对较低，居民满意度评价低于 11 个试点城市的平均水平。其中，城市对国际人士的包容性评价满意度最低（图 4-27）。

调查数据显示，仅有 30.2% 的受访者表示"总是认为自己是这个城市的一分子"，仅有 44.3% 的受访者明确表示"未来（至少 5 年）一定会长期留在这个城市"，这两项结果与其他城市相比偏低（图 4-28、图 4-29）。作为享有"有福之州"美名的城市，福州居民的城市认同感和向心力还需进一步提升。

市民对安全韧性评价满意度一般，整体满意度为 44.31%，不到一半。其中，只有 13.9% 的市民对安全韧性很满意，41.79% 的市民选择了"满意"，而 25.27% 的市民认为安全韧性一般，13.31% 的市民不满意福州的安全韧性，5.73% 的市民对安全韧性很不满意（图 4-30）。

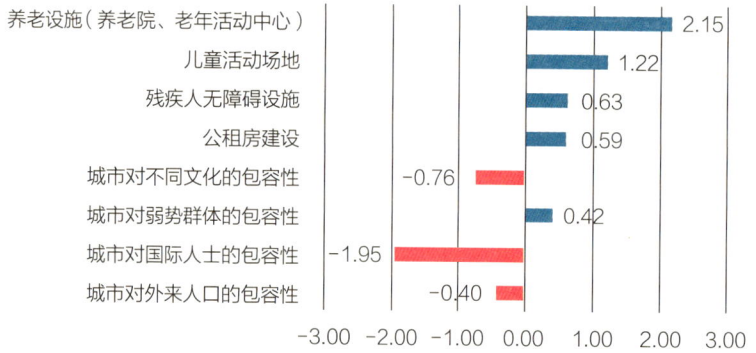

图 4-27　福州市多元包容性二级指标得分同平均分的差值

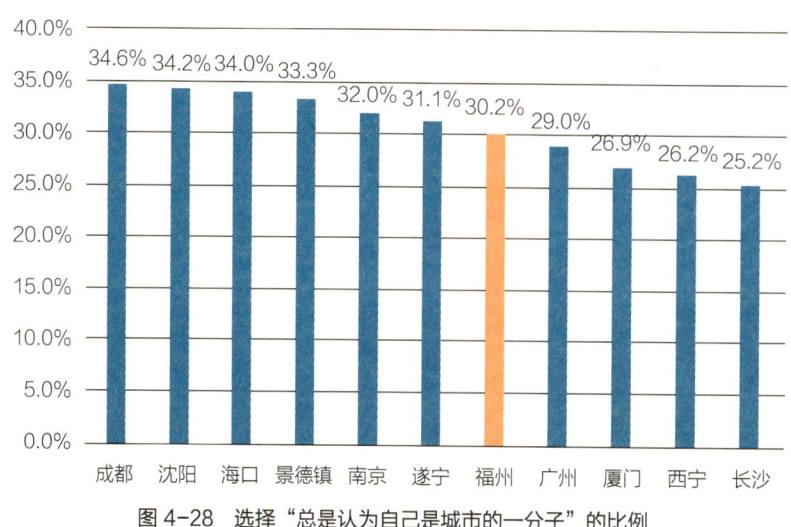

图 4-28　选择"总是认为自己是城市的一分子"的比例

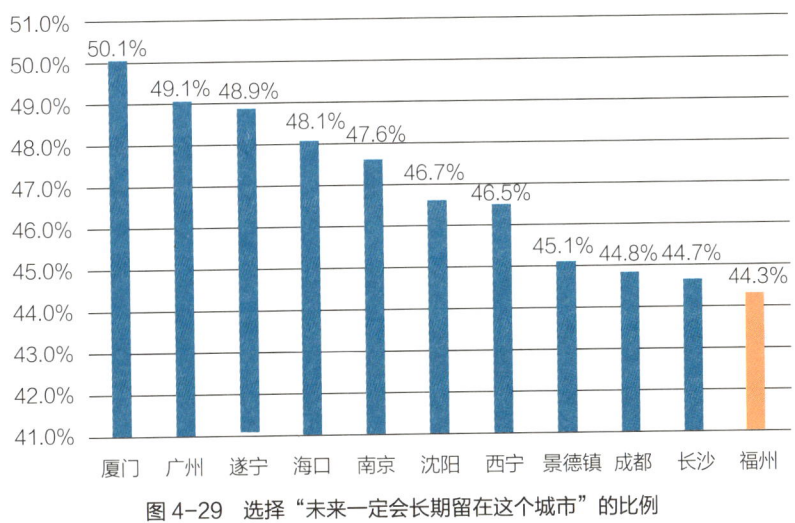

图 4-29　选择"未来一定会长期留在这个城市"的比例

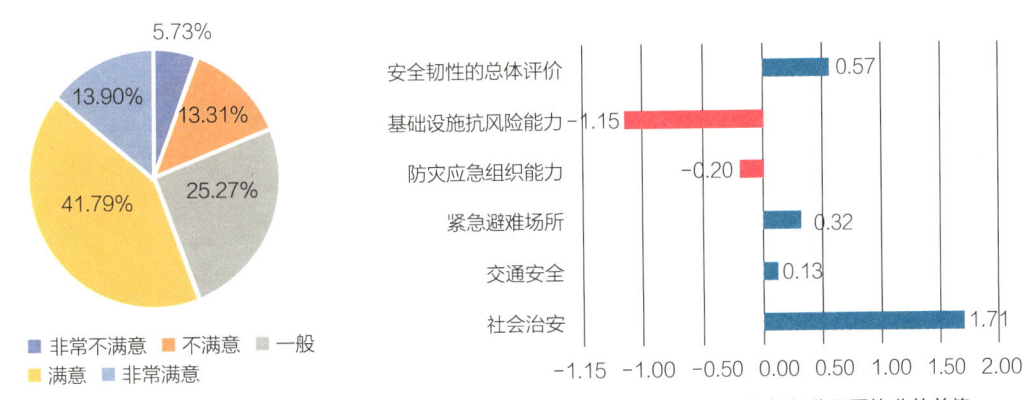

图 4-30　福州市安全韧性满意度评价比例　　图 4-31　福州市安全韧性二级指标得分同平均分的差值

　　同平均分相差较大的有基础设施抗风险能力和防灾应急组织能力，说明城市的基础设施抗风险能力（如内涝积水排放能力）、防灾应急组织能力仍有一定提升空间（图 4-31）。

　　居民对人才引进政策和科技创新环境满意度相对略低，有一定的提升空间（表 4-6）。

福州市城市活力各指标满意度评价

表 4-6

指标	工作机会	创业氛围	营商环境	人才引进政策	科技创新环境	城市活力总体评价
福州市平均分	75.28	71.08	72.42	70.09	72.98	71.15
11 个试点城市平均分	73.44	70.15	72.22	70.83	73.09	71.90
差值	1.84	0.93	0.20	−0.74	−0.11	−0.75

4. 厦门市

厦门市人居环境总体评价整体表现很好（图 4-32）。

50.1% 的受访者表示"未来（至少 5 年）一定会长期留在这个城市"，这一结果明显高于其他城市，体现了居民对这座城市的信心和认同。

厦门市生态宜居性中公园绿地、雾霾等空气污染、噪声污染与垃圾清洁状况四项满意度评价较高，居民对于公园绿地、空气、声音与卫生环境十分满意，"花园城市"称号名副其实（图 4-33）。

居民对历史建筑与传统民居的保护、非物质文化的传承、市民文化素质与优质游览路线的营建满意度评价在 11 个试点城市中排名居首位（图 4-34）。

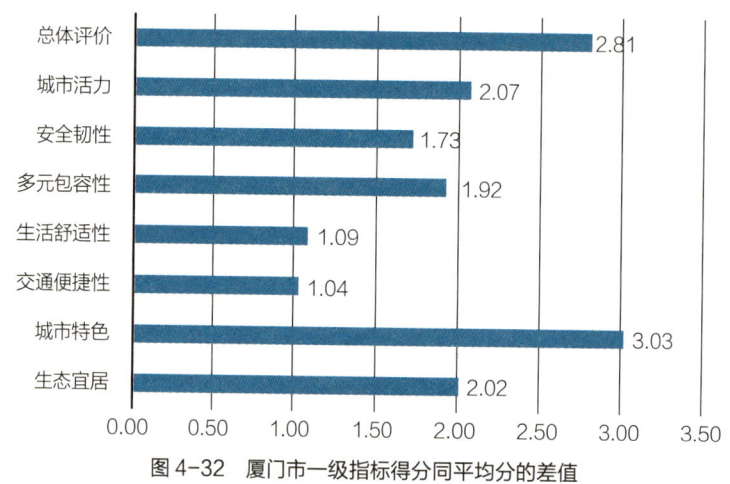

图 4-32 厦门市一级指标得分同平均分的差值

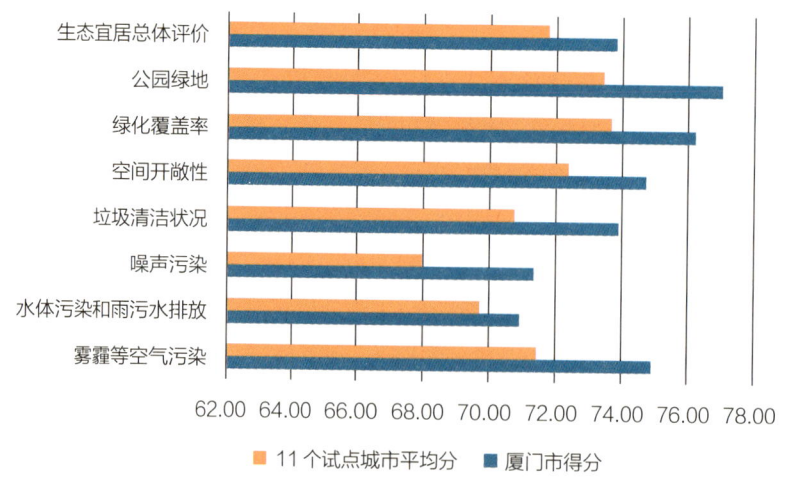

图 4-33 厦门市生态宜居性各指标得分同平均分的比较

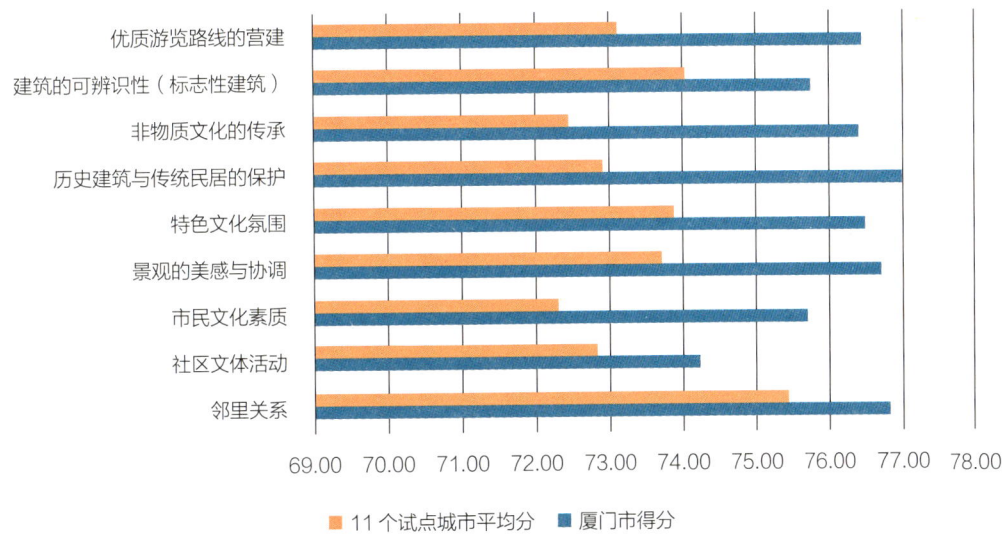

图 4-34　厦门市城市风貌与特色各指标得分同平均分的比较

■ 11 个试点城市平均分　■ 厦门市得分

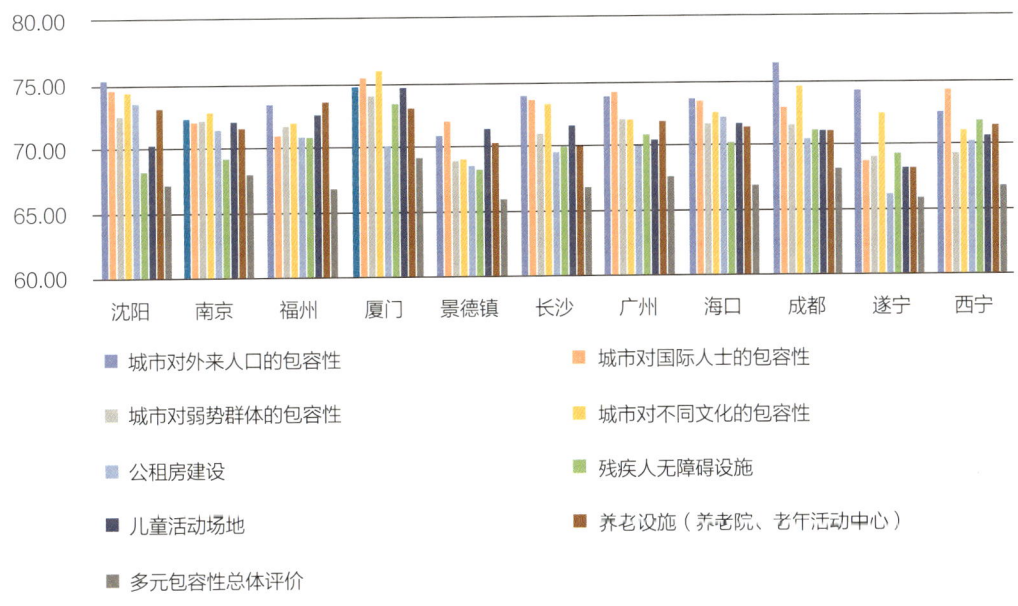

■ 城市对外来人口的包容性　　■ 城市对国际人士的包容性
■ 城市对弱势群体的包容性　　■ 城市对不同文化的包容性
■ 公租房建设　　　　　　　　■ 残疾人无障碍设施
■ 儿童活动场地　　　　　　　■ 养老设施（养老院、老年活动中心）
■ 多元包容性总体评价

图 4-35　11 个试点城市多元包容性指标得分比较

　　多元包容性满意度评价高，"多样、包容、共生"特色凸显。调查显示，除多元包容性总体评价外，厦门市"对国际人士、不同文化的包容性""对弱势群体的包容性"以及"残疾人无障碍设施"四项指标在 11 个试点城市中均居首位（图 4-35）。厦门对外来人口与文化、弱势群体的包容度较大，居民认同感较强。

对停车的便利程度满意度与对上班通勤时间可接受程度满意度评价较低，城市交通便捷性有待提升（表 4-7）。

厦门市交通便捷性部分二级指标满意度评价

表 4-7

指标	公共交通方便性	停车的便利程度	上班通勤时间可接受程度
厦门市平均分	73.69	67.83	69.42
11 个试点城市平均分	73.45	68.98	70.49
差值	0.24	−1.15	−1.07

厦门市居民有着较高的绿色出行意识，在日常出行的交通方式比率上，公交车及班车出行是最主流的出行方式占 21%，因此交通的快捷与便利程度成为居民十分关心的问题。在公共交通评价方面，居民对公共交通方便性满意度评价在 11 个试点城市中排第六。公共交通的舒适性差是引发对公共交通不满意的主要原因，占比达 53.33%；其次是发车间隔时间太长，占比为 50.67%（表 4-8）。

厦门市对公共交通不满意的原因调查

表 4-8

对公共交通不满意的原因	占比
车站距离远	45.33%
不准时	48.00%
发车间隔时间太长	50.67%
舒适性差	53.33%
成本高	41.33%
换乘不方便	43.33%

5. 景德镇市

居民对景德镇市社会满意度总体评价尚好，除生态宜居满意度评价尚可外，其他六项指标得分均低于 11 个试点城市的平均水平。城市活力、安全韧性、多元包容性的满意度得分垫底（图 4-36）。

居民对科技创新环境的满意度评价最低，对创业氛围、营商环境以及人才引进政策满意度评价也较低（表 4-9）。

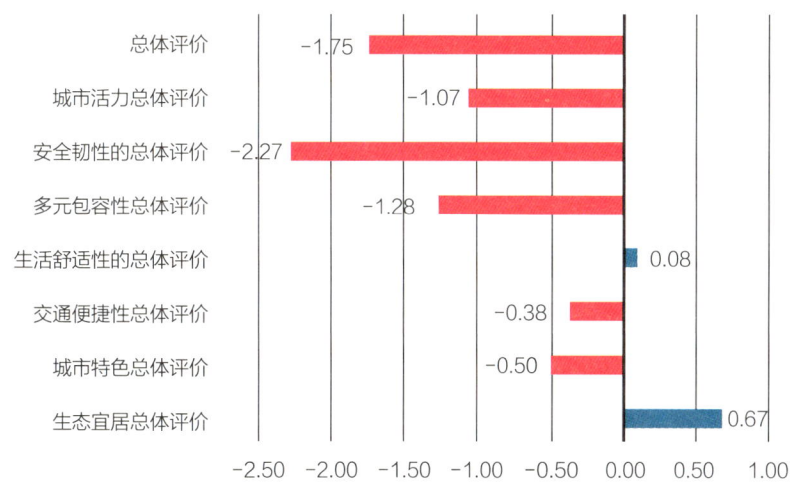

图 4-36　景德镇市一级指标得分同平均分的差值

景德镇市城市活力各指标满意度评价

表 4-9

指标	工作机会	创业氛围	营商环境	人才引进政策	科技创新环境	城市活力总体评价
景德镇市平均分	71.43	67.77	69.87	68.76	70.2	70.83
11 个试点城市平均分	73.44	70.15	72.22	70.83	73.09	71.9
差值	−2.01	−2.38	−2.35	−2.07	−2.89	−1.07

居民对社会治安、交通安全、防灾应急组织能力三个维度最不满意。社会治安与交通安全两项指标的不满意度评价在 11 个试点城市中明显偏低（表 4-10）。

景德镇市安全韧性各指标满意度评价

表 4-10

指标	景德镇市平均分	11 个试点城市平均分	差值
社会治安	71.20	74.76	−3.56
交通安全	69.31	72.62	−3.31
紧急避难场所	69.78	71.42	−1.63
防灾应急组织能力	67.33	70.04	−2.71
基础设施抗风险能力	70.75	70.81	−0.05
安全韧性的总体评价	66.11	68.39	−2.27

在多元包容性维度下的二级指标中，景德镇市几乎全部得分均低于 11 个试点城市平均水平，且同平均值的分差较大。城市对不同文化和外来人口的包容性满意度评价较低，反映居民对城市国际化与开放化程度认同感不高。同时，居民对残疾人无障碍设施、公租房建设等体现对弱势群体支持的满意度也很低，表明居民认为城市对弱势群体的包容性不高（图 4-37）。

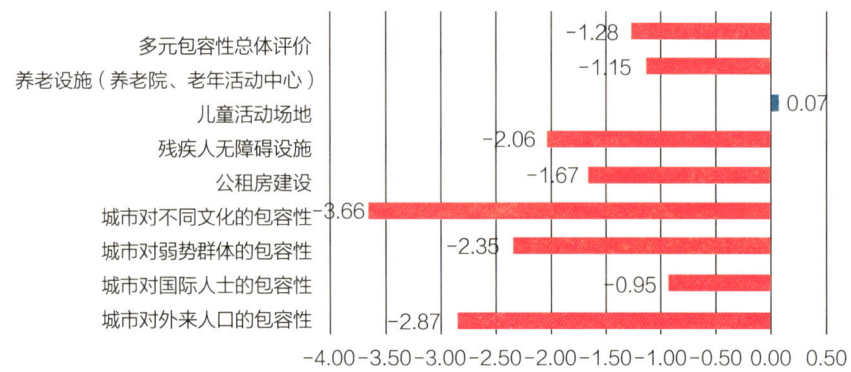

图 4-37　景德镇市多元包容性二级指标得分同平均分的差值

6. 长沙市

居民对长沙市各项满意度评价得分与 11 个试点城市的平均分略有差距。其中尤为突出的"生态宜居""城市特色""交通便捷性"和"生活舒适性"，四项指标的评价与 11 个试点城市的平均水平差距较大，"生态宜居"分差为 2.79 分，"城市特色"分差为 2.52 分，"交通便捷性"分差为 1.93 分，"生活舒适性"分差为 1.49 分（图 4-38）。

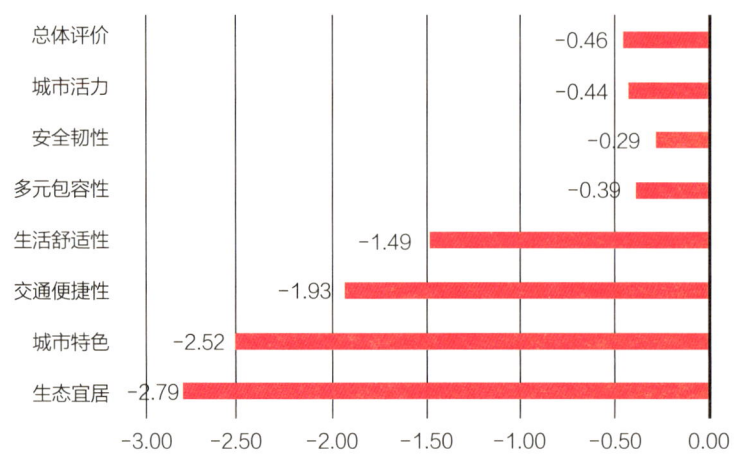

图 4-38　长沙市一级指标得分与 11 个试点城市平均分的差值

在儿童友好方面，居民对"教育设施"的满意度不足，对"儿童活动场所"满意度评价尚可；老龄关爱方面，居民对"养老设施"和"医疗设施"的满意度评价偏低；青年向往方面，居民对"人才引进政策"满意度评价较好，而对"房租房价可接受程度""工作机会"和"创业氛围"的评价不佳，满意度较低。说明长沙在建设"儿童友好、老龄关爱、青年向往"城市的过程中尚需努力（表4-11）。

长沙市满意度评价较差的二级指标

表 4-11

目标	相关二级指标	满意度得分	与 11 个试点城市平均分的差值
儿童友好	教育设施	72.04	−0.54
	儿童活动场所	71.64	0.31
老龄关爱	养老设施	70.04	−1.39
	医疗设施	71.65	−0.72
青年向往	房租房价可接受程度	69.97	−0.30
	工作机会	73.28	−0.15
	创业氛围	68.54	−1.61
	人才引进政策	71.46	0.63

居民对"社区文体活动"和"邻里关系"的满意度评价尚可，而对"市民文化素质""特色文化氛围""历史建筑与传统民居的保护""标志性建筑""优质游览路线的营建"的具体城市特色问题满意度评价偏低（图4-39）。说明长沙市在城市软环境建设中整体处于较低水平。

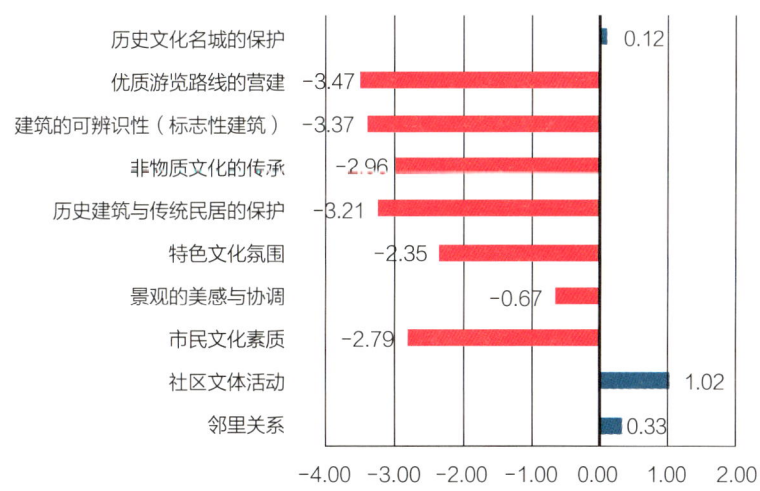

图 4-39　长沙市城市特色二级指标得分与 11 个试点城市平均分的差值

居民对"雾霾等空气污染""噪声污染""垃圾清洁状况"和"公园绿地"等各项生态宜居性的具体问题满意度评价较低（图 4-40），这与"美丽山水洲城"建设目标有一定距离，需要引起相关部门和企业单位的重视，从环境治理、生态修复和废污水排放等角度全面提升生态宜居性。

《中国城市统计年鉴 2017》的数据显示，长沙市 2017 年建成区的绿化覆盖率为 36.7%，与其他城市相比处于较低水平，这也是导致长沙生态宜居总体评价不足的重要原因之一（图 4-41）。

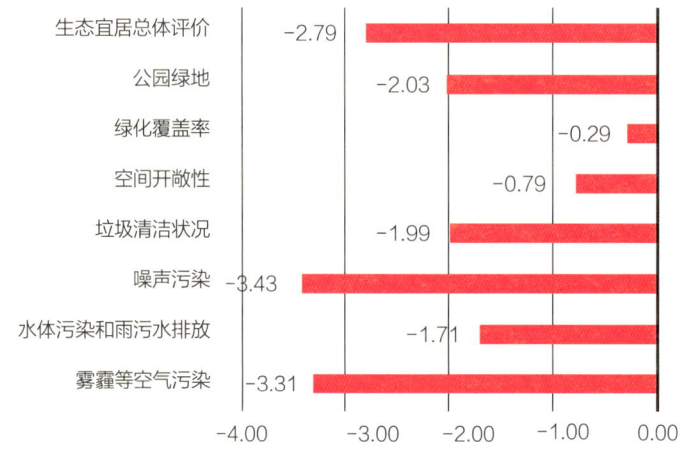

图 4-40　长沙市生态宜居各指标满意度评价

图 4-41　2017 年长沙市与其他城市绿化覆盖率情况

7. 广州市

居民对广州市"城市活力"的满意度评价处于一个相对较高的水平。其他指标基本处于一般水平，尤其是"交通便捷性""生活舒适性"和"城市特色"三项指标居民满意度欠佳（表4-12），这三项指标也集中反映了"老城市新活力"这一时代课题实现的重点和难点。

广州市各维度及总体评价

表 4-12

维度	广州市平均得分	11 个试点城市平均得分	差值
生态宜居	71.38	72.05	-0.67
城市特色	71.96	73.74	-1.78
交通便捷性	67.80	71.00	-3.21
生活舒适性	68.93	71.83	-2.90
多元包容性	67.69	67.89	-0.20
安全韧性	68.20	69.12	-0.92
城市活力	73.36	71.91	1.45
总体评价	73.78	73.18	0.60

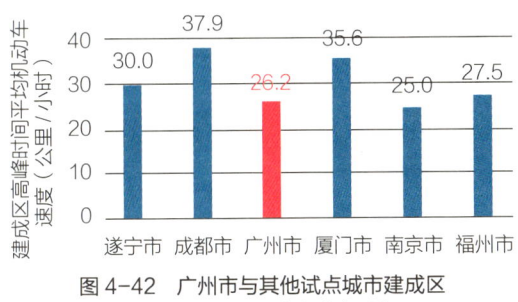

图 4-42　广州市与其他试点城市建成区
高峰时间平均机动车速度对比

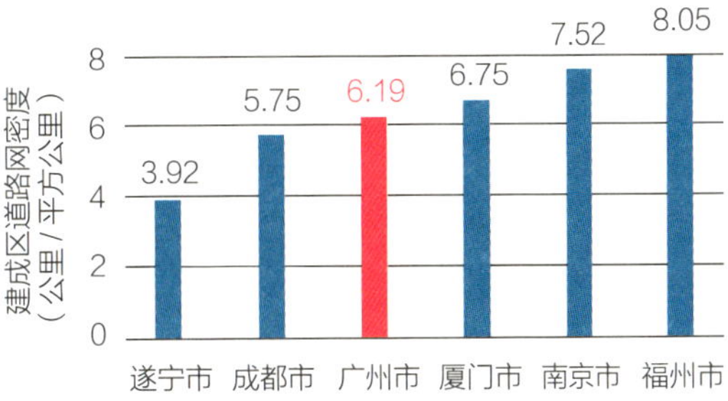

图 4-43　广州市与其他试点城市建成区
道路网密度对比

调查结果显示，居民对"停车便利程度""上班通勤时间可接受程度"满意度很低，主要原因是广州市的拥堵问题比较严重，建成区在高峰时间的平均机动车速度为 26.2 公里/小时，与福州、成都和厦门等城市相比处于较低水平（图 4-42）。另外，与广州市"建成区道路网密度"与"绿色出行比例"两项指标都偏低有一定关系，广州市建成区道路网密度为 6.19 公里/平方公里，城市绿色出行比例为 61.1%（图 4-43、图 4-44）。

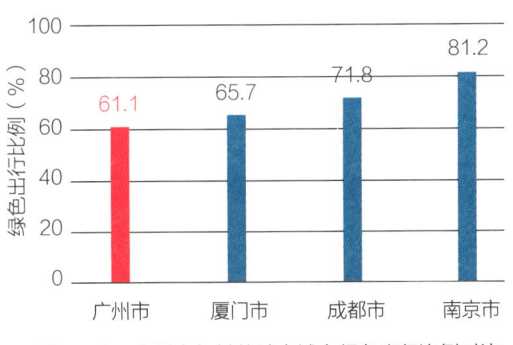

图 4-44　广州市与其他试点城市绿色出行比例对比

居民对城市特色总体评价不佳，与 11 个试点城市的平均水平差距较大，且各项指标中除了"历史文化名城的保护"满意度与 11 个试点城市平均水平基本持平外，其他均处于较低水平，尤其是居民对"景观的美感与协调""标志性建筑""邻里关系"和"优质旅游路线的营建"等指标的满意度评价与 11 个试点城市平均水平差距较明显（图 4-45）。

广州市生活舒适性的各项指标的满意度评价整体水平不错，居民对"小区物业管理水平""大型购物设施"和"教育设施"等指标的满意度评价处于一个较高水平；但居民对"房租或房价可接受程度""运动设施"和"公共活动场所"的满意度评价相对较差，亟需加大公共基础设施的维护和投入建设，提高公园绿地面积，全面提高广州市生活舒适性（图 4-46）。

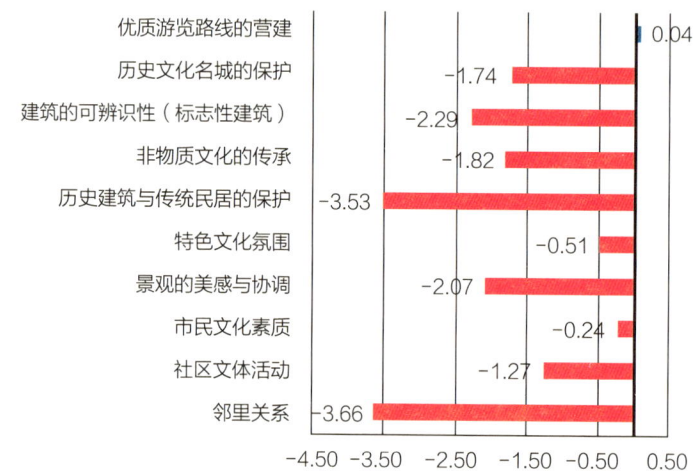

图 4-45　广州市城市特色二级指标得分与 11 个试点城市平均水平的差值

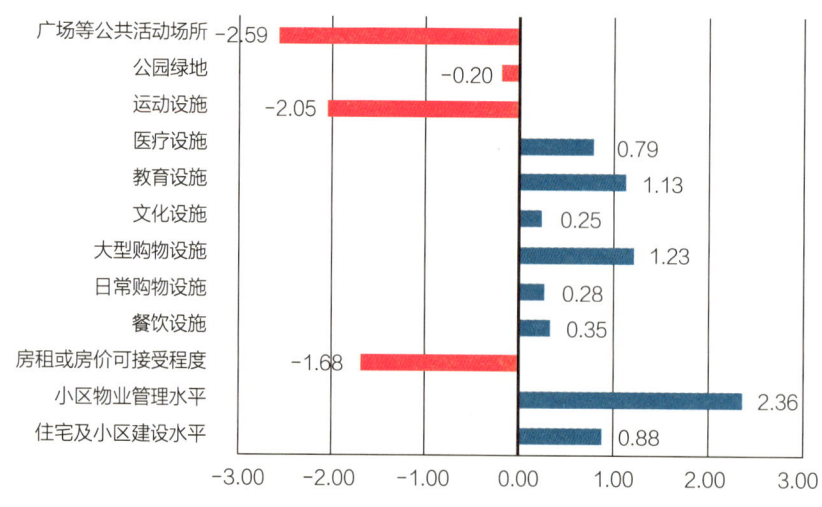

图 4-46　广州市生活舒适性二级指标得分与 11 个试点城市平均水平的差值

8. 海口市

居民完全认可"安全韧性""生活舒适性""交通便捷性""城市特色"和"生态宜居性"等方面的建设成效，这些指标均高于 11 个试点城市的平均分，处于一个较好的水平。居民只有对"城市活力"和"多元包容性"两项指标的满意度评价略低于 11 个试点城市的平均水平（图 4-47）。

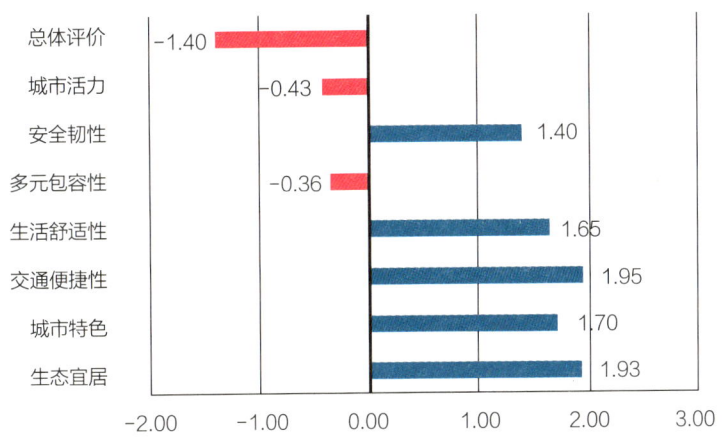

图 4-47 海口市一级指标得分与 11 个试点城市平均分的差值

居民对海口市的多元包容性评价略低于 11 个试点城市的平均水平，从居民的年龄结构来看，居民对多元包容性满意度评价随年龄的增加呈明显降低的趋势，50 岁以上人群的满意度低于 11 个试点城市同龄人的平均水平，且都低于 60 分（表 4-13）。

海口市不同年龄段人群对城市包容性满意度　　表 4-13

年龄	海口市平均得分	与 11 个试点城市平均分差
20 岁以下	80.00	3.81
20~29 岁	73.33	3.47
30~39 岁	71.19	−1.30
40~49 岁	67.33	0.44
50~59 岁	56.85	−3.94
60~69 岁	53.27	−4.47
70 岁及以上	50.00	0

居民对"住宅及小区建设水平"和"社会治安""交通安全"等指标的满意度评价不高，这需要进一步完善居民关注的日常生活，如居住、安全等问题；同时居民对"科技创新环

境""历史建筑与传统民居的保护"等指标的满意度也不足，低于 11 个试点城市的平均水平（表4-14）。

海口市满意度评价较差的二级指标   表 4-14

一级指标	二级指标	海口市得分	11 个试点城市平均分	差值
城市特色	历史建筑与传统民居的保护	72.45	72.90	-0.45
	非物质文化的传承	70.68	72.45	-1.77
生活舒适	住宅及小区建设水平	72.93	74.50	-2.58
	小区物业管理水平	70.00	71.56	-1.51
安全韧性	社会治安	73.47	74.76	-1.56
	交通安全	70.04	72.62	-1.29
城市活力	科技创新环境	71.57	73.09	-2.58

9. 成都市

从成都市"美丽宜居公园城市"建设的重点来看，居民对"城市活力"的满意度高出 11 个试点城市平均分 1.80 分，位居 11 个试点城市中的前列，"安全韧性"表现也较好。但居民对"生态宜居"满意度评价相对不足，说明成都市在建设"美丽宜居公园城市"过程中尚需努力（图4-48）。

在分项指标中，居民除对"绿化覆盖率"满意度较高外，对"噪声污染""水体污染和雨污水排放""空间敞开性"和"雾霾等空气污染"问题的满意度评价都相对较低，与 11 个试点城市平均水平相差都较大，尤其是"噪声污染"和"空间开敞性"（图4-49）。

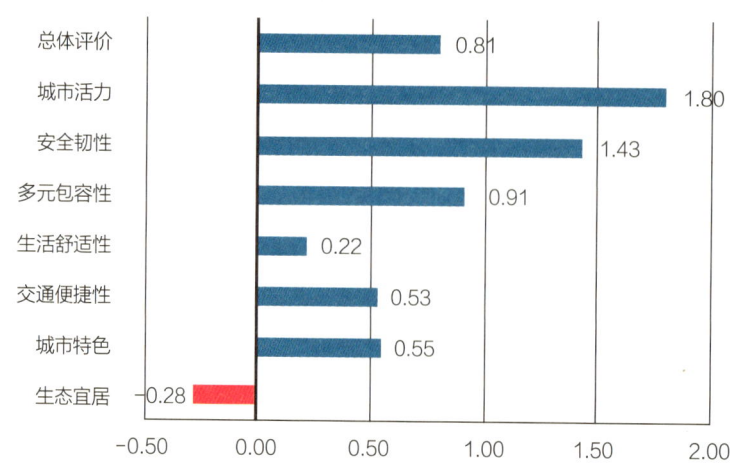

图 4-48　成都市一级指标得分与 11 个试点城市平均分的差值

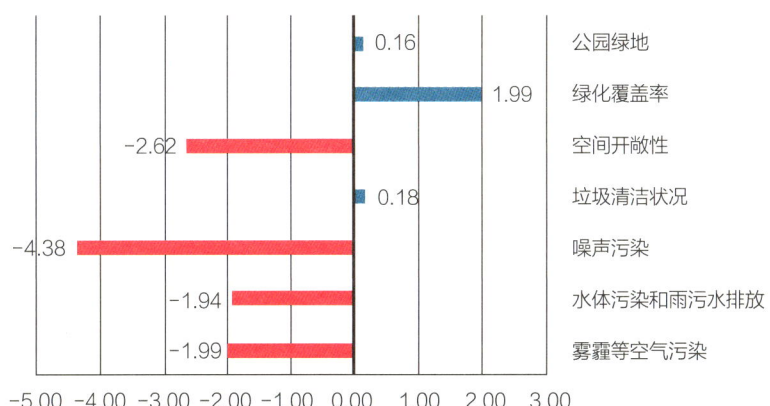

图 4-49　成都市生态宜居性分项指标同平均值差值

　　从《中国城市统计年鉴 2017》的数据来看，岷江、沱江流域水质优良比例分别为 78.8%
和 65.4%；成都空气质量优良天数明显少于厦门、福州等城市，客观数据也进一步验证成都
市"生态宜居"方面确实存在一定问题。

　　居民对"邻里关系""市民文化素质""停车的便利程度""公园绿地""广场等公共活动场
所"满意度评价偏低，其中"邻里关系"与 11 个试点城市平均分的差值较大，为 2.95 分，
是城市软环境建设的一大"短板"（表 4-15）。

　　成都市居民对"公园绿地等公共空间"的满意程度较低，说明城市公园绿地面积仍有较大
空间提升。从客观数据来看，成都城市公园绿地服务半径覆盖率为 73.84%，与该指标得分较
高的福州、厦门差距较大（均 90% 以上）。

成都市与 11 个试点城市平均分差值较大的二级指标　　　表 4-15

一级指标	二级指标	成都市得分	差值
城市风貌与特色	邻里关系	72.52	−2.95
	市民文化素质	71.21	−1.10
交通便捷性	停车的便利程度	67.32	−1.66
生活舒适性	公园绿地	72.36	−1.29
	广场等公共活动场所	71.40	−1.31

10．遂宁市

　　居民对遂宁市各项满意度评价不足，居民对"安全韧性"和"生态宜居"满意度评价位于
11 个试点城市的后列，与 11 个试点城市的平均分差距较大（图 4-50）。

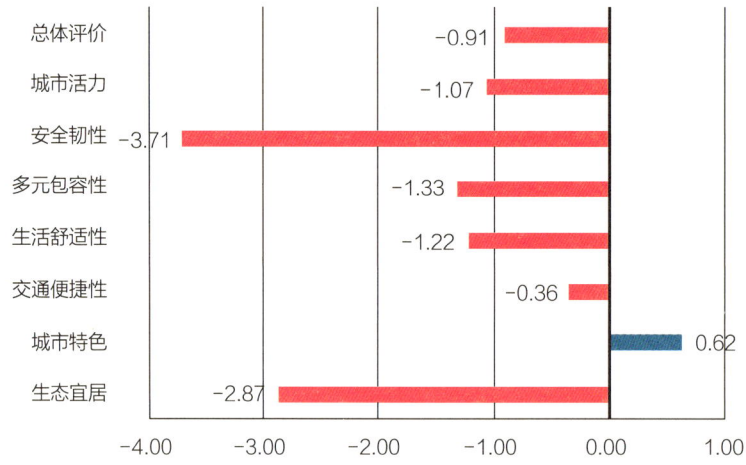

图 4-50　遂宁市一级指标得分与 11 个试点城市平均分的差值

图 4-51　生态宜居性二级指标得分与 11 个试点城市平均水平的差值

在生态宜居性的维度下，各项指标的满意度评价都较低，与 11 个试点城市相对应的指标平均分差距较大（图 4-51）。

居民对遂宁城市活力维度下的各项指标满意度评价均较低，且与 11 个试点城市各指标的平均分差距较大，尤为突出的是，居民对"科技创新环境""人才引进政策"和"创业氛围"满意度评价与 11 个试点城市各对应指标平均分相差较大（图 4-52）。

以上满意度调查结果与遂宁市城市自体检报告中"城市活力满意度调查结果均低于 70 分，满意度一般"的结论基本吻合。

居民对"养老设施""儿童活动场地""公租房建设"和"城市对国际人士的包容性"的满意度评价均与 11 个试点城市的平均得分差距较大（图 4-53）。

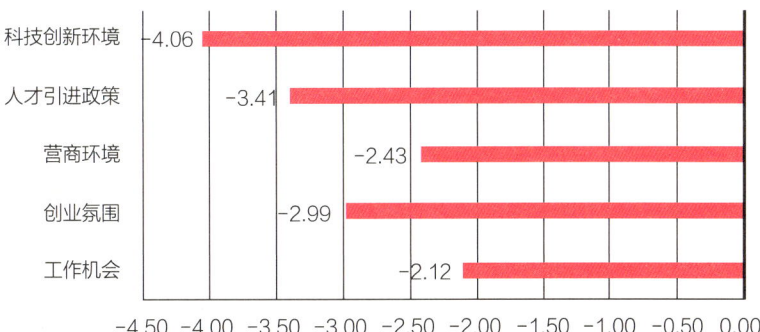

图 4-52　城市活力二级指标得分与 11 个试点城市平均分的差值

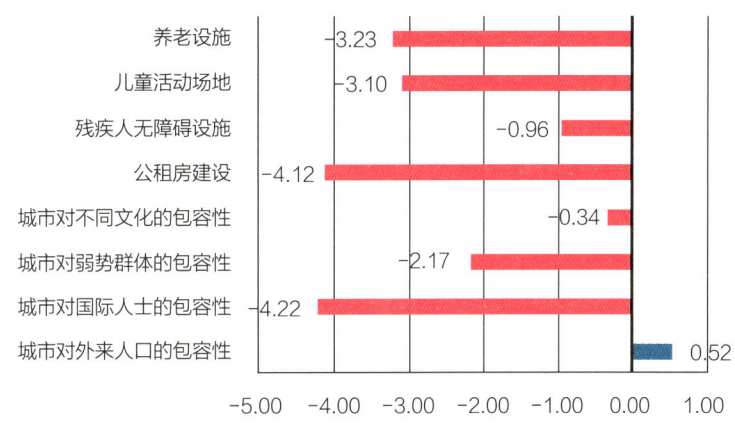

图 4-53　多元包容性二级指标得分与 11 个试点城市平均分的差值

11. 西宁市

居民对"生态宜居""城市特色与风貌""交通便捷性"和"生活舒适性"满意度评价较好，而对"城市活力""安全韧性"和"多元包容性"满意度评价较低（图 4-54）。

居民对"雾霾等空气污染""噪声污染""空间开敞性"和"水体污染和雨污水排放"满意度评价都比较好，与"西宁蓝""河湖清"的发展目标相匹配（图 4-55）。

但是，受到客观自然地理条件限制，居民对"绿化覆盖率""公园绿地"的满意度评价较低。从客观数据来看，西宁与全国水平相比，绿化面积和建成区绿化率都处于较低水平，西宁市与"高原绿"的目标还有一定的差距（图 4-56）。

居民对"餐饮设施""日常购物设施"和"医疗设施"三项生活舒适性指标满意度评价较低，西宁市需要在这几个方面加大投入，提升居民的生活舒适性体验度；另外，西宁市居民对弱势群体的包容性和对不同文化的包容性的满意度评价也相对较低，西宁市应更包容地接受和融合不同外来文化，提高对弱势群体的关注度（表 4-16）。

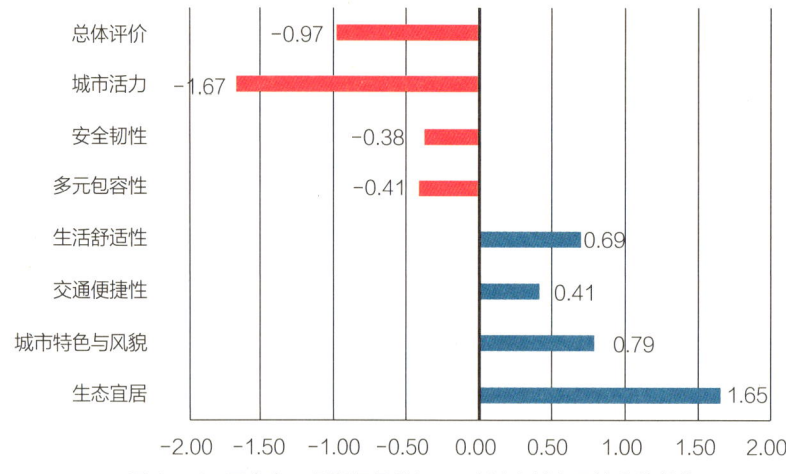

图4-54 西宁市一级指标得分与11个试点城市平均分的差值

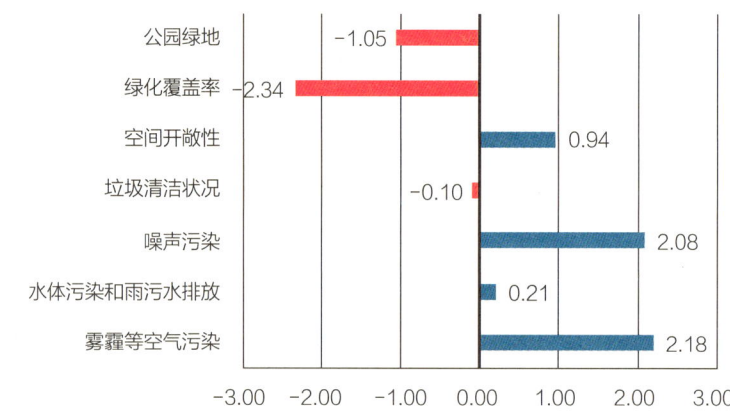

图4-55 西宁市生态宜居性二级指标得分与11个试点城市平均水平的差值

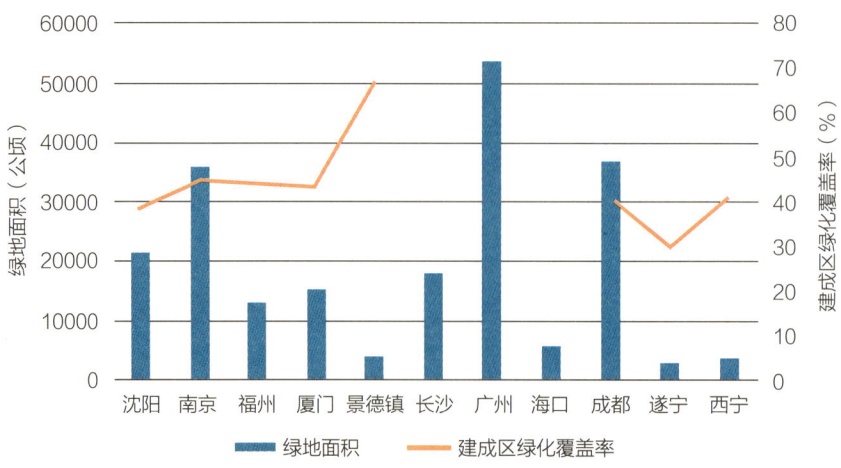

图4-56 西宁与其他城市绿地面积及建成区绿化率情况

西宁市满意度评价较差的二级指标　　　　　　表 4-16

一级指标	二级指标	西宁市得分	11 个试点城市平均分	差值
生活舒适性	餐饮设施	69.76	72.12	-2.36
	日常购物设施	71.94	74.08	-2.13
	医疗设施	70.57	72.37	-1.80
多元包容性	城市对弱势群体的包容性	69.39	71.31	-1.92
	城市对不同文化的包容性	71.10	72.78	-1.68

二、建议

1. 生态宜居

加大城市的环境污染整治工作重点在"雾霾等空气污染""噪声污染""垃圾清洁状况"等方面突破，进行城市造绿工作，提高城市公园绿地面积，进而让居民对城市感受到更加真切的生态宜居感。

2. 城市特色

加强名城保护，彰显古都特色，充分发挥与整合历史文化名城资源优势，提升景观的美感与协调度，加强特色文化氛围的营造和优质旅游路线的打造；重视老城历史文化街区的保护和修复工作，制定保护实施方案，开展历史建筑修缮工作，加大对历史建筑与传统民居的保护，做好非物质文化的传承工作。

3. 交通便捷

增强公共交通出行的舒适度，提升公共交通系统运行效率。居民的健康绿色出行离不开公共交通的支持，提升公共交通满意度是未来城市建设的重点。可从优化公交站点的设置、缩短公交班次间隔、提升线路覆盖以及改善乘车环境等方面入手。同时完善公共交通系统网上支付服务，方便居民出行。

4. 生活舒适

加大生活设施建设，提高弱势群体归属感，加大城市餐饮、日常购物设施和医疗设施的建设，提高城市居民的生活舒适性；加快完善公租房建设，处理好市场化供应与保障性供应不平衡的矛盾，关注居民收入水平和房价、房租浮动情况，建设智慧住房信息发布系统，解决不合理的住房使用问题。

5. 多元包容

加大服务儿童、老人的基础设施建设，提升城市包容性；不断加大城市儿童、老年群体和残疾人士的相关基础设施建设，提升对弱势群体的城市包容度；对城市弱势群体建立保障机制，提升对年轻群体的城市包容度，让城市对各个年龄群体更加具有吸引力。

6. 安全韧性

增强居民的安全感，增强城市的基础设施抗风险能力和防灾应急组织能力；构建更加吸引人才的科技创新环境；大力推进社会治安与交通安全，提升防灾组织应急能力。近年来夏季暴雨时的内涝现象较为普遍，海绵城市建设需求较为迫切。城市亟需提高基础设施抗风险能力与防灾应急能力，提升居民安全感。

7. 城市活力

引进科研创新人才，营造良好氛围，市民对城市活力与安全韧性现状的满意度相对较高，建议重点保持与关注，积极促进与进一步提升科技创新环境、企业经营环境和创业氛围、制定更加友好的人才引进政策等。

第五章

试点城市自体检报告

辽宁
沈阳

第一节　沈阳市

一、基本情况

沈阳市委市政府高度重视城市体检工作，市领导要求"认真落实工作要求，关键是体检要科学准确，病因要找准，措施要到位，目的是为沈阳高质量、健康发展"。成立了由市长任组长，副市长任副组长的工作领导小组，成员单位包括市城乡建设局、市发展改革委、市自然资源局等 28 个市直部门及 9 个区政府。领导小组办公室设在市城乡建设局。2019 年 6 月，沈阳市政府下发《2019 年沈阳市城市体检试点实施方案》，明确了指导思想、工作目标、主要任务，落实责任分工，建立联络协调机制，制定实施保障措施，有序推进体检工作。

以人居环境高质量发展与公共服务高品质建设为目标导向；以城市在生态环境、历史文化、基础设施、活力发展、民生保障等方面存在的短板为问题导向；从生态宜居、城市特色交通便捷、生活舒适、多元包容、安全韧性、城市活力 7 个方面进行分析评价。同时，开展社会满意度调查，了解人民群众主观感受。结合城市发展需求与民生突出诉求，增加城市特色指标，构建"36+N"特色指标体系。以指标评估为抓手，查找城市问题，制定"诊断 + 治病"的工作策略，并将体检结果反馈到政府工作计划、城建计划等相关工作中。同时，构建城市体检评估信息系统平台，为持续开展城市体检工作奠定基础。

沈阳市根据新发展理念和城市高质量发展内涵，以解决人民群众最关心、最直接、最现实的利益问题，不断增强群众的获得感、幸福感、安全感为着力点，形成一套具有城市特色的城市体检指标体系。

从生态宜居、城市特色、交通便捷、生活舒适、多元包容、安全韧性、城市活力、社会满意度调查 8 个方面制定了 36 个指标，结合沈阳城市特色增加了 6 个指标，共 42 个指标。结合指标分析评价城市的发展情况。

二、建设亮点

1. 人口密度

沈阳市建成区常住人口约 520 万人，人口密度约 0.93 万人 / 平方公里，略低于中国人居环境奖评价标准（1 万人 / 平方公里），土地城镇化速度快于人口城镇化速度。相对于国际大都市英国伦敦 1 万人 / 平方公里和我国香港 2.48 万人 / 平方公里的人口密度，沈阳市相对较小。

2. 空气质量优良天数

沈阳市 2018 年空气优良天数 285 天，同比增加 29 天。2013～2018 年沈阳市空气优良天数分别为 215 天、191 天、207 天、249 天、256 天、285 天，除 2014 年减少外，近年城市空气环境质量持续提升，但根据《环境空气质量标准》，优良天数应该达到 80% 以上，达到 292 天，目前仍有差距。

3. 公园绿地

近年城市公园建设取得初步成效，但同时也存在总量不足、布局不均衡等问题。一是公园绿地总规模不足，有待持续增加。二是布局不均衡，存在较多公园绿地服务半径盲区，有待完善。

4. 历史建筑保护利用情况

现状历史建筑的保护完整性有待加强。根据现状保护利用情况进行评估可分为良好、现状使用功能与文化价值不匹配以及需要抢救式保护三类。评估良好的历史建筑共计 106 处、253 栋，约占总历史建筑栋数的 52.1%；与现状使用功能与文化价值不匹配，且建筑质量一般的历史建筑共计 71 处、103 栋，约占总历史建筑栋数的 21.2%；建筑破损严重的历史建筑共计 25 处、130 栋，分别约占总历史建筑数的 12.4%、26.7%；城市历史建筑、传统民居环境与本体保护完整性为 87.6%、73.3%。

5. 学前教育设施

近十年来沈阳市学前教育事业得到稳步发展，全市幼儿园数量、在园幼儿规模、教师数量逐年增加，幼儿园软硬环境建设日趋完善，2016 年沈阳市被列入国家学前教育改革发展实验区。2018 年，沈阳市幼儿园约 1488 个，其中位于建成区内幼儿园约 988 个。市内九区幼儿园在园学习人数为 14.3 万人，适龄儿童数量 14.56 万人，适龄儿童幼儿园入学率为 98%。

6. 租房能力

根据"房天下"数据估算，2018 年建成区内平均租金约为 28.9 元 /（平方米·月），人均可支配收入约为 3446 元，租房能力（单位面积租金 / 月均收入）约为 0.0083。从总体租房能力看，与全国主要城市相比，沈阳市房屋租金相对合理，租房能力较高，城市居民幸福感较强。

7. 交通安全

2018 年沈阳市市区内道路交通事故死亡人数为 195 人，建成区内机动车保有量为 182 万辆，建成区内万车死亡率为 1.07 人 / 万车。

2009 年以来沈阳市交通事故起数呈逐渐下降的趋势。整体上沈阳市对于道路交通的整治力度加强，市民出行安全意识增强，道路基础设施和交通规则不断完善。

8．社会治安

2018 年沈阳市刑事案件的立案数量为 31795 件，刑事案件发生率为 38.23 件 / 万人。

2009 年以来全市的刑事案件立案数总体呈下降趋势，25 岁以下青少年犯罪人员数量也在逐年下降。说明沈阳市社会治安综合管理已初见成效，人们法律意识不断提高，治安情况得到改善。

三、问题与不足

结合此次体检，应清醒地看到，城市建设仍存在一些短板：

一是基础设施建设存在短板；

二是城市活力不足；

三是社区公共服务配套不足。

四、主要对策

1．提高基础设施承载力

实施市政管网改造工程，提高城市污水排放控制与治理，结合老城区更新改造及新城新区建设，提升城市应对内涝积水危害和防洪能力；加快道路、停车场站等基础设施建设，继续完善快速交通系统，完成长青街、胜利南大街、沈辽路快速路工程，实施浑南大道快速路、沈康高速连接线建设工程；着力解决停车难、行车难问题，新建盘活停车泊位，打通梗阻路段，启动铁路道口平改立工程。

2．进一步提升生态环境质量

进一步加强空气与水环境治理，加快推进蓝天环境综合质量，着力提高空气优良天数比例，持续整治"煤车尘炉"和挥发性有机物；巩固建成区黑臭水体治理成果，确保黑臭水体不反弹。全面推进生活垃圾分类，扩大试点，加强宣传培训。完善绿地系统，提升绿地质量与数量。

3．加强历史文化挖掘凸显城市特色

注重文脉延续，采取腾退、修建、整理等方式，修缮恢复北大营营房遗址等一批文物建筑，综合提升盛京皇城文化旅游区、中山路民国建筑群等一批历史文化街区，更新利用好一批重点历史片区，推动历史文化遗存应保尽保、应用尽用。

4. 加强基层治理

将城乡社区治理作为重中之重，打造共建共治共享的治理格局，总结推广社区治理典型经验，增强社区统筹服务供给和居民参与能力，推进社区减负增效，打造人人出力、人人受益的幸福家园。加快居家养老服务体系建设，抓好小区配套幼儿园治理。

5. 积极提高城市活力

提升民营经济活力，全方位放宽市场准入，加强对燃气、供水、供热、电力、人防等特定行业指定服务、强制服务、变相收费等垄断现象的整治；积极促进就业，提升人口活力，进一步加强对高校毕业生、进城务工人员等群体的就业服务，提高人力资源产业园运营管理水平，加大失业保险援企稳岗力度。

江苏
南京

第二节 南京市

一、基本情况

在建设国家中心城市的总体要求下，南京作为"一带一路"节点城市、长江经济带重要枢纽城市、长三角城市群西北翼中心城市、扬子江城市群龙头城市和南京都市圈核心城市，要不断加强省会城市功能建设，提升城市首位度，服务和带动区域发展。2018 年全市地区生产总值 12820 亿元，人均 GDP15.3 万元，常住人口 843.6 万人，户籍人口 696.4 万人，城镇人口 696 万，城镇化水平达到 82.5%。市辖区建成区面积为 817.34 平方公里。

南京市城市体检对象是南京市及各区 2018 年城乡发展现状，范围包括两个层次。第一层次：南京市域范围，总面积约 6587 平方公里。第二层次：南京市各辖区，包括鼓楼、玄武、秦淮、建邺、雨花台、栖霞、浦口、江宁、六合、溧水、高淳 11 个行政区和江北新区 1 个国家新区。成立了南京市城市体检工作领导小组，领导小组办公室设在市城乡建设委员会。由市建委、市规划和自然资源局、市交通局、市发改委、市应急管理局、市工信局、第三方社会调查技术服务机构等成立 8 个城市体检专班，共同参与年度城市体检工作。

在住房和城乡建设部"7+1"指标体系的一级维度框架下，结合南京市对标找差工作，对指标体系表减少 3 项、增加 10 项、替换 6 项，形成了南京市城市体检指标体系表，共包含 43 项具体指标，其中 42 项为部门自检指标，1 项为社会满意度调查。

二、建设亮点

1. 生态宜居

区域开发强度提升，空气和环境治理方面还有较大的发展和巩固空间。

2013 年南京市行政区划调整全域设区后，全市区域开发强度有序提升，疏密有致的空间格局得到坚持，2018 年南京市市辖区区域开发强度为 12.41%。

2018 年南京市城市人口密度为 1550 人 / 平方公里，但城市人口空间分布有待优化，尤其老城强度过高，人口过度集聚，人口密度接近 4 万人 / 平方公里，超过国内同类别老城的人口密度。应进一步加快老城功能疏解，加快培育副城、新城功能，增强人口吸引能力。

南京市空气优良天数占全年比例为 68.8%，空气质量改善显著，但变化呈现波动，问卷调查也认为"一般"及以下居多。

自来水深度处理率、城市生活污水集中处理率、城市生活垃圾分类覆盖率、城市生活垃圾回收利用率等几个指标表明相关工作初显成效，覆盖率尚要进一步提高。

南京市城市公园绿地服务半径覆盖率为 92.33%，全市建成区绿地率、绿化覆盖率、人均公园绿地面积等衡量城市公园绿地的指标均处于逐年上升的趋势，且达到了国家生态园林城市相关指标，得到市民的高度认可。但也存在空间分布不均衡、公园设施老化等问题。

自然湿地保护率 51.2%，与省内其他城市差距不大。

2018 年南京城市绿色出行比例 81.2%，其中公共交通出行比例 27.7%，非机动车出行比例 29%，步行出行比例 24.5%。轨道交通成为绿色出行最远距离交通方式，接驳换乘和外围绿色交通建设还有发展空间。

新建项目海绵城市建设达标率 65.3%；绿色建筑占新建建筑比例 97.54%。均达到较好水平。

2. 城市特色

城市特色指标优异，整体性保护与发展进入品牌文化建设。

南京是世界著名古都，拥有 2500 年左右的建城史，450 余年的建都史，是六朝古都、十朝都会、山水城市的杰出代表，国务院公布的第一批国家级历史文化名城之一，在中国乃至世界建城史上有着重要地位。南京市城市历史建筑、传统民居环境与本体保护完整性与历史建筑普查挂牌率均为 100%，通过构建适应性保护体系，若干年来成绩斐然，社会广泛参与。

游客年龄逐渐年轻化、总量不断提升，城市旅游业增长较快。2018 年南京市城市节假日国内外游客量为 2532 万人次。美丽宜居乡村建设达标率 100%。

3. 交通便捷

公共交通建设领先，但公共交通分担持续面临机动化带来的压力。

南京市建成区道路网密度 7.52 公里 / 平方公里，道路网基本成型，但内部路网需进一步完善。

2018 年南京市建成区高峰时间平均机动车速度 24.96 公里 / 小时。道路建设与用地开发的匹配程度有待强化；城市公交发展水平先进，万人公共交通车辆保有量为 18.2 标台；主城区公共交通机动化出行分担率为 63.02%。应进一步坚持 TOD 发展策略，提高城市交通与城镇建设用地的匹配性，坚持公交优先的战略。

4. 生活舒适

社区基础公共设施建设水平较好，不断推进完整社区建设。

南京市社区与基层服务设施建设水平较好，完整社区覆盖率 47.54%。

学前教育资源配置率为 1.11 所 / 万人，符合江苏省基本公共服务体系标准中 1 所 / 万人的要求。老城区幼儿园数量和生均占地面积不足，幼儿园的资源配置仍需优化。

南京市基层医疗卫生机构就诊率为 53.56%，达到 2019 年 50% 的预设目标值，但距离 2020 年 65% 的目标值仍有一定差距。目前享受社区养老服务的老人占比为 21.6%，且基层设施和服务仍然存在短板和差距。

2018 年南京单位面积房屋租金与月均收入之比为 8.22‰，在同等级城市中偏低，租赁市场稳中向好；整治老旧小区作为南京市的一项重要试点工作，说明南京市的住房条件和负担均需要进一步改善。

5. 多元包容

基本公共服务覆盖面广，服务品质和均衡性还存在不平衡的特点。

南京市基本公共服务覆盖面广，主要公共服务产品覆盖率均在 90% 以上，优质服务资源还存在供给不足与供给不均衡的情况。

无障碍设施覆盖率接近 100%，但老旧建筑改造力度仍需加强。老旧建筑的无障碍化改造是难点也是重点。

目前城市最低收入群体居民生活必需品人均消费支出与城市居民最低生活保障比为 2.84，说明低保人群的生活状况仍有挑战。

6. 安全韧性

复杂地形内涝还需攻坚，城市应急和安全能力有待提高。

南京市防涝能力全面提高，2018 年城市建成区内涝最长排干时间 180 分钟，海绵城市建设、排水防涝工程、雨污分流工程的大力推进取得良好成效。

南京市应急避难场所建设取得了一定成效，但是避难场所尤其是中心避难场所建设的后续工作较为滞后。2018 年南京市人均避难场所面积仅 0.692 平方米 / 人。

社会安全的指标表现一般。其中万车死亡率为 1.81 人 / 万车，高于深圳、上海，低于北京。

7. 城市活力

人才保持净流入，市场主体规模扩大保持活力。

南京市少儿人口比重呈上升趋势，小学生入学人数持续增加，2018 年南京市小学生新增入学人数增长率为 13.08%。中青年人口在总体人口老龄化的趋势下，人才保持净流入，就业人口学历结构不断优化。南京市从业人数的增速迅猛，2018 年度南京市从业人数为 462.6 万人，较 2017 年度净增 5 万人。

南京市民营经济活力持续增强，2018 年南京市民营经济增加值同比增长 8.2%（剔除价格因素），基本处于平稳状态。工业运行总体稳定，产业转型稳步推进，低效工业有待进一步转型升级。

三、问题和不足

城市自体检、第三方体检、市民满意度调查的结论相似，但第三方体检分数低于自体检分数。自体检与第三方体检的差异表现在交通指标的分析，第三方体检显示南京市中心区高峰车速、绿色交通出行比例等指标均不理想，但自体检结论较好，分析结果差异可能来自于考察的区域不同（自体检为全市，第三方体检为城市核心区）。

1. 人口空间分布优化还有待进一步平衡人口集聚与土地集约的关系，提高环境治理效率

区域开发强度处于合理区间，人口空间分布有待优化。未来"南北田园、中部都市、拥江发展、城乡融合"的"创新名城、美丽古都"的总体空间格局长期坚持与继续巩固。

蓝天、碧水、净土三大保卫战持续发力。大气防治取得明显成效，但成果不稳固。地表水质环境持续改善，雨污分流不断推进，污水设施处理网络逐步完善，供水水质逐步提高。

绿地布局均衡性有待进一步加强。尤其江北新区、仙林地区城市公园绿地覆盖率尚需提升。城市公园的品质、吸引力仍有提升空间。自然湿地保护体系框架基本建立，但保护覆盖范围与保护刚性仍需加强。

公共交通换乘效率与水平仍需提高、外围绿色交通出行模式还需加快形成。地铁周边停车设施缺乏、换乘不方便等问题尚需解决。海绵城市建设、绿色建筑建设仍要长期坚持。

2. 老城整体保护难度大，山水城林湖的整体资源利用尚待提升品质

一是刚性约束不足，整体格局风貌破坏严重，老城整体保护复兴困难重重。二是大量遗产资源和文化空间并未很好地融入现代生活，遗产展示利用不足。大量优质历史资源被机关、部队、科研院所等单位使用，造成一定破坏或存在潜在破坏，未能很好地进行开放展示。不断发掘工业遗产、优秀近现代建筑、乡土建筑等遗产，但并未形成适应性保护利用方法。部分历史格局中重要节点的保护、展示、利用要作进一步的探索性研究。三是整体历史文化氛围尚未形成，名城展示与彰显的策略方法、实施路径需进一步优化完善。山水城林湖资源优越，品质与品牌有待彰显。

3. 城市内部路网面临逐渐优化，提高利用效率

道路建设逐步加强，城市路网基本建成，建成区道路网密度由 2017 年的 7.24 公里 / 平方公里上升至 2018 年的 7.52 公里 / 平方公里。但城市内部路网结构还不均衡、衔接还不顺畅。主城、副城、新城之间的连接通道需进一步完善，跨区"断头路"亟待打通；支路网也需进一步加密；城市道路建设与城市开发的匹配程度还有待提升。

4. 基层服务设施建设基本完成，服务质量和精细化管理成为百姓满意度的重点

目前南京市社区基础服务设施根据省配套标准进行配置和建设，硬件设施建设已基本实现覆盖。但是部分设施服务人员缺失，如设施的使用率不高，对群众缺乏吸引力，甚至出现社区服务设施闲置的现象，是对公共资源的浪费，也无法更好地增强居民对社区的认同感和归属感。特别是在涉及居民健康保障和养老服务等方面，更需要提供专业、优质的服务。

南京市通过大力推进加大租赁市场扶持，精细化整治老旧小区，合力推进既有住宅增设电

梯等措施，有效推进了"住有所居"向"住有宜居"迈进。但百姓住房负担依旧较重。目前租房市场房源供应有限，现状租赁住房供应模式难以满足未来需求。而且目前南京住房租赁市场层次较为单一，住房类型还不够多元。

全市主城区老旧小区在面上已基本实现管理全覆盖，但是部分老旧小区管理仍存在较多问题，需加强精细化程度。

5. 公共服务仍然集中在主城区，且分布不均，设施建设后续的使用和服务成为关键问题

随着近些年南京市在"同城同标、城乡一体"的指导思想下，对设施布局、服务覆盖的均衡性有较大幅度提升。城市空间的迅速拓展，部分地区对公共服务的配置还未能跟上，城市服务功能未真正疏散到周边地区。通过问卷调查也显示，群众反映部分设施数量较少、距离远、使用成本高等问题。

南京市老年人口呈基数大、增长快，高龄化、空巢化趋势，养老服务需求、供给矛盾突出。由于物价上涨等因素，城市最低收入群体生活压力依旧较大。

6. 城市内涝治理较好，尚需关注城市地形特点的灾害问题，应急避难场所和社会安全有待提高

由于丘陵和山地为骨架的复杂地形、强降雨等极端天气、雨前水位腾空不及时、老城区雨水系统老旧导致排水能力不足等原因，容易发生积淹水。南京市的人均避难场所面积偏低，栖霞、雨花台地区避难场所建设相对较少，空间分布不均衡。同时，南京市存在公众紧急避难知识缺乏、公众防灾应急意识不强等问题。

社会安全方面，比如交通事故主要原因是属于硬件条件以外的软环境建设，而社会治安综合治理能力还有很大提升的空间。

7. 城市对中青年人群的吸引力和表现出的经济活力对政府服务能力提出更高要求

面对全国性中青年下降趋势、后续劳动力不足的问题，人才争夺加剧。南京市需要提高对中青年人群的吸引力，为南京市持续的创新活力和可持续发展动力提供保障。

南京市经济发展正处于结构调整和产业升级的关键时刻。从内部结构来看，尽管工业能源净减量为本市的工业能源消费下降做了贡献，但是结构仍然偏"重"。

南京市民营经济发展与江苏省内的苏州市、无锡市等民营经济较发达地区有一定差距，有待进一步提速。

四、主要对策

坚持以问题和目标为导向，提出城市体检治理的工作传导体系，将城市人居环境提升的工

作落实到各个部门，加强未来城市工作计划安排、政策文件制定的科学性、精准性和导向性，实现城市人居环境的提升。

1. 以重点板块为聚焦点，着力提升城市承载能力

进一步推动城镇单元空间格局优化。推进老城有机更新，逐步向外疏解部分功能。提速建设江北新区，加快东部地区建设，推动河西新城、南部新城、江心洲生态科技岛、鼓楼滨江、铁北地区、雨花"两桥"等其他重点板块的建设。加大溧水、高淳新城开发建设力度，进一步提升副城功能。提升新城新区对高端新兴产业、新增城市人口的承载能力。

2. 以城市绿色碳汇为重点，全力打赢蓝天碧水保卫战

一是推进城市绿化工程。把城市绿地公园作为城市"氧补偿"和气候"降温"的重要措施，多渠道拓展绿化空间、生态廊道和通风廊道。全面实施"山、水、林、田、湖"自然生态系统保护与修复，有序推进主要生态系统休养生息。打造一批公园绿地景观节点，推进环境综合整治、提升项目。实施游园绿地建设，有效填补公园绿地服务半径覆盖盲区，构建城市绿地十分钟服务圈。

二是严控大气污染。以PM2.5为重点，兼顾臭氧污染，完善污染天气监测预警系统建设，制定并实施重度污染天气应急响应措施，提高科学治霾和系统治霾的水平。到2020年，城市空气质量达到二级标准天数的比例达到70%以上。

三是全面提升城市污水处理能力。实施《水污染防治行动计划》，落实"河长制""湖长制"和"断面长制"，加强长江、入江支流、城市河道和农村水体污染防治，保障重点断面水质，进一步提高建成区及镇街污水处理率；完善城北、江心洲、城东等污水收集系统配套管网，有效解决污水收集干管高水位运行问题；推进建制镇（街道）污水处理设施建设，到2020年，全市污水处理率不低于95%，生活污水集中处理能力达270万吨/日。努力消除城市劣V类水体，改善全市水环境质量。

3. 以城市设计为抓手，加强城市特色风貌和空间的保护与打造

一是提升城市设计水平，在城市设计过程中重视城市特色塑造、开放空间、绿地景观、视觉廊道、天际线等要素控制，凸显城市自然山水风貌，强调对生态要素和历史文化特色的保护，从城市整体平面和立体空间上统筹城市建筑布局，优化建筑高度分区控制，塑造内涵丰富、特色鲜明的城市个性。

二是加强对历史风貌区、历史建筑、街区形态和自然环境特色的保护。特别是要加强明代都城格局和民国风貌区的保护与复兴，加强对重要近现代建筑的保护利用，实施保护修缮与环境整治工作。推进文化遗产保护和景区建设，加强南京城墙和海上丝绸之路南京遗迹的保护工作，加快推进清凉山石头城遗址、明故宫遗址等一批遗址保护项目及遗址公园建设。

三是注重乡村特色挖掘。综合考虑农村地理区位、山水肌理、资源禀赋、历史人文、产业

发展等因素，实施差异化整治，坚持个性化塑造，彰显宜居、宜业、宜游的美丽乡村独特魅力。到 2020 年，累计打造美丽乡村示范区 3000 平方公里，实现美丽乡村建设覆盖 50% 以上规划布点村。

4. 以"一流城市、一流治理"为追求，持续提升特大城市治理水平

一是交通治堵要标本兼治、综合施策。实施交通堵点治理三年行动计划，抓紧抓实各项治理工作，营造更加畅通的出行环境。优化路网结构，加快新建和改造道路建设，打通断头路，构建微循环，提升交通承载率，缓解道路交通资源不足问题。

二是倡导绿色交通方式。贯彻落实公交优先战略。构建方便快捷的公共交通网络体系，在主城区形成纵横交错并紧密联系副城的轨道交通骨干网络，推广纯电动公交车辆应用，倡导购买小排量、新能源等节能环保型机动车。坚持公交优先，优化提升公共交通、城市慢行系统和公交网络布局，提高公交出行的吸引力和分担率。加快马群综合换乘中心和浦口城西路换乘枢纽建设，新建、续建、改造一批公交场站和公交专用道。完善"智慧交运系统"，建设智慧停车综合管理平台，提升交通智能化管理水平。

三是垃圾分类要完善体系、注重实效。建强末端、分类处置，加快垃圾末端处理设施建设，建成投运江北废弃物综合处置中心，建设城东环境资源再生利用中心、江北焚烧发电厂二期等项目，推进江南餐厨、厨余垃圾处理厂等前期工作，有效提升垃圾分类处理能力，促进垃圾资源化利用。完善体系、分类收运，加快健全分类转运设施，完善大件垃圾、餐厨废弃物专项收运体系，建立覆盖全市机关企业事业单位和小区的有害垃圾、可回收物收运网络，健全垃圾分类运输体系。把好源头、分类投放，按照"六有"标准，推进城市居民小区、各类党政机关和社团组织、农村行政村垃圾分类"三个全覆盖"；加强宣传教育，提高市民文明素质，通过正向引导、奖励先进等办法，充分调动广大群众的主动性、积极性。

5. 以精细化建设管理为抓手，全方位保障城市安全韧性

一是大力推广绿色建筑。推广绿色建筑，以大型公共建筑、政府机构、保障性住房等为重点领域，强化绿色建筑管理。以机关办公建筑和大型公共建筑节能改造为重点，实施能效提升工作。

二是完善交通安全建设。建设交通信号灯、交通标志、交通标线和交通技术监控设备、防撞护栏等交通设施；倡导慢行优先，改善慢行交通环境。进一步加大交通安全宣传力度，提高全体市民的交通安全意识。

三是扎实推进海绵城市建设。明确近期达标建设的重点范围，优化系统方案，确定具体地块、道路等项目海绵城市指标要求。将海绵城市建设的相关要求落实到项目审批的全流程，确保全市新、改、扩项目达到海绵城市建设要求。

四是完善应急避难场所建设。加快栖霞、雨花台等区域的应急避难场所建设，形成全面覆盖、布局合理、重点突出的综合防灾空间结构体系。进一步加强应急知识宣传培训力度，正确

引导社会舆论，提升公众应急避灾意识和能力。完善应急避难场所标识、标牌等标识系统。

6. 以群众获得感为标尺，加快推进公共服务建设

一是加快社区公共服务设施建设，加快多样化的社区设施建设，完善15分钟公共服务圈。

二是构建体系完备的城市公共服务设施网络。城市地区构建"市级—副市级—地区级—居住社区级—基层社区级"五级公共服务设施体系。严格执行城乡公共设施配套规划标准，完善以基层社区级、居住社区级设施为基础，市、区两级设施衔接配套的公共服务设施网络体系。促进优质教育设施和医疗设施向副城、新城转移。

三是提高住房保障多元化发展。促进租赁住房发展，加快租赁住房试点工作开展，以建立租购并举的住房制度为主要方向，持续完善住房保障体系与市场体系。以政府为主提供基本保障，以市场为主满足多层次需求，建立包括租赁住房、保障性住房、商品住房等多种类型，一、二、三级市场联动的住房供应体系。

四是加快老旧小区整治和公共空间建设。盘清老旧小区底数，从市民角度确定整治目标，提升老旧小区改造和管理专业化水平；打造精准化老旧小区模式，提升服务居住水平。合理规划布局城市公园、市民广场、游园绿地、慢行绿道等公共空间和设施，提高公园绿地服务半径覆盖率，强化绿地系统服务市民日常活动的功能。

7. 以改善营商环境为要点，不断提升城市经济活力

一是增加产学研耦合能力。充分发挥南京市高校院所优势，探索政府和高校合作打造专业平台。调动企业的自主创新，实施创新型科技企业培育计划，深入实施"两落地一融合"工程，加快国家级科技企业孵化器、大学科技园和众创空间建设。推进"主导产业＋原始创新"，支持有条件的企业开展基础研究和前沿技术攻关，发挥龙头企业平台作用和孵化功能，建立市场化运作的"科研特区"管理体制。建立科技型中小微企业、高新技术企业、瞪羚企业、独角兽企业培育库的梯度培育体系。

二是转变思维中心。把"用户思维、客户体验"理念融入政府治理和服务全链条，更多地从群众和企业的角度去想问题、办事情、定政策、抓落实。以此为引领，加快锻造更优质的政府服务，切实做到"把麻烦留给政府，把方便送给企业，把评判交给群众"，不断提高企业、群众对政府服务的感受度和体验度。

福建
厦门

第三节　厦门市

一、基本情况

实行城市体检，建立"一年一体检、五年一评估"工作制度，是提高人民幸福感和获得感的重要抓手，是坚持以人民为中心、加快转变城市发展方式、着力治理"城市病"、全面推动城市高质量发展的重要手段。

厦门市将城市体检作为做好城市建设管理工作的重要抓手，为加快建设厦门高素质、高颜值现代化国际化城市提供重要的决策依据。

厦门市按照"政府主导、公众参与、信息支撑、技术保障"的工作路径，稳步推进城市体检工作。

1. 政府主导

厦门市把城市体检作为推动城市生态文明建设和高质量发展的重要抓手，将城市体检试点41 个体检指标涉及的 110 多项数据，逐项分解落实到全市 6 个区 24 个部门，并明确了工作职责、目标任务、时间节点等要求。各责任部门对城市体检工作实行"一把手"负责制，制定了单位具体工作方案，指定 1 名分管领导和 1 名联系人负责。

2. 公众参与

厦门市采用多形式、多渠道的方式推动了公众参与城市体检试点工作，把群众满意度作为衡量城市高质量发展的重要内容。截至 2019 年 6 月底，厦门市城市体检工作组共完成了 200多个社区的调研工作，召开了 20 余场座谈会，对 3 个历史街区和 391 栋历史建筑进行了实地调查，利用"i 厦门"惠民平台、厦门市自然资源规划局网站、微信公众号、手机 APP 等渠道，建立了公众参与专栏，线上线下收集调查问卷 3000 多份，参与人员遍及全市各行业、各区域。

3. 信息支撑

厦门市在"多规合一"平台的基础上，结合各类地理信息系统，初步建立了统一收集、统一管理、统一报送的市级城市体检评估信息系统，作为厦门市委市政府推动城市管理模式改革的重要抓手。同时，厦门市充分利用现有的手机信令、地图网站等公开数据源获取第三方数据进行验证校核，利用大数据分析和处理技术，综合多种源头的数据，结合地理信息系统平台对多项城市体检指标做了建模分析。

二、建设亮点

1. 城市生态环境总体优良

在水环境质量方面，城市水体断面中国控和省控断面均达标；2018 年，空气质量有效监测天数共 365 天，空气质量优良天数 360 天（空气质量优 171 天，良 189 天），轻度污染 5 天，在全国排名第二；全市生活垃圾分类实现全覆盖，垃圾分类知晓率达 100%，参与率达 90%，农村垃圾分类覆盖率达 80%，城市生活污水集中收集率为 96%。

2. 风貌特色突出

厦门城市发展较好地延续了"高素质、高颜值"的城市特色。2018 年历史建筑、传统民居环境与本体保护完整性程度高，达到 98.98%。已认定公布的 391 处历史风貌建筑（集中在鼓浪屿）均受到极大关注与保护。厦门市对旅游人群吸引力持续增强，2017~2018 年国内外游客总量由 7830.52 万人提升至 8900.32 万人，增幅为 13.66%。

3. 社区设施完整，基础福利良好

厦门市基本公共服务大部分达到全国较高水平。2018 年，厦门市基本医疗保障覆盖率为 96.74%，基本养老保险参保（覆盖）率为 98.96%，基本社会保险覆盖率为 97.85%，适龄儿童幼儿园入学率为 99.94%，义务教育巩固率保持在 99% 以上。城市基础服务的均衡以及文化的多样包容，使得厦门对外来人群吸引力持续增强。

厦门市完整社区建设和生活舒适度整体评价较为良好。围绕完整社区指标体系——"六有、五达标、三完善、一公约"开展了卓有成效的建设。截至 2018 年年底，厦门市六城区内完整社区覆盖率 71.08%，居于全国领先水平。

4. 城市环境安全

城市公众安全感满意度调查结果显示，截至 2018 年年底，厦门市群众安全感率为 98.91%，在福建省排名第一。执法工作满意度率（对公安、检察院、法院工作）为 96.85%，在福建省排名第四。公众安全感满意水平较高，归属感强烈。2018 厦门市万车死亡率为 1.38 人/万车，显著低于全国平均水平，基本达到发达国家平均水平。

三、问题与不足

在完成搜集指标数据的基础上，根据对标一线国内城市指标、联合国可持续发展等国际标准、国家或地方标准规范、城市定位及发展目标、5 年来历史数据、社会满意度调查六个维度，从城市问题类型、城市问题影响时间、城市问题影响程度三个视角进行城市问题综合诊

断，识别出几大城市问题。

1. 建成区道路网密度不足

厦门市建成区道路网密度为 7.18 公里 / 平方公里，与国际一流城市相比仍有较大差距。厦门市六个区中，建成区路网密度最高的是本岛的思明区和岛外的同安区，分别达到约 7.78 公里 / 平方公里和 8.15 公里 / 平方公里，海沧区最低，约为 6.26 公里 / 平方公里。距离《中共中央　国务院关于进一步加强城市规划建设管理工作的若干意见》提出的"到 2020 年，城市建成区平均道路网密度提高到 8 公里 / 平方公里"仍有较大差距。造成岛外四区路网密度较低的原因可能包括产业结构（占地面积较大的社区、学校、工厂等），过旧的道路规划，城中村等。

2. 民营经济占比较低且有下滑趋势

厦门市国有企业一直是全市经济发展的重要支柱，与省内其他地区存在一定的经济结构差异，民营经济占比在福建省处于相对较低的水平。厦门市民营经济占比 50.39%，低于福建省全省的平均水平（67.2%），也低于全国平均水平（60% 以上）。对比 2017 年与 2018 年，厦门市民营经济新增比例也出现了一定程度的下滑，显示民营经济发展面临一些阻力与困难。

3. 绿色出行分布不均衡

厦门市总体绿色出行比例为 65.72%（包括步行、自行车、公交车、地铁、轮渡等），但相对集中于厦门本岛（达到 78%），岛外绿色出行分布不均衡。海沧区绿色出行占比仅 63.6%、集美区绿色出行占比仅 54.8%、同安区绿色出行占比仅 45.3%、翔安区绿色出行占比仅 47.9%。究其原因，厦门岛外的轨道、公共交通服务尚欠缺，岛内虽建设了自行车高速路，但部分市政道路的自行车路权不能得到保证，步行环境品质尚待提升。

四、主要对策

1. 改善城市水环境质量

建议开展"水环境综合管控方案"，实施"水十条"（国务院发布的《水污染防治行动计划》），围绕工业污染控制、城市生活污染治理、农业农村污染防治和船舶港口污染控制等方面综合推进。

建立城市水体质量监控管理平台，从水环境承载力评估与水环境底线摸底、污染源识别与风险防控、蓝色基础设施空间优化与水环境发展情景设计、环境监管能力建设等方面综合提升对水体质量的综合管控能力。

厦门全市普查推荐的历史风貌建筑数量多、分布广，但存在缺少日常维护和保护、维修的能力，活化利用的经济渠道有限，缺乏政策法规引导等问题。

建议厦门市尽快对普查推荐的历史建筑和传统民居进行认定与挂牌；建立全市范围内历史风貌建筑监测系统及跟踪数据库；设立保护专项资金。

2. 推进绿地公园的规划建设

根据厦门市绿地系统相关规划，加快绿地公园建设，特别是岛外区域和集中的居住片区。

重点实施城市广泛分布的中小公园及廊带式绿地公园建设，快速构成城市绿地公园的廊道斑块网络体系，提升覆盖率。

旧城区及 2000 年以前基本建成的居住集中片区，通过"见缝插绿"、改造街头绿地和道路两侧绿化，增补设施，形成小游园等的方式增加公园绿地。

岛外各新城、在建重点片区严格按照绿地系统规划，推进综合公园、主题公园和专类公园的建设。

3. 快速推进慢行系统规划建设

建议加快城市轨道系统建设，尽快完善岛外公交系统，加密公交服务的线路和频次，提升公交服务水平。

开展城市完整街道规划设计，形成城市道路慢行空间改造设计导则，结合城市道路改造实施计划，全方位改善城市慢行空间体系。

加强公交与慢行无缝衔接，加强步行、自行车与轨道、BRT 站点、公交枢纽等的良好衔接。

4. 加密城市路网，形成小街区密路网的城市格局

大力推进岛外建成区城市路网建设力度，加密城市路网，特别是支路的建设，提高城市交通可达性和城市街道的步行友好性。

在老城区，要打通断头路，充分挖掘背街小巷空间，建立适宜步行、骑行等小尺度出行的街区设计和路网形式，加密并完善慢行系统网络。在传统的城市机动车网格上，分隔形成更为细分的适宜行人的城市机理，同时分割出更小的街区来营造更好的步行环境。形成小街区密路网的优良空间格局。建议开展城市街巷空间体系与慢行系统发展战略规划，形成城市街巷空间规划设计导则，一张蓝图干到底，实现城市空间体系和格局的优化。

总体来说，依据本次城市体检，厦门市城市总体发展良好，多项指标居于全国先进水平。针对体检中发现的一些问题，将在下一步城市规划建设过程中，坚持问题导向，对上述问题进行有的放矢的研究和改进，力争把厦门市建设成为高素质、高颜值的现代化国际化城市！

广东
广州

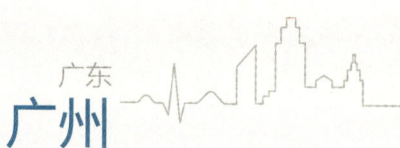

第四节　广州市

一、基本情况

为全力推进体检工作，广州市在以下方面做了持续探索。一是加强领导，完善机制。成立了市城市体检试点工作领导小组，市长担任领导小组组长，领导小组下设领导小组办公室和 9 个专责小组，28 个市直单位和 11 个区政府按照责任分工协同推进。二是专家领衔，技术支撑。成立以住房和城乡建设部专家为核心的城市体检专家库，由专家领衔把关护航。成立技术服务工作组，全程做好城市体检试点各项技术服务支撑工作。三是全市动员，四级联动。召开市、区两级动员会，广泛宣传培训。建立市、区、街、社四级联动机制，纵向到底，横向到边，全域体检，不留死角，面向全市域 11 个区、170 个街镇、2176 个社区和约 4300 个小区，广泛收集各项指标近五年相关数据，建立了完善的指标空间数据、名录清单和管理台账。四是数据精准，算法科学。按照可获取、可计算、可分解、可追溯、可反馈的原则，分解指标，制定填报模板。多角度论证指标算法的科学性，从"纵、横"两方面组织数据填报和交叉校验，确保结论经得起检查、验证。以 CIM 基础平台等资源为基础，构建全域覆盖、量化体检的城市体检评估信息平台。

广州城市体检的经验为：一是聚焦城市定位和市委市政府中心工作，优化完善体检指标体系；二是细化平台数据与系统功能，完善体检信息平台；三是充分落实区政府责任主体，全面推进区级城市体检；四是跟进城市治理行动，逐步消除城市病、城市问题；五是建立长效工作机制，扎实推进城市高质量发展。

二、建设亮点

1. 生态宜居：大气、水、绿地等各类环境要素情况良好，绿色发展全国领先

全市空气质量优良天数稳步提升。从 2014 年的 282 天增加到 2018 年的 294 天。PM2.5、PM10、SO_2、CO 污染物同比下降 20%，成为国家中心城市中率先实现 PM2.5 达标的城市。

城市集中式饮水水源地水质达标率 100%。Ⅱ类标准以上占全市 50% 以上，整体饮用水水质较高。全市绿化指标逐年提升，2018 年建成区绿化覆盖面积 589 平方公里，建成区绿化覆盖率达到 45%，人均公园绿地面积为 17.3 平方米。

民用建筑能耗情况趋好。居住建筑单位面积能耗与人均可支配收入比值、公共建筑单位面积能耗与人均第三产业 GDP 比值相较 2014 年分别下降 30%、25%。

2. 城市特色：历史保护成效显著，假日旅游市场繁荣兴旺

历史文化保护成效显著。广州市构建了历史建筑"普查—认定—规划—修缮—监管"全流程的规章制度。2014～2018 年，全市历史建筑、传统民居环境与本体保护完整性指标维持在 99% 以上，历史建筑挂牌率达 95% 以上。

假日旅游市场繁荣兴旺。游客整体满意度较高，城市旅游影响力进一步扩大。2018 年全市"黄金周"期间接待游客总数超过 4500 万人，比 2014 年增长一倍以上，2019 年春节外地人口来穗旅游人口数量在国内一线城市中排名第一，但假日期间境外客源较平时有所减少。

3. 交通便捷：公交出行占比较高，绿色出行基础设施完善

公共交通便捷度高。广州市积极发展公共交通体系建设，2018 年地铁线路总数达到 15 条，线网总里程达 485 公里，排名全国第三，世界前十，实现"区区通地铁"，中心城区公共交通机动化分担率达到 61.05%，被评为"国家公交都市建设示范城市"。

绿道建设引领全国。累计建成绿道网 3500 公里，不断提升维护管理水平和运营服务质量，深受市民和社会各界好评。

4. 生活舒适：社区基础公共设施覆盖较广，服务人数稳步增长

完整社区覆盖率总体较好。2018 年广州市完整社区覆盖率为 69.26%，医疗卫生网络健全，文化、体育、公园设施日趋完善，公交线路接驳系统不断优化。

全市租房能力基本维持稳定。2014 年租房能力为 1.39%，2018 年租房能力为 1.06%，单位面积租金的涨幅相对低于月收入的涨幅，常住居民的租房能力有一定上升，整体基本维持稳定。

社区居家养老服务体系完善。构建全覆盖、多层次、多支撑、多主体的社区居家养老服务体系，接受居家社区养老服务老人数量超过 21 万人，占比超过 10%，形成具有广州特色的"大城市大养老"模式。

5. 多元包容：无障碍设施覆盖率处于较高水平，居民最低生活保障合理稳定

高度重视无障碍设施建设，部分公共空间无障碍设施实现全覆盖。广州市公共空间无障碍设施的总体覆盖率指标为 69.54%，地铁站、地下空间、人行道、汽车客运站、医院、养老机构等场所无障碍设施覆盖率达到 96% 以上，被国家四部委评为"全国无障碍设施建设示范城市"，逐步推动无障碍设施的法制化进程。

城乡居民低保标准稳步提升，困难群众基本权益得到有效保障。广州市近五年来稳步提高最低生活保障等社会救助标准，在城乡居民消费支出逐年攀升的同时，城乡低保标准占当地城乡居民上年度人均消费支出比率基本稳定在 30% 左右，维持在合理比例，适应经济设施发展形势。

6. 安全韧性：交通安全状况良好，社会治安明显好转

广州市万车死亡率为 3.02 人 / 万车，根据 2012 版国家畅通工程评价标准，评价结果为一等（最高水平），城市交通安全居于超大城市前列。

全市刑事案件发生率显著降低，2018 年为 57.8 件 / 万人，相比 2014 年下降 44%，形成持续向好、平安祥和的社会治安环境。

7. 城市活力：小学生新增入学人数稳定上升，写字楼空置率持续低位

广州人口活力充足。14~35 岁人口占比为 44.82%，高于 2013 年全国平均水平（33.03%）。小学生新增入学人数增长率为 8.07%，2018 年小学生新增入学人数超过 20 万人，对年轻父母有较高的吸引力。

经济活力总体较高。2018 年甲级写字楼空置率低至 4.5%，优于同期北京、上海、深圳的表现。全市 4G 基站数量达到 3.93 万个，4G 网络覆盖率基本达到 100%。

三、问题与不足

在完成搜集指标数据的基础上，根据对标国内一线城市指标、联合国可持续发展等国际标准、国家或地方标准规范、城市定位及发展目标、5 年来历史数据、社会满意度调查六个维度，从城市问题类型、城市问题影响时间、城市问题影响程度三个视角进行城市问题综合诊断，识别出九大城市问题。

1. 城市生活垃圾分类流程体系不够健全，垃圾围城仍未解决

2018 年生活垃圾分类覆盖率为 72.28%，尚未实现全市社区小区全覆盖，番禺、增城等局部地区覆盖率较低。

生活垃圾回收利用率仅为 35.65%，可回收物回收站点覆盖不全，居民参与资源回收便利性不高，资源化管理水平有待加强。

2. 城市高峰期交通形势依然严峻，局部路段拥堵仍是常态

2018 年高峰时段平均机动车速度为 26.2 公里 / 小时，与其他城市相比拥堵严重，中心城区道路交通拥堵程度远高于外围地区，存在较为密集的常发性拥堵点。

城市外围地区地铁到家"最后一公里"衔接不畅，公交线网覆盖仍存在盲区，公交服务均等化有待进一步加强。

3. 积水内涝严重，局部地区排干时间较长

广州市 1300 平方公里建成区范围内有主要内涝点 104 个，积水内涝最长排干时间为 8 小时。

广州老城区地势低洼，在汛期既要承泄北部山溪性河流的洪水，又常常遭遇外江高潮顶托，内涌涝水难以自排，内涝隐患天然存在。

4. 科技创新能力与城市定位不符，建设国际大都市缺乏高效支撑

2018 年每万人法人企业数为 704 户 / 万人，每万人发明专利拥有量仅为 32.4 件 / 万人，虽然近几年指标已大幅提升，但与其他一线城市仍存在较大差距。企业活力不够旺盛、科技创新能力不强，与商事主体中个体户占比较高、缺少行业龙头企业密切相关。

2018 年新增就业人口中大学（大专及以上）文化程度人口比例仅为 36.4%，新兴产业对高素质人才的虹吸效应还不够突出，人才引进政策、产业转型升级有待进一步加强。

5. 城市开发空间不平衡，中心区集聚程度过高，外围配套设施承载压力大

2018 年建成区人口密度为 1.49 万人 / 平方公里，越秀、荔湾、天河三区人口密度超过 2 万人 / 平方公里，天河、越秀、荔湾、海珠四区开发强度超过 70%，中心城区开发强度和人口密度过高，全市资源分配不平衡，部分地区环境承载压力过大。白云区、番禺区、花都区、增城区等外围城区新增流动人口占全市新增人口的 90%，配套设施承载压力较大。

6. 城市安全不容忽视，应急避护场所严重不足

2018 年刑事案件发生率为 57.8 件 / 万人，近五年显著下降，与其他超大城市相比社会治安水平位于前列，但白云、番禺、花都等外围城区因城中村及流动人口数量众多，刑事案件发生率较高，社会治安形势依然严峻。

2018 年广州市人均应急避护场所面积为 0.48 平方米 / 人，与《城市抗震防灾规划标准》中人均避护面积不小于 1 平方米的要求差距较大。避护场所建设进度不理想，中心城区完成情况良好，外围城区完成率较低，救灾帐篷等配套设施建设滞后，与国际化、现代化大都市形象不符。

7. 部分无障碍设施缺少系统性

广州市无障碍设施使用群体庞大，但部分公共空间无障碍设施建设滞后，尤其是公交车站（场）、公厕、人行天桥、地下通道等公共空间的无障碍设施覆盖率低于 65%，严重影响弱势群体的出行需求。

8. 幼儿入园难，养老服务水平不均衡，完整社区覆盖率有待提升

普惠性的公办幼儿园数量仍然较少，尤其是老城区幼儿园发展空间有限，学生人数的不断增加给设施带来压力，不少适龄儿童需要入读费用较高的民办幼儿园，市民对幼托机构 / 中小学基础教育的社会满意度评价较低。

越秀、海珠等老城区接受社区服务的老人总数较高，但社区养老机构数量相对不足，人均社区养老服务机构数量远低于全市水平，区域发展不平衡，社会满意度调查中养老服务设施得

分偏低。

越秀、荔湾、海珠等老城区的慢行系统、社区服务、卫生服务、养老服务、文化服务等设施配套不足，增城等外围城区在幼儿园、公交车站、道路建设、市政管理等方面多有欠缺，居民生活品质有待进一步提升。

9. 历史文化资源活化利用不足

历史建筑的保护工作完成度相对较高，但精细化、品质化的项目仍然偏少；大部分历史文化街区处于自然衰败状态，基础设施、产权问题、资金问题制约活化利用；历史建筑的挂牌率虽然较高，但存在区级之间不平衡，后期的维护工作仍有待加强。

四、主要对策

针对问题和城市病实际情况，主要从以下四个维度提出意见。一是政策研究与创新。对应的城市管理存在短板或空白，应加强政策研究与创新，尽快出台相关法律法规；二是技术标准规范与创新。如果是标准规范不合理或失效，应敦促行业主管部门尽快启动相关修订工作。三是提出近期行动计划及长期工作计划。对于近期可以改善的，应提请广州市委市政府制定近期行动计划，提出具体的改善措施，作为下一年度市委市政府工作报告的主要参考文件之一。对于需长期工作才能改善的，应提请广州市委市政府结合城市定位及发展目标，制定近、中、远期规划，分步实施。四是推进重点项目建设。对于需要通过具体项目建设改善的，应形成项目建设清单，通过市政府报送市人大审议，通过后尽快推进项目实施。

1. 深化生活垃圾分类处理，打造美丽宜居花城

一是优化推广分类投放模式，减少源头资源浪费。明确在全市持续推广"定时定点"模式，推进示范片区建设和农村垃圾分类工作，推进生活垃圾分类样板居住小区（社区）创建工作；制定《广州市生产者责任延伸制度暂行办法》，从源头上控制环境污染，减少资源和能源的浪费；修订《广州市生活垃圾分类管理规定》，规范本市生活垃圾分类设施配置，建立分类作业标准流程。

二是进一步完善资源回收体系建设。推进环卫收运网络与再生资源回收利用网络的"两网融合"；用好低值可回收扶持政策，鼓励更多企业参与，切实提升生活垃圾回收利用率；制定《广州市餐厨垃圾就近就地自行处置试行办法》，规范城镇餐厨垃圾就近就地处理；修订《广州市收取城市垃圾处理费实施细则》，按照"多产生多付费"的原则，逐步推行"随袋征收"模式。

三是推动垃圾处理设施规划建设，提高处理能力。推进广州东部固体资源再生中心应急综合处理项目；协调推动广州第四资源热力电厂（二期）建设；加快推进花都区垃圾综合处理中心、垃圾处理循环经济产业园等项目建设；加快花都、南沙、从化、增城区餐厨垃圾处理项目规划建设。

2. 提升城市交通便捷性，鼓励绿色出行

一是积极协调推动市层面结构性拥堵问题解决，通过一系列新招、实招解决突发性、秩序性拥堵。通过构建"智慧警务"、推动"双微改造"、优化"信号配时"、推广"交警护学"、开展"警保联动"、组建"羊城铁骑"、实施"开四停四"等措施综合解决交通拥堵问题。

二是加强道路规划建设，弥补路网结构性缺陷。加快推进广州市纳入年度建设计划的道路项目开工建设；推进《市政路桥项目近期（2019—2021年）实施计划》印发实施，系统提升广州市路网整体承载和快速疏解能力。

三是提升公交搭乘舒适度。提高地铁站点换乘站台面积，进一步改善候乘环境；改"点换乘"为"线换乘"，采取分流方式疏导拥挤站点的客流；进一步健全客流疏导和宣传引导机制；挖潜增效，提升拥挤线路运能。

四是健全交通设施供给，鼓励绿色出行。对标国际先进城市，继续牢固树立"公交优先"的城市发展理念；打造更加优质多元的公共交通服务体系，形成更加高效互联的公共交通智能网络；从品质化、精细化、大众化三方面完善绿道建设，构建布局合理、配套完善、连通便捷、功能丰富的绿道网络体系。

3. 完善城市防洪排涝设施，推进海绵城市建设

一是要坚持"规划引领、生态优先、因地制宜、统筹建设"，完善城市防洪排涝设施。以流域为体系，细化排涝单元，算清流域"水账"，开展防洪排涝建设工作方案编制；完善防洪排涝调度方案，实施水务工程联合调度，合理安排蓄泄实际和调蓄进程；开展全市倒灌隐患点排查整治，形成"一点一策"整治清单，加快推进防洪排涝工程建设。

二是要构建"自然蓄存、自然下渗、自然净化"和"渗、滞、蓄、净、用、排"一体的海绵城市。利用低影响开发措施，从源头解决内涝问题；对片区排水管网开展系统性评估，解决排水管网的瓶颈和缺失问题，提高片区管网系统的排水能力；构建以雨水管网、泵站、调蓄池为基础，自然滞蓄系统为补充，防涝系统为保障的城市防涝系统，确保建成区防洪排涝安全。

4. 优化提升城市营商环境，促进产业结构升级和高素质人才落户

一是要加快精英人才的引进。建全人才保障性住房制度，完善高品质教育医疗、文化娱乐等公共设施配套，打造"人才＋项目＋园区"的精准人才引进新模式，优化境外人才引进和服务管理。

二是要加快战略新兴产业布局，大力引进创投机构。进一步加快布局IAB、NEM产业，着重引导天使投资、风投、创投机构入驻广州，补全广州在金融业上的短板；积极落实《广州市人民政府办公厅关于促进广州绿色金融改革创新发展的实施意见》，以花都为核心建设广州绿色金融改革创新试验区。

三是要强化企业配套政策优惠，构建企业服务体系，优化双创环境。强化优惠政策配套，

降低税收负担；利用南沙自贸区、广州开发区制度创新优势，推动商事制度深层次改革；持续推进"证照分离"改革，破解"办照容易办证难""准入不准营"等问题；努力建设服务型政府，推动政企关系由企业"出门寻策"向政府"上门问需"转变。

5. 有机疏解中心城区功能，引导外围城区协调发展

一是加强规划引领，分类施策。中心城区"退二进三"，引导中心城区第二产业功能外迁；中心城区疏解人口、控量提质；外围城区以产促城，以轨联城。

二是加强流动人口监测和引导。开展年度人口监测，提高人口数据质量；高度关注外来人口规模变化情况，加强来穗中心、来穗服务站等设施建设。

三是统筹安排空间再利用。修订《广州市闲置土地处理办法》，优化留用地配套管理措施，创新产业用地政策，优化空间资源的精准配置和利用，提高土地监管水平和供后效益。

四是提出差异化公服设施配置标准。制定《广州市 15 分钟社区生活圈规划导则指引》，打造活力与包容的社区生活圈；优化区域公共资源布局，加大中心城区部分优质教育、医疗、文化资源向外围城区倾斜转移力度，推动区域间公共服务资源的均衡配置，促进人口合理分布和有序流动。

6. 加强外围城区交通与治安管理，加快全市应急避护场所建设

一是完善全市禁摩政策，加强交通管理。推动重点地区健全农村道路交通安全管理体制，大力治理重点车型及违法行为；完善道路交通安全设施建设，严格清除重点道路隐患，完善智能交通管理系统。

二是加快推进城市三旧改造，拆除城市"易犯罪"空间。完善"天网"等城市安全监控设施建设，做到全覆盖、无死角；根据常住人口加强基层警力，完善社会网格化管理，发动群众，完善社会治安；加快智慧安全城市建设，发挥"互联网 + 侦查"、人工智能、人脸识别等新技术应用。

三是加快全市应急避护场所建设。适应新时代国土空间管控的要求，组织编制广州市城乡应急空间规划；在全市应急避护场所现状摸查的基础上，构建应急避护场所空间地理数据库，充分与国土空间规划进行有效衔接；研究国内外避难场所规划和建设的先进经验，加强《广州市城市应急避护场所规划》实施力度，建立数字化管理系统。

7. 不断提升公共空间无障碍设施建设管理水平，满足特殊群体的多样化需求

一是进一步加强无障碍设施建设领导管理和促进机制。制定出台《广州市无障碍设施建设管理规定》，明确市（区）政府及主管部门责任，加大对无障碍设施缺失、不达标、不好使用等责任主体的处罚问责。

二是开展对不达标无障碍设施的清理改造。组织对全市公共空间无障碍设施进行细化排查，准确掌握类型、数量和质量情况，建立健全信息统计和定期更新制度，有步骤地研究制定

改造计划。

三是严格新建、改建、扩建项目无障碍设施配套建设。严格落实《无障碍设计规范》《无障碍设施施工验收及维护规范》等标准规范，落实无障碍设施配套工程与主体工程同步设计、同步施工、同步验收投入使用。

四是专项解决公共交通运输无障碍出行难题。针对轮椅车人群、视力残疾人出行困难问题，攻关"上下公交车困难""预约无障碍出租车困难"以及"配套建设公交导盲系统"等问题，研究制定办法措施并督促抓好落实。

8. 着力解决老城区生活舒适程度不足问题，分区分类施策

一是持续加大学前教育学位供给。（1）深化学前教育体制机制改革，创新办园体制，大力发展实行"以事定费"管理，利用国有资产、集体资产和财政性教育经费举办，提供普惠性学前教育服务的公办幼儿园；（2）完善教育优先发展规划，坚持政府主导。坚持市级统筹、以区为主的学前教育管理体制，加大财政投入，引导、扶持和优化普惠性民办幼儿园，促进教育公平；（3）科学规划布局幼儿园教育设施，促进教育资源均衡配置，推动中心城区优质教育资源向外围城区辐射延伸；（4）采取"一区一策"、试点办微小型幼儿园等方式，扩大幼儿园学位供给。

二是持续提升老城区公共服务设施有效供给。（1）创新社区服务供给机制，通过新建、改建、扩建和调整、共享、租赁、收购等多种形式，推进社区公共服务设施建设；（2）重点推进社区养老服务建设，全面放开社区居家养老服务市场，大力推动嵌入式、多功能、小规模社区嵌入式养老机构建设；（3）推进社区卫生服务建设，构建层次分明、布局合理、体系完整、分工明确、功能完善的整合型医疗卫生服务体系。

9. 建设岭南魅力文化名城，延续城市脉络与风貌特色

一是加大文物、历史建筑的保护与开放力度，推进精细化、品质化项目。以"绣花"功夫实现历史城区新活力，整体保护历史城区的传统格局和历史风貌；加大文物、历史建筑的保护与开放力度，完善历史建筑建档信息；强化传统风貌建筑保护的工作，推进各区的核查、认定，保护体系的建立工作。

二是推进历史文化街区的保护利用。保护历史文化街区古今并存的遗产真实性、中西合璧的历史风貌完整性和广府市井生活的延续性，全面保护历史文化街区内各类保护性建筑、传统街巷、历史环境要素、非物质文化遗产等重要场景和要素。

三是健全保护利用长效机制。完善预先保护和常态化增补机制，定期开展文化遗产普查；依据文化遗产的价值类型、保护导向和保存状况，建立分类分级保护利用管理机制，积极开展活化利用；发挥多级政府和多部门之间的联动作用，落实属地责任主体，调动政界、学界、商界、业界、媒体的广泛参与，形成全社会共同推进保护工作的合力。

四川
成都

第五节　成都市

一、基本情况

为积极推进城市人居环境高质量发展，按照《住房和城乡建设部关于开展城市体检试点工作的意见》（建科函〔2019〕78 号）要求，结合成都市加快建设全面体现新发展理念的城市以及美丽宜居公园城市有关工作，市委市政府积极开展成都市城市体检工作。

一是成立领导小组，加强组织领导。成立由市长任组长，副市长、市政府秘书长任副组长，由成都市住房和建设局、成都市规划和自然资源局、成都市发改委、成都市经信局、成都市教育局、成都市公安局等部门为成员单位的城市体检工作领导小组。二是全市动员，部门联动。组织市级部门召开多次会议，广泛收集各项指标近五年相关数据，建立了完善的指标空间数据、名录清单和管理台账。三是搭建体检评估信息管理系统。充分依托成都市网络理政中心信息系统，整合"多规合一"、工程建设项目审批管理、数字城管、统计等信息平台数据，按照建设"数字城市""智慧城市"的要求，建立城市体检评估信息系统。四是多维分析，综合治理。重点以原有规划目标、国家行业标准、自身发展趋势以及先进城市对标四个标尺为依据，全面审视城市在实现高水平保护、高效率利用、高品质生活等方面的城市病问题，并结合公园城市理念，提出相应的对策建议，提升城市人居环境品质。

成都市城市体检的主要工作经验：一是聚焦城市发展定位以及建设美丽宜居公园城市目标，优化完善体检指标体系；二是细化平台数据与系统功能，积极实现与成都市网络理政中心信息系统以及市级各部门信息系统的无缝对接；三是充分利用好城市体检结论，积极将其转化为城市建设行动计划，切实解决城市发展中存在的问题。

二、建设亮点

1．生态宜居：城市宜居环境水平不断提升，绿色低碳出行方式不断加强

区域开发强度、人口密度较为适中。成都市第十三次党代会提出"东进、南拓、西控、北改、中优"发展战略后，城市空间结构得到不断优化，东部新城建设成效显著。2018 年中心城区开发强度为 25.34%，与新版成都总规确定（37.5%）还有一定的差距。城市人口密度达 1.02 万人／平方公里，整体较为适中，且人口密度与开发强度表征较为一致。

城市生活污水集中处理率高。成都市历来重视水资源的开发、利用、保护工作，于 2005 年获"全国节水型城市"，并在 2008 年、2013 年先后两次顺利通过复查验收。2018 年污水排放总量 102127 万吨，污水处理量 98070 万吨，城市生活污水集中处理率为 96%，基本实现污水全收集、全处理。

民用建筑能耗情况趋好。成都市在建设领域积极践行高质量发展要求,大力推进绿色建筑发展。经过几年积极推进,新建筑步入"绿色时代",实现绿色建筑要求全市满覆盖。民用建筑单位建筑面积能耗仅为 53 千瓦时 /(平方米·年)。

绿色低碳的出行方式不断加强。成都提出构建"以轨道交通为主体,常规公交为基础,慢行交通为补充"的三网融合绿色交通出行体系,2018 年中心城区绿色出行比例为 71.8%,提前达到交通运输部 2020 年 70% 的要求。

2. 城市特色:历史建筑保护完整,旅游市场繁荣兴旺

历史建筑、历史街区保护完整。成都市是历史文化名城,持续注重城市历史文脉的延续,全面推进文物保护基础工作,建立历史文化遗产数据库,进一步加强历史建筑保护力度。2018 年,历史建筑保护完整性达 93.6%,传统民居环境与本体保护完整性达到100%。

旅游市场繁荣兴旺。近年来,成都对国内外游客吸引力不断增强,旅游人数持续攀升。根据界面新闻、今日头条发布的《2018 中国旅游城市排行榜》,在旅游人数指标上成都居全国第五,2018 年全年接待游客总人次数达 24317 万人次,同比增长 15.8%。

3. 交通便捷:畅行水平不断提升,严重拥堵时间短

成都市运用"细、精、新"的交通组织理念和策略,系统治理城市交通拥堵难题。2018年高峰时段平均机动车速度 37.88 公里 / 小时,严重拥堵持续不足 0.2 小时,且平均通勤速度高于其他城市,交通畅通性较高。

4. 生活舒适:高品质和谐宜居生活社区建设成效显著,居民幸福感指数不断提升

高品质和谐宜居生活社区建设成效显著。成都以提升社区治理水平和社区服务能力为重点,推进"品质社区、活力社区、美丽社区、文明社区、和谐社区"于一体的高品质和谐宜居生活社区建设,2018 年完整社区覆盖率达 42.37%。据"2018 年成都市高品质和谐宜居生活社区调查"结果显示,95% 以上的市民认可建设高品质和谐宜居生活社区的目标,满意度得分为 95.02。

适龄儿童入园率逐年提升。成都市聚焦学前教育,把学前教育纳入教育优先发展的范畴。近五年来成都大力发展公办幼儿园、扶持普惠性民办幼儿园,不断扩大普惠性学前教育资源,适龄儿童入园率由 2014 年的 99.03%,提升至 2018 年的 99.68%。

租房成本低。成都市通过提升最低工资标准,积极引导租房市场健康发展,2018 年个人租房租金费用与人均可支配收入比为 0.3,与北京、深圳、上海等一线城市和重庆、天津、杭州等新一线城市相比,租房成本相对较低。

5. 多元包容：基本公共服务设施实现全覆盖，低收入群体基本生活得到保障

常住人口基本公共服务基本实现 100% 全覆盖。按照"应保尽保，应助尽助"的原则，成都市在为教育、医疗、社保、就业、养老提供基本保障服务方面实现 100% 全覆盖。在住房保障方面，通过实施城乡保障性安居工程、提供租赁补贴等方式提升住房保障能力，2018年住房保障覆盖率 88.9%。

无障碍化环境不断改善。成都聚焦残障人士、妇幼、伤残等弱势群体，营造无障碍化环境。一是大力推广无障碍设施公厕，2018 年公厕配置无障碍设施率达 79.35%。二是加强道路盲道建设，现状建成区路网总长度 2971.2 公里，配有盲道的道路长度 2256.2 公里，占比 75.94%。

强化城乡低保和特困人员的生活保障。成都致力于提高城乡低保和特困人员救助供养标准，2018 年中心城区低保人员生活保障标准为 700 元/月，其最低人均支出 698.35 元/月，城市低保户吃穿用行人均支出占最低生活保障费用的 99.76%，城市最低收入群体的基本生活得到保障。

6. 安全韧性：交通安全水平不断提升，社会治安水平全国领先

交通安全水平不断提升。成都持续开展建筑垃圾运输车辆专项整治、高速公路交通安全专项整治等系列专项整治行动，持续增强交通安全保障。近五年来万车死亡率持续降低，由 2014 年的 1.69 人/万车降低至 2018 的 0.99 人/万车，达到国家畅通工程评价一等标准。

社会治安水平全国领先。成都推动"平安成都"建设取得显著成效，连续五次被评为"全国社会治安综合治理优秀市"，三度蝉联全国社会治安综合治理最高奖"长安杯"。近四年来，尽管城市常住人口不断增长，但刑事案件发案数量逐年递减，2018 年万人发案率仅 49.16 件/万人。

7. 城市活力：人口结构不断优化，营商环境建设成效显著

年轻人口数量及占比逐年增加。随着成都人才落户政策的出台，大量外来人口落户成都。从 2016~2018 年中心城区的户籍人口统计数据来看，0~17 岁户籍人口占比、18~34 岁户籍人口占比逐年提高，2018 年户籍人口中 18~34 岁人口比例为 23.65%。

小学生新增入学人数稳定上升。中心城区一年级入学人数和小学生新增入学人数增长率逐年提升。特别是 2018 年，小学一年级入学人数显著增加，达到 138344 人，新增入学人数增长率达到 115.69%。

营商环境持续优化。2018 年成都在国际化营商环境建设上取得了优异的成绩。在 2018年中国城市营商环境综合排名中，成都排名第六，获得"2018 中国国际营商环境标杆城市""2018 中国最具投资吸引力城市"等荣誉，写字楼入住率高达 83.65%，甲级写字楼单位面积租金仅为 101.5 元/平方米、重点公共区域实现公共 WIFI 服务 100% 覆盖。

民营经济健康发展。2018 年，成都市从 8 个方面提出了 25 条政策促进民营经济健康发

展。2018 年，民营经济增加值达到 7464.8 亿元，增速达 8.1%。中心城区民营经济占比为 47.95%，民营经济新增比例为 8.28%，民营经济增势良好。

三、问题与不足

在完成搜集指标数据的基础上，通过自身发展的纵向对比以及与北京、上海、深圳、广州、武汉、杭州等全国主要城市的横向对比，结合国家或地方标准规范，全面审视城市在实现高质量发展、高水平保护、高效率利用、高品质生活等方面的城市病，并结合公园城市理念，对城市问题进行综合综合诊断，当前成都市仍存在如下问题。

1. 城市绿化分布不均衡

2018 年，中心城区公园绿地服务半径覆盖率 73.84%，公园绿地服务水平有待进一步提升，主要是外围双流区、温江区和郫都区等公园绿地服务半径覆盖率较低。

2. 生态环境水平有待改善

空气质量水平有待提升。2018 年成都市空气质量优良 [空气指数（AQI）小于 100] 天数为 251 天，空气质量优良天数比例为 70.3%，低于全国 338 个地级以上城市平均优良天数比例（79.3%），与国内其他城市还有一定差距。

水环境质量水平有待提升。2018 年，成都 106 个地表水断面中，Ⅰ~Ⅲ 类水质断面占 75.5%；Ⅳ~Ⅴ 类水质断面占 19.8%；劣 Ⅴ 类水质断面占 4.7%，尚未完全消灭劣 Ⅴ 类水体。从分流域水系来看，2018 年岷江流域水质优良比例为 78.8%，沱江流域水质优良比例为 65.4%。

城市生活垃圾分类、回收利用有待进一步提升。全市参与生活垃圾分类的居民累计达 241 万户，城市生活垃圾分类覆盖率仅为 28.96%，城市生活垃圾回收利用率仅为 22.8%，同时垃圾设施建设滞后，餐厨垃圾、危险废物资源化利用和无害化处理设施承载能力不足，分类投放、分类收集、分类运输、分类处置系统有待衔接匹配。

3. 历史文化资源保护力度仍需加强

成都市作为历史文化名城之一，当前历史文化街区仅有 4 处，与北京、上海等城市相比数量较少。同时 2018 年纳入"资源库"的历史建筑共计 725 处，但仅公布并挂牌保护 156 处，挂牌保护率仅 21.5%，当前亟需进一步挖掘有价值的历史建筑和传统民居等历史文化资源，并纳入保护。

4. 城市路网和人性化街道建设仍需加强

外围区域街道建设进程有待加强。由于绕城外部分区域道路建设相对滞后，2018 年中心城区建成区道路网密度仅 5.75 公里／平方公里，低于国内主要城市道路网密度。

步行出行环境有待提升。当前成都街道步行空间和骑行空间存在人行道、自行车道有效宽度不足、机动车占道导致行人路权被剥夺、过街不便捷、环境品质不佳等问题。根据《中国城市步行友好性评价》，成都市街道两侧建筑高宽比舒适得分和街道步行空间无长期占道得分在 50 个城市中排名靠后。

5. 公共服务供给水平和品质有待进一步提升

社区分级诊疗成效不显著。近五年社区分诊占比基本持平，无明显变化，维持在 22% 左右，2018 年社区医疗服务中心分诊率仅 22.66%，市民就诊多集中在大医院，基层医疗卫生机构就诊量偏低。

享受社区养老服务的老人占比不高。尽管城市和农村社区养老服务设施覆盖率分别达到 94% 和 50%，但享受社区养老服务的老人占比（65 岁以上）仅 15.49%，主要是由部分养老设施与老龄人口空间的不契合，老年人家庭收入低、养老支付意愿和支付能力不足等原因导致。

6. 城市安全韧性有待加强

应急避难场所建设标准较低、建设进度较滞后。2018 年成都市中心城区结合广场、绿地、公园、学校、体育场馆等公共设施设置避难场所 440 余个，人均面积仅 0.71 平方米，未达到中国人居环境指标体系中 2 平方米／人的要求。城市内涝防治有待提升。成都市中心城区目前部分区域排水系统老旧，雨箅子数量不足、雨水管径较小、排水能力不足，特别是建设年代较早的雨水管设计标准较低，雨水管道设计重现期小于等于 1.5 的占 91%，下穿隧道（下沉式道路）排涝标准大多在 30 年一遇以下，城市建成区内涝最长排干时间 300 分钟。

7. 创新人才增长潜力有待挖潜

受成都市人才优惠政策吸引，2016 年、2017 年城镇新增就业人口中大学（大专及以上）文化人口占比显著提升，但其他城市同期推出的人才政策影响，2018 年占比为 19.08%，较 2017 年（24.69%）略微下降，与其他城市相比没有显著优势。

8. 社区治理水平有待提升

"成都市城市体检社会满意度调查报告"结果显示，从城市活力、安全韧性、多元包容、生活舒适、交通便捷、城市特色和生活宜居七个方面进行满意度调查，满意度均在 60% 以上，其中生态宜居满意度最高达到 70.29%，生活舒适满意度最低仅为 65.32%，安全韧性的满意度为 68.75%。满意度调查结果显示，部分市民对小区物业管理、城市噪声污染等方面明确表示"不满意"和"非常不满意"，社区的治理水平有待进一步提升。

四、主要对策

1. 增绿筑景，提升城市绿化环境水平

推动全域植绿筑景，增花添彩，展示绿满蓉城、花重锦官的城市魅力。通过构建类型多样、星罗棋布全域公园体系，实现让市民在每一个角落都能感受到公园的美景和便利。对道路进行绿化改造，建设林荫大道，实现道路增绿，提高市民在街道空间中的舒适度和"绿色"感知度。以建筑屋顶和墙体、桥柱和桥体、驳岸等为重点，实施立体绿化，鼓励建设空中花园、垂直森林，增加市民视线范围内的绿量。拆除有碍空间开放的围墙或进行围墙通透化处理，通过节点透绿，"亮"出地块内的绿地，提高市民对绿地的感知度和获取度。推进"花重锦官"增花添彩，强化传统花卉彩叶植物栽种，适当增加以成都市市花芙蓉为主的各类花卉植物以及以市树银杏为主的各类色叶植物的使用，提升城市生态园林绿化景观。立足不断满足人民对美好生活的向往和需求，打破将生态廊道作为绿化工程的思维定式，将绿色空间体系作为改变城市发展形态、优化人口分布结构的牵引力量和引领资源要素合理配置的虹吸力量，塑造成都独有的生态价值转化模式。

2. 系统治理，营建天蓝水清生态环境

牢固树立"绿水青山就是金山银山"的理念，将提升环境质量、保障环境安全作为城市发展的重要支撑条件，并建立统一、高效、协调的环境保护长效机制，全面提高环境保护水平。深入实施大气污染防治"650"工程，从压减燃煤、治污减排、控车减油、清洁降尘、综合执法、科技治气六大方面，深化工业源、移动源、面源污染管控，推动环境空气质量持续改善、大气重点污染物排放总量持续下降。按照《成都市水污染防治工作年度实施方案》，重拳治水，持续实施水污染防治"626"工程，深化生产生活生态"三水共治"，创新区域供排净治一体化机制，持续加强优良水体保护和流域水生态修复，按照河道综合治理"岸线通，通道通、绿化通"要求加强河湖湿地水系建设，重现水润天府的河湖景色。全面开展土壤污染治理与修复试点示范项目，加快固体废弃物处置能力建设，确保土壤环境质量保持总体稳定。按照《成都市生活垃圾分类实施方案（2018—2020 年）》，加快推进垃圾分类和回收利用进程，加快构建垃圾分类、清运、处埋的整套垃圾处埋系统，推进垃圾规泛化、专业化、清洁化处埋，枳极实现再生资源回收利用，美化城市环境。

3. 传承发扬，实现古今文化交相辉映

加强文物保护单位和不可移动文物的保护、修缮和管理，保护好历史街区、建筑、雕塑、古树名木等文化载体，以精细化方式稳妥改善历史文化城区、街区的人居环境，保护城市传统格局和肌理，延续城市历史文脉。注重历史文化传承，有序实施城市修补和有机更新，将城市历史文化有机融入公园、广场、绿地等开放空间，鼓励对具有历史文化价值的老建筑进行改造

再利用，保留城市历史特色基因。加大公共文化产品供给，推进自然生态本底、文化遗产空间、绿道系统网络等相互融合，推动人文资源与文创会展、体育赛事、商业消费、社会服务等产业的有机融合，积极开发高附加值文创消费产品和模式，有效激发文脉传承、共享文化活力，促进城市人文在多元互鉴、古今相融中不断绵延。

4. 慢行优先，重构以人为本交通体系

规划构建"轨道＋公交＋慢行"三网融合的城市绿色交通体系，深入推进"车行优先"转向"慢行优先"，"以车为本"转向"以人为本"。强化以轨道交通引导城市发展，强力推动轨道、公交加速成网，以 TOD 建设带动片区开发，形成人气集聚、出行高效、方便快捷的社区公共空间。大力推进慢行城市计划，逐步改变以汽车为中心的建设方式、生活方式。推行街区一体化设计，统筹协调各类相关要素，推动街道从道路红线设计向街道一体化设计转变、从道路工程设计向街道景观设计转变、从车行为主向公交和慢行为主转变、从道路设计向街区场景营造转变、从重视地上空间设计向地上地下空间并重转变，真正把以市民为中心体现到新城规划和旧城更新过程中。

5. 优质供给，提供可感可及公共服务

坚持"可进入、可参与，景区化、景观化"理念，整合城乡绿色资源和碎片化生态资源，让生态资源成为城市最优质的资产，构建绿色消费应用场景，植入体育、文化、休闲等活动空间，培育乡村旅游、体育赛事、商务展览、文化创意等绿色消费业态，打造绿色消费生态圈，通过天府绿道建设，努力让成都文体设施满足率进入全国先进行列。充分结合公园和绿道，营造休闲娱乐、体育健身等游憩场景，塑造丰富多元的生活游憩体验。优化公共服务供给和配置方式，结合骨干绿道和重点公园等绿色公共空间，统筹布局重大公共服务设施，加快构建 15 分钟基本公共服务圈，推动城市从"无感增长"向"有感发展"转变，让市民从多元特色服务中增强对城市美好未来的信心。

6. 强化应对，推动安全韧性城市建设

应对自然环境变化以及城市化快速发展带来的城市物理环境和社会环境的剧变，落实"安全发展"理念，以城市风险防控为重点，统筹发展和安全，全面提升城市风险防控力，提高城市工程防御能力和社会应对能力，将成都建设成为安全韧性城市。优化完善防洪排洪工程体系，开展防汛抗旱水利提升工程，积极破解重点部位防汛难题。完善城市应急预案的编制工作，重点加强各类自然灾害监测、预警工作，将全市避难场所建设列入住房城乡建设中长期规划、专项规划和年度计划，有序推进应急避难场所等市政基础设施建设。强化社会治安，针对人口密集的地区和点位，包括娱乐场所、酒吧、网吧、旅馆等重点场所，学校周边、大型企业周边等治安复杂地区，车站、客运站周边和重点路段加强巡查和管控。

7. 创新引领，建设创新驱动先导城市

深入实施人才优先发展战略，匹配成都现代产业体系构建、功能疏解提升、新经济新业态发展人才需求，大力推进"蓉漂"计划，改革人才落户制度，实施人才安居工程，建设人才绿卡体系，推进人力资源提能行动，积极吸引国际顶尖人才、国家级领军人物、地方级领军人才等创新型人才，为建设创新型城市集聚人才资源，形成依靠人才驱动转型发展的源动力。紧扣城市战略定位、资源禀赋、比较优势，强化以产业生态化和生态产业化为主体的生态经济体系，大力发展新经济培育新动能，以新功能新极核触发形成产业新形态，以精准政策引领集聚高能级要素资源，加快产业功能区、城市新型社区等智能应用场景建设，培育塑造以新经济、新消费、新功能为主的新驱动力。

8. 共建共享，全面提升社区治理能力

强化党组织对基层社会治理的领导，以基层党组织为核心，以共建共享为基本原则，依法依规领导基层自治、德治、法治，构建以自治为基、法治为本、德治为先的"一核三治、共建共享"基层治理机制，激发社会多元主体参与活力社区建设。坚持高质量发展与高效能治理一体推进、有机融合，以深入实施"五大行动"为抓手，把精细治理、分类治理、创新治理的理念贯穿于社区形态、业态、文态、生态、心态"五态"提升的全过程，运用产城融合理念更新社区形态，兼顾居民需求和市场逻辑升级社区业态，彰显天府文化底蕴涵养社区文态，倡导绿色健康生活方式建设社区生态，营造社区共同体意识培育社区心态，在城市有感发展中"以事聚人"，在基层治理实践中"聚人成事"，推动社区可持续发展能力和治理现代化水平同步提升。

福建
福州

三坊七巷
Three Lanes and Seven Alleys

第六节　福州市

一、基本情况

自从成为全国首批开展城市体检的试点城市之一，福州市成立由市长任组长，相关市直部门、区（县）政府为成员单位的城市体检领导小组，坚持先行先试、边干边试，统筹有序推进体检工作，重点在 6 个方面做了探索。

一是创新机制，系统展开城市体检。构建"横向到边，纵向到底"的工作模式：横向到边，动员 31 个部门，以"任务项目化、项目清单化"的方式细化形成了 45 个具体项目，每个项目明确完成时限、责任单位和责任人。纵向到底，采取"自上而下"与"自下而上"相结合的方式，探索"市—区—街道—社区"四级协同的工作组织方法，贯穿规划、建设、管理、治理四个环节，开展全链条、全系统、全流程的深度体检。

二是深入人心，全民动员参与调查。坚持以人民为中心，通过市文明办、媒体等多渠道向市民宣传城市体检工作，采取街头问卷调查和网络问卷调查等方式广泛邀请公众参与居民满意度调查，截至 2019 年 8 月 18 日，回收问卷 16 万余份，这意味着五城区内每 20 个人中就有一个人填写了问卷，基本实现了全空间和全人群覆盖，真实反映了群众的实际感受和迫切需求，营造全社会共同参与优化城市人居环境的良好氛围。

三是凸显特色，构建特色指标体系。在住房和城乡建设部体检指标体系的基础上，紧扣福州"幸福之城"目标、典型"城市病"、生态文化特色及政府工作重点，聚焦市民需求，在广泛征求有关部门和社会各界意见的基础上，从生态、人文、幸福、创新四个角度增加 18 个福州特色指标，形成"幸福之城"体检指标体系。

四是多源校核，精准识别"城市病"。从部门上报、新技术校核、居民满意度等多角度复核指标，在传统部门官方数据的基础上，强化新技术和使用者两个视角。一方面，综合运用大数据、遥感影像分析和空间分析等新技术手段，提高数据精度与科学性，并与部门数据进行校核；另一方面，与问卷结果复核，对于指标数据与群众满意度出现偏差的方面，着重展开调查研究，如无障碍设施覆盖率达 70%，但居民满意度不高，针对这一情况，与市残联以及相关公益机构建立联系，了解弱势群体在实际使用各类无障碍设施的真实感受和切实需求，从而精准识别城市在多元包容这一维度的短板与缺项。

五是工作下沉，探索社区治理方法。侧重于城市治理环节，选取鼓楼区军门社区和台江苍霞街道作为社区、街道级的试点，自下而上探索治理城市病的方法与路径。聚焦群众最关心的问题，重点围绕 15 分钟生活圈内各类公共服务设施、物业管理、居住环境等，以部门访谈、居民座谈、实地踏勘等方式展开深度体检，以解决问题为导向，提出社区、街道级开展城市体检工作的基本原则与工作方法，尝试提出"微改造"项目清单，补齐短板弱项，寻找从微观层面治疗"城市病"的福州良方，为今后系统开展相关工作提供指南。

六是数据驱动，探索城市体检评估信息平台建设工作。以"数字福州"建设已有成果即"福州市时空信息公共服务平台（一期）"作为基础，充分对接"多规合一"平台、工程建设项目审批管理平台、数字城管等信息平台，继续完善数据资源汇交整合机制，同时构建融合互联网大数据与前端设备实时采集数据的方法路径。目前，已形成了从感知采集到认知分析再到综合分析诊断，最终形成精细化治理决策支持的城市体检智能化支持工具体系框架。该工具体系的四个组成部分即构成了福州城市体检评估信息平台的主要功能模块。

福州市城市体检工作的经验为：一是以先行先试打造试点的站位要求，继续深入推进福州城市体检诊断信息支持平台建设工作；二是继续推进城市体检下沉，充分落实区政府责任主体，完成区级、街道级两级试点城市体检工作；三是探索系统治理"城市病"的实施路径，分为城市系统性问题、补民生短板问题、软环境提升问题三个类型，选择解决问题最适合的空间尺度和方式，制定相应的治理方案，并纳入下一年度的政府工作计划；四是建立长效工作机制，扎实推进城市高质量发展。

二、建设亮点

1. 生态宜居：生态环境保持高颜值，绿色发展持续向好

空气质量优良天数比例连续三年超过 90%。2018 年福州空气优良天数为 337 天，优良率为 92.3%，空气质量综合指数为 3.33，列所有省会城市、直辖市中前三。

城市水环境功能区 100% 达标，黑臭水体治理成效显著。2016～2018 年中心城区的国控、省控断面水质 100% 达到各断面功能类别的水质要求。43 条黑臭水体治理 2018 年年底全面完成，黑臭水体消除率达 100%。

全市绿化水平逐年提高。全市森林覆盖率从 2016 年的 56.0% 提高到 2018 年的 57.26%。五城区绿地率从 2016 年的 40.60% 提高到 2018 年的 41.69%，公园绿地服务半径覆盖率达到 92.29%。

2. 城市特色：历史保护成效显著，闽都特色日益彰显

历史文化街区及周边环境整体风貌、历史建筑斑块保存良好。历史城区内历史地段覆盖率 58.5%，全部历史文化街区核心保护范围内的文物保护单位、历史建筑、传统风貌建筑的总用地面积与建筑总用地面积比例达 86.8%。历史建筑普查建筑本体保护完整性达 98%，历史建筑的公布挂牌率达到 80%。

旅游吸引力增强，游客接待量、旅游收入逐年递增。2018 年全市主要节假日（五一、国庆和春节）接待游客量为 816.55 万人次，同比增长 18%。2018 全市主要节假日旅游收入为 56.54 亿元，同比增长 26%。以三坊七巷为代表的街区改造成为全国典范，三坊七巷历史文

化街区 2018 年接待游客量 1236.5 万人次，较 2017 年增长了 7.6%。

3. 交通便捷：交通设施建设推进快，交通拥堵有所缓解

五城区道路网密度提高。城市道路网密度由 2017 年的 7.3 公里 / 平方公里提高到 2018 年的 8.05 公里 / 平方公里，已达到国家和福建省的"十三五"末建设要求。

五城区交通拥堵有所缓解。在五城区机动车保有量年增长 11% 的情况下，五城区早高峰机动车行驶速度由 30.46 公里 / 小时提升至 30.98 公里 / 小时，晚高峰由 25.43 公里 / 小时提升至 26.61 公里 / 小时。日均堵情下降 34%。高德地图发布的中国交通报告显示，福州市在全国交通拥堵排名从第 4 位（2014 年）下降至第 23 位（2018 年）。

4. 生活舒适：公共设施服务能力稳步提升，老旧小区居住环境大幅改善

基本公共设施服务能力稳步提升。截至 2018 年年底，五城区社区医疗服务中心分诊率为 35.09%。社区养老服务设施覆盖率 100%，每个社区都已建有社区养老服务照料中心或居家养老服务站。近三年，学前入学率稳定在 98% 以上。

老旧小区居住环境改善明显。实施连片旧屋区改造 54 个（1133 万平方米）、老旧小区整治 300 个、立面景观精准改造 2004 个，涉及居民 41116 户。

5. 多元包容：无障碍设施覆盖面扩大，居民最低生活保障合理稳定

公共空间无障碍设施覆盖率稳步提升至 70%。福州市新建各类房屋建筑无障碍设施达标率 100%。市政道路、轨道交通等项目也按标准设置无障碍设施；福州地铁 1、2 号线沿线站点均设置相应无障碍设施，覆盖率达到 100%。

居民最低生活保障稳定。2018 年，城乡低保标准由每人每月 570 元提高到每人每月 700 元，增长了 22.8%。城市居民最低生活保障 / 城市居民人均消费支出为 30.6%。

6. 安全韧性：灾害应急反应能力增强，公众安全感逐年上升

公众安全感满意度达历史最高水平。2018 年福州市群众安全感达 98.5%，较 2017 年提升 3.95 个百分点，上升 2 个位次。

交通事故和刑事案件发生率总体控制在合理水平。2018 年福州市五城区万车死亡率为 0.409 人 / 万车，较 2016 年降低了 20%。刑事案件数 2018 年较 2016 年减少 35%。

应对城市内涝应急处置能力显著提升。全面实施海绵城市建设，逐步形成"上截、中疏（蓄）、下排"的排水防涝工程体系；对城区 47 处易涝点进行专项整治，全面建立易涝点动态监测；整合管水权限，成立联排联调中心，统筹调度全城上千个库、湖、池、河、闸、站，排水防涝应急处置效率提高了 50%，内河调蓄效率提高了 30%。

7. 城市活力：人口和经济保持较高活跃性，数字经济成为发展新引擎

对青壮年人口的吸引力较高。全市 14～35 岁人口比例约为 27%。2018 年福州城镇新增就业人口中应届大学（大专及以上）文化程度人口比例是 80.70%，比 2016 年提高了 6.59 个百分点。五城区小学生新增入学人数呈现加速上升趋势，2018 年较 2017 年增长 14.89%。

民营经济贡献值连年提升。2018 年民营经济增加值占 GDP 比例达到 65.4%，比 2016 年提高 1.74 个百分点。2018 年民营经济增速 11.8%，较 2016 年增加 2 个百分点。民营经济增速比 GDP 增速高出 3.62 个百分点。

创新投入和产出再创新高，数字经济成为发展新引擎。2018 年福州市全社会 R&D 投入占全省的 28.5%，连续 2 年保持全省第一，占 GDP 比重为 2.19%，首次超过全国平均水平。国家级高新技术企业迅猛发展，增长 38%，总数突破 1000 家。万人有效发明专利拥有量达 17.52 件。数字经济规模增速超 20%，数字经济发展指数全省第一。

营商环境进一步优化。市县两级审批服务事项网上可办率为 95%。市级审批服务事项"最多跑一趟""一趟不用跑"占比分别达 93%、31.8%，企业开办、常规不动产登记时间压缩至 5 个工作日，市政、房建类工程建设项目审批时间压缩至 90 个工作日以内，进口和出口整体通关时间分别压缩 74.2%、85.8%，制度性交易成本进一步降低，全年减税降费 183 亿元。

三、问题与不足

在指标数据分析的基础上，对标国内外先进城市指标、联合国可持续发展等国际标准、国家或地方标准规范、城市发展目标，结合社会满意度调查结果和指标发展趋势，从对城市健康运行的影响程度进行城市问题综合诊断，识别出十大城市问题。

1. 鼓、台老城区人口拥挤，集聚程度过高

鼓、台两区土地开发强度趋近 100%。福州市区域开发区强度为 25.67%，接近国际警戒线（30%）。尤其是鼓楼区、台江区老城开发强度趋近于 100%，仓山区土地开发强度也已超过 75%。

人口高度集聚于鼓、台老城区。鼓楼区、台江区人口密度分别高达 3.31 万人 / 平方公里和 2.20 万 / 平方公里，远高于仓山、马尾、晋安三区。

2. 城市热岛效应增强，高温区域面积增加

城市热岛效应增强。城市热岛比例指数 URI 由 0.39 上升到 0.54，高温和次高温区域占比持续增多，台江区次高温以上斑块占比高达 90%，且高温斑块不断从市中心向四周扩散。三类居住用地和工业用地是最主要的高温地类。

高层及以上建筑大量分布在沿江地带，对城市风场、热环境影响明显。福州市为河谷盆地

地形，大气扩散环境不佳，热空气容易在盆地积蓄，沿江高密度建设高层建筑将阻碍自然风进出，形成"屏风效应"，使城市内空气流动减弱，气温升高。

3. 交通设施建设和管理仍无法适应快速增长的通勤需求

局部路段拥堵仍是常态。鼓、台两区交通拥堵态势最为严重，高峰时段的通勤时间已接近顺畅通行时间的两倍。早晚高峰干路平均饱和度超过 0.8，六条主要干路的平均车速已降至 15 公里 / 小时，道路运行已呈现"12 小时交通高峰"现象。

职住不均形成的长距离通勤与道路网络不完善，成为福州交通系统的核心病症。二环以内以全市 16% 的面积聚集 40% 的人口、供应 45% 的岗位、生成 52% 的出行。主要进出城的 14 条道路日均双向总流量已达到 68 万辆。快速路网体系不完善，次支路网密度低，路网微循环系统效率较低。

公共交通机动化出行分担率偏低。城市公交日均客运量 149 万人次，公共交通机动化出行分担率为 46.79%，公交线路重复系数高达 5.4，大量公交线路集中在主要客流走廊。

4. 停车泊位不足，违规占停道路支路情况严重

停车泊位缺口大。五城区已建成 32.3 万个停车泊位，仅能满足 2020 年停车总需求的 43%，缺口超过 19 万个。停车泊位与小汽车拥有量之比为 0.53，与规划目标 1.2 差距较大。老旧小区停车矛盾尤为突出。

停车设施供给结构不尽合理。现状各类停车泊位中，配建停车泊位占比 93%，路外公共停车泊位占 3%，路内停车位占比为 4%，供应结构为 93：3：4。

5. 老旧小区物业问题突出

五城区共有 2914 个居住小区，无物业小区 1250 个，占 43%。居住在老旧社区的居民大多为单位下岗或退休的老年居民、低收入群体，其社区居民的消费能力总体较低，物业公司主观上不愿进驻。城市老旧社区内缺乏提供公共服务的市场化、专业化力量，社区居民的公共服务需求难以得到有效保障。

6. 城市生活垃圾分类工作相对滞后

城市生活垃圾分类工作全面启动相对滞后。至 2018 年年底，主要在五城区选择了 5 个小区、5 个机关单位和 3 个院校开展生活垃圾分类试点工作，总体上覆盖率较低。

城市生活垃圾分类工作推进中遇到各种困难。垃圾分类的立法滞后，增加了政策执行难度；垃圾分类主体不明确，影响了工作推进力度；居民参与垃圾分类的自觉性不强，垃圾分类投放的准确率不高；垃圾收运处置环节缺乏有效衔接，影响了垃圾分类的效率；资源回收体系不健全，垃圾分类的经济效益难以体现；垃圾后端分类处理设施不完善，制约了垃圾分类的全面推进；垃圾分类处理的社会氛围还未形成，督导工作难度较大。

7. 公共服务设施布局不均衡，存在服务盲区

幼儿园 5 分钟步行可达覆盖率不高，公立幼儿园学位紧张。五城区幼儿园步行 5 分钟可覆盖 43.2% 的居住用地，其中马尾（31.0%）和仓山（37.3%）覆盖范围偏低。五城区实际入园人数全部超过计划招生数。

老城区小学用地不足，马尾区覆盖率偏低。五城区小学平均用地指标低于相关标准规范，鼓楼、台江和晋安缺口较大。小学步行 10 分钟可覆盖 48.8% 的居住用地，其中马尾（32.4%）覆盖范围显著偏低。

社区卫生服务设施短板明显。五城区社区卫生服务中心集中分布在老城及周边地区，步行 15 分钟覆盖率仅为 25.7%，其中仓山、晋安和马尾覆盖率均在 20% 以下，布局严重不足。

机构养老设施缺口较大，社区级养老服务质量有待提升。2018 年五城区机构养老服务设施总计 31 处，机构养老服务设施床位数总计 4594 个，与 2020 年规划目标的 48 处和 18020 个床位差距明显。鼓楼、台江和晋安是老龄人口主要承载区，人均机构养老设施床位数显著偏低，供需压力较大。社区虽配备社区养老服务照料中心或居家养老服务站，但根据实地走访，提供的养老服务不尽如人意，问卷调查结果也反映了这一点。

8. 针对弱势群体的城市建设管理人文关怀不够，与实际使用者需求存在偏差

无障碍设施建设及服务水平有待提升。通过实地考察，大部分无障碍设施仅偏向于肢体残疾人简单的出入通行，对视力、听力、多重残疾的残疾人照顾不够。无障碍设施主要集中在轮椅坡道、盲道、无障碍厕所及无障碍标志牌上，但无障碍出入口、低位服务设施、残疾人机动车位等数量非常有限。从建设标准上看，仍有相当一部分无障碍设施建设不符合国家标准规范。

无障碍设施普遍维护不足，建设管理机制有待完善。由于缺乏明确的维护管理责任机制，使得部分无障碍设施存在业主使用过程更改用途等问题，如盲道被摊贩、自行车、私家车占用，无障碍公厕堆放了杂物等。

9. 生命线工程保障能力有待加强

内涝灾害风险高，局部短时积水仍有发生。雨水口设置不合理导致道路排水能力不畅不足。在台风暴雨事件下，火车站、地铁、医院、交通主干道等生命线工程正常运行的水平仍有待提高。

避难设施数量和规模达不到现有人口需求。五城区共计 29 处避难场所，人均避难面积 0.58 平方米，低于目标值（1 平方米 / 人），且空间分布不均衡，空间可达性较差，各避难场所的相互增援能力较差。

仍有局部地区不在消防队 5 分钟出勤覆盖范围内。2018 年五城区现状消防队 5 分钟出勤覆盖范围面积达到 145.6 平方公里，覆盖现状居住用地的 61.6%，现状微型消防站 3 分钟出勤覆盖范围面积达到 72.5 平方公里，覆盖现状居住用地的 33.2%，累计叠加覆盖现状居住用地的 63.8%。

10．创新活力与先进城市相比仍有较大差距

创新投入不足。福州市创新以民营企业、中小企业为主体，有活力但受资本趋利性影响，创新投入也有限，2017 年规模以上工业企业共计 2213 家，仅有 609 家有 R&D 活动（占比约 28%）。

高端创新要素不足，科技人才储备较少。福州市 2018 年高校在校生人数仅为 31.4 万人。以福州大学为例，毕业留福建的比例从 2016 年的 76.46% 下降到 2018 年的 73.82%。

房价收入比高成为制约人才进入的一道门槛。2018 年福州市房价收入比为 20.4，比 2017 年的 13.7 增长 48%，房价收入比迅速上升，制约年轻人在福州市置业安家。

四、主要对策

1．加强五城区建设强度控制与引导，优化城市开发模式

疏老城、建新城，结合新一轮国土空间规划，谋划城市整体功能布局优化。鼓、台老城区控量提质，疏解一般性制造业、区域性物流基地和专业市场，老旧厂区、老码头向文化创意产业转型升级。以橘园洲片区为重点探索高密度建成、多产权主体的工业园区的更新改造路径，并推进产业更新迭代。加快闽侯等外围组团建设，完善配套服务、发展实体经济，提量增质。

控制开发强度，盘活存量用地。加快推动城市更新和违建整治，争取"多拆少建、只拆不建"，优先将腾挪出的空间用于公共服务设施和绿地公园的建设。

建立健全城市更新规划编制、审批和实施管理机制。处理好"减"和"增"的关系，通过城市更新落实短期"减量"、长期"提质"的目标，促进土地开发损益平衡，形成可持续的良性循环。

2．采取低影响开发、治理高温地类等措施减缓热岛效应，提高人居环境舒适性

积极推行低影响开发，"见缝插绿"，减少下垫面不透水表面比例。推进全域海绵城市建设，新建项目严格按照海绵城市源头管控要求进行建设；改扩建项目因地制宜采用透水铺装、绿色屋顶、下沉式绿地等措施。近期重点推进建设城区 76 个街旁绿地，鼓楼区委大院、仓山区委大院等 34 个单位立体屋顶绿化改造、五城区老旧小区改造等项目。

因地制宜增设水面，扩大冷岛影响范围。在五城区内有条件的区域，因地制宜创建水面，增加透水面积，扩大冷岛影响范围。近期重点建设晋安湖湖体工程。

重点推进对热岛影响严重的危旧房、工业区的改造。针对各区占地面积广且地温高的工业用地、棚户区及道路进行优先治理，尤其是热岛情况严重的晋安及仓山。

加强沿江建筑高度管控，保障城市风廊畅通。严格控制闽江通风口建筑密度和建筑高度，保障夏季风能通过闽江、乌龙江通风廊道顺畅进入闽江盆地。

3. 优化交通系统结构，提高公共交通服务水平

优化城市功能布局，促进职住平衡。针对严重拥堵区域，重点疏散周边居住、医疗、教育功能，缓解城市交通压力。有序引导产业空间与居住空间协调布局，加强福州国际金融中心、高新区海西园等三级就业中心建设，建设多中心就业体系，快速完善外部组团就业系统，避免大型"卧城"的形成。

完善城市路网骨架，打通关键瓶颈路段，加密路网，改善重要公共建筑项目周边交通。推进福泉高速公路连接线城市快速路改造工程、南台大道南段道路工程、西岭互通铜盘路接线工程。优先完善严重拥堵区域次、支路"分流"水平，畅通节点。加快省立医院、省妇幼医院、协和医院、三坊七巷、上下杭、烟台山、麦顶小学等周边提升与交通改善工程。推进上浦路、五四路、西二环象山隧道等瓶颈的治堵工作。

推进公共交通设施建设，加强公共交通管理水平。降低公交线路重复度，增强公交线路网密度与站点覆盖率，促进公交专用道形成网络，提升公共交通换乘效率，增强公共交通通勤舒适度。

4. 完善静态交通设施均衡布局，加强交通智能化管理

增加公共停车供给与管理，针对性调整泊车价格。完善中心城区静态交通设施专项规划；推进公共停车场建设；加大新建小区、综合体地下停车位供应，重点在商业等人流量较大的地区增加停车设施供给。商务区鼓励公共出行，提高私家车通勤成本；区分短时停车和长时停车，针对性调整泊车价格。老城区鼓励合法停车，减少违规占道停车；江北鼓楼区、台江区用地基本饱和，根据实地调研，建议鼓励以建设附属主体建筑的立体停车楼的模式增加供给；老旧小区有条件的规划建设占地面积较小的机械式车库；探索与周边公共停车场所的分时共享机制。

推动智能停车技术应用，加强智能化交通管理。建设停车管理平台，应用大数据与智能化网络管理手段，提升交通管理、引导、疏解的能力和水平。互联网互连互通区域停车泊位，云支付智能调整区域泊车价格。

5. 选取社区试点，打造宜居社区建设典范

五城区各选择一个试点社区，总体上从社区空间、社区配套设施、社区交通、社区安全、社区环境、社区管护六大方面进行社区整体改造。

鼓楼区——于山社区。风景文化型社区，重点关注社区文化建设和景观风貌提升，着重补齐社区内监控措施和消防设施不足的短板，塑造同于山风貌区历史相契合的文化特色。

台江区——雁塔社区。风景型社区，重点关注社区整体风貌的提升和绿化环境的改善，注重补齐停车设施、商业设施的短板。

仓山区——万春社区。文化型社区，重点关注社区与烟台山环境的风貌协调及文化传承，

着重补齐医疗设施、体育设施的短板。

晋安区——琯尾社区。风景型社区，重点关注社区整体风貌的提升和绿化环境的改善，着重补齐托幼设施、停车设施和消防设施的缺漏。

马尾区——船政社区。山地型社区，重点关注与船政主题文化园的风貌协调，着重补齐停车设施、绿化面积不足和公共配套服务设施的短板。

6. 全面推行生活垃圾分类

建立无缝衔接的全链条处置体系。坚持简单、管用、可操作原则，将生活垃圾分为厨余垃圾、有害垃圾、大件垃圾、可回收物、其他垃圾五大类。同时，以分得清、收得齐、运得走、处理好为工作导向，建立生活垃圾分类投放、分类收集、分类运输、分类处置无缝衔接的全链条处置体系。

五城区分别组织设立区和街道两级生活垃圾分类专职机构，建立区级生活垃圾分类激励机制。完善后端处理设施，加快推进红庙岭餐厨垃圾处理厂和危险废物综合处置厂设备调试，继续加快建设大件垃圾处置厂，加快厨余垃圾处理厂和城区 12 座中大型垃圾转运站建设。

建立生活垃圾分类培训制度。对社区工作人员、小区物业人员、督导员、志愿者、居民等进行培训，进一步提高居民垃圾分类意识和分类常识。发放给居民的家用干、湿垃圾袋采用二维码信息管理，并与居民积分卡捆绑，实现垃圾分类源头溯源。

7. 逐步补齐各类设施短板，重点推进养老设施建设

完善各类公共服务设施。主要提升基础教育设施供给比重，尤其应增加中学和幼儿园数量。提升社区卫生服务中心的普及率。养老服务设施在各类设施中短板最明显，近期应按照养老设施专项规划的要求，大力推进机构养老设施的建设，同时推进多级多类养老设施的完善和提升，进一步丰富以居家为基础、社区为依托、机构为补充、医养相结合的多层次养老服务体系，缓解养老床位供给不足和不均衡的问题；近期重点推进台江区社会福利中心、鳌峰机构养老设施、鹤林机构养老服务设施、仓山区社会福利中心等建设。

提高各类公共服务设施布局均衡性。台江区重点新增机构养老服务设施，增加小学配套，近期加快凤凰中小学建设；鼓楼区近期重点加强幼儿园配套建设，增加小学配套，加快鹤林新城小学、战坂小学、井店小学等小学建设，建议提高养老设施专项规划中鼓楼区的近期目标，继续新增机构养老设施，提升床位数；晋安区各类设施均需增补，重点提升三环路以北地区的公共设施配套；仓山区重点提升二环路南部和东部地区的各类公共设施配套；马尾区重点提升琅岐岛的公共设施配套。

8. 以人群需求为导向，提高无障碍设施的人性化程度

提高无障碍设施的连通性。保障残疾人、老年人、孕妇、儿童等特殊需求人群的通行安全性和设施使用便利性，加强公共空间无障碍设施建设，提高无障碍设施的连贯性，公共场所、

市政道路新建的无障碍设施应当与周边既有的无障碍设施相衔接。

加快推进老旧小区加装电梯，形成无障碍设施改造常态化机制和无障碍环境建设运行管理长效机制。

9. 完善城市防灾减灾设施，保障生命线工程

持续推进防洪和排水防涝设施建设。重点加快江北城区山洪防治及生态补水工程建设进度，解决山洪入城问题；以高标准开展四城区排水管网修复、改造和扩建工作；新建晋安湖湖体工程，提升凤坂一支河流域防涝能力；基于内涝防治需求优化竖向规划，强化路面行泄通道建设。

编制台风暴雨灾害下的应急保障专项规划研究。重点考虑电力保障和交通保障。进一步全面推进城区水系信息化、自动化、智慧化建设。

完善避难场所体系。结合城市建设实际和中心城人口现状，以及可用作避难场所用地资源现状等情况，按照《防灾避难场所设计规范》GB 51143-2015，采取均衡布局的方法，力求尽可能多规划安排避难用地。

消除消防队 5 分钟出警覆盖盲区。重点在仓山区东部和南部、马尾区增加消防设施。

10. 以福厦泉自主创新示范区福州片区建设为抓手，强化创新创业环境，增强城市创新驱动力

重点吸引创新创业人才。针对目标人群，提供多元就业机会，降低住房门槛，支持初创人才安居，面向工作五年以内的年轻创新人才，提供带有过渡性质的政策性人才住房。以人群需求为导向，完善相应的设施配套。

优化营商环境。从降低经营成本、解决融资难融资贵问题、营造公平竞争环境、支持民营企业发展壮大、完善行政执法方式、构建亲清新型政商关系、保护民营企业合法权益等方面促进福州民营经济健康发展。

制定利于创新发展的供地策略。通过延长供地年限、优先供地、租赁结合、以房招商、养商、稳商等方式，探索创新型产业用地供给政策创新。

探索"双自联动"政策创新。以马尾园为重点，先行先试探索自创区与自贸区联动发展政策创新，并逐渐覆盖到自创区全区。

湖南
长沙

第七节　长沙市

一、基本情况

长沙市总面积 11819 平方公里，截至 2018 年年底，常住人口 815.47 万人。此次城市体检范围包括芙蓉区、天心区、岳麓区、开福区、雨花区、望城区、长沙县六区一县，建设用地面积约 790 平方公里，常住人口约 549.5 万人。

长沙市建立了全市优化城市人居环境工作联席会议制度，由常务副市长、分管副市长分别担任主召集人、副召集人，市政府办公厅、发改、财政等市直相关部门为成员单位。联席会议制度办公室设在市城市人居环境局项目处，抽调专人负责日常工作。在机制层面，探索建立"党委领导、政府主导、部门协同、公众参与"的共建共享共治工作机制，探索了"1+2+4"市、区、街道三级协同城市体检试点模式。在方法层面，逐步形成"六步工作法"：开展城市体检、制定宜居标准、提出项目计划、推动项目实施、评估治理效果、发布宜居指数。最终通过建立全链条、全系统、全周期的城市体检工作，构建常态化体检评价机制，日常化的监测预警机制，建立城市人居环境长效治理机制，促进城市高质量转型发展。

二、建设亮点

1. 生态宜居：总体表现良好，部分专项指标问题有待优化

长沙市区域开发强度呈逐年上升趋势。中心城区开发强度为 20% 左右，较晚纳入长沙市区范围的望城区和长沙县开发强度明显较低。城区内的建设开发强度明显高于外围，湘江以东的建设开发强度也明显高于西侧。

空气质量优良天数稳步提升，在同级城市中处于中等水平。2016 年、2017 年、2018 年长沙市建成区空气质量优良天数分别为 267 天、262 天、278 天。2018 年，SO_2、PM10、PM2.5 平均浓度较 2017 年同期分别下降 23.1%、11.6%、7.7%，全年空气质量优良天数尚未超过全年 80%（即高于 292 天），空气质量还需进一步提升。

"一江六河"水环境质量稳步提升，但客观上看，城市水环境质量优良率呈下降趋势。长沙供水水质合格率为 100%。经抽样调查，水环境优良率为 87.8%，且水环境优良质量达标率略有下降。

城市公园绿地服务半径覆盖率高于国家园林城市标准，低于中国人居环境奖标准。2018年长沙市公园绿地服务半径覆盖率达到 85.9%。

大型公共建筑单位建筑面积能耗总体呈下降趋势，受高空置率影响偏低。绿色建筑占城市

新建建筑比重达到 55.43%。

2. 城市特色：城市特色有所彰显，重点区域城市风貌需进一步管控和挖掘

历史文化保护相对完整，周边整体风貌有待提升。长沙市历史文化风貌核心保护区面积为 6.05 平方公里，通过有机更新，"山水洲城"城市格局进一步巩固与强化。全国首条 20.8 公里的历史步道成为长沙的新名片。历史文化风貌核心区建设强度和建设密度需要进一步疏减。

节假日国内外游客量有所增长，文化旅游产业还有发展空间。2018 年长沙节假日国内外游客量达到 2239.44 万人次，较上一年度游客量增长 351.06 万人次，增幅达 18.6%。

3. 交通便捷：职住分离明显，道路网结构和密度有待调整，拥堵和停车问题突出

建成区高峰时段平均机动车速度为中等水平，通勤距离偏高。就业多中心格局尚未形成。地铁、快速干道等大型公共交通设施正在建设是导致高峰时段不通畅的原因之一。长沙道路网结构呈不规则的棋盘状分布，虽然道路网密度高于同类城市，但城市快速路、主干道、次干道与支路之间比例失调。

公交站点覆盖率为 100%，绿色出行比例有提高空间。公共交通机动化出行分担率达 54.2%，绿色出行比例达到 70.1%，但快速大运量公共交通出行分担率仍然偏低，私家车增长比较快。

4. 生活舒适：生活舒适指标表现优异，完整社区建设需要继续强化，特色指标有待长期建设

完整社区覆盖率总体较好。2018 年长沙市完整社区覆盖率为 53.5%。社区管理、医疗、教育设施较好，但养老、菜市场、商业、文化体育、公共空间等设施完整性和品质有待提升。

租房能力优异。租房能力指标仅为 0.0064，外来人口居住压力较低，成为长沙市吸引各类人才集聚的重要优势之一。

适龄儿童入园率、社区医疗服务中心分诊率、社区养老服务老人占比指标逐年提高，但总数不足、分布不平衡的特点仍然突出。长沙市近三年适龄儿童入园率持续提高，2018 年达到 93.7%，基本实现 2020 年长沙市提出的入园率 94% 的目标。社区医疗服务中心分诊率逐年提高，但增长幅度偏慢。人口年龄结构趋向老龄化，养老设施建设还有很多提升空间。

儿童友好指数和老年关爱指数作为特色指标，数据呈现总体向好。2018 年长沙市儿童友好指数为 75.2，表现在室外健身活动场所覆盖率的现状值偏低。长沙市 2018 年的老年关爱指数为 71.9，室外健身活动场所覆盖率、养老院的覆盖率、卫生服务的覆盖率等指标现状值偏低。

5. 多元包容：外来人口包容度较高，加强对城市弱势群体关怀

外来人口基本纳入城市基本公共服务设施服务范畴，基本公共服务设施存在不平衡问题。长沙常住人口基本公共服务覆盖率达到 93.97%，仍然有 6% 的外来人口没有享受到城市基本

公共服务。建成区核心区域公共服务覆盖率近 100%，但在城市偏远地区数值偏低，公共服务在城市偏远地区供给不足，尤其体现在教育、医疗方面。

最低城市生活保障在省会城市中标准较高，但低于周边武汉、成都等城市。2018 年长沙市低收入群体生活保障标准为 550 元 / 月，基本生活必需品人均消费支出达到 400 元，生活必需品人均消费支出占最低生活保障比值达到 0.727。

6. 安全韧性：公共安全指标均高于全国同类城市平均水平，城市内涝仍需完善

万车死亡率低于 1 人 / 万车，低于全国省会城市平均水平。刑事案件发生率降低至 44.25 件 / 万人。

2018 年，长沙市人均避难场所面积为 1 平方米 / 人。长沙居民公众安全感排全国第八。长沙市建成区内涝最长排干时间为 360 分钟，相较上一年度缩短 60 分钟。城区仍然存在部分暴雨期积水点。

7. 城市活力：市场主体活力充沛，营商环境亟待优化

人口活力充足，产业集聚和人口回流特征明显。近三年长沙市城市经济增长动力强劲，房价收入比仅为 7.28，外来人口吸引力凸显。2018 年城市新增常住人口达到 23.6 万人。"人才新政 22 条"等人才吸引政策效应初显，小学生新增入学人数增长率达到 14.1%，全国排名第九。

民营经济比重受国内外形势影响回落，但仍然高于 60%。长沙拥有民营企业近 30 万家，占全市企业总数的 93% 以上。2018 年，长沙非公经济实现增加值 6788 亿元，占全市 GDP 比重为 61.3%。

三、问题与不足

在健康指数的评价中，长沙市的综合健康指数为 86.98。各分项健康指数差距不大，均处在 80～90 之间，其中安全韧性、生态宜居、多元包容的评价值相对较高，城市特色、城市活力的评价值处在中间水平，而生活舒适和交通便捷的评价值相对较差。

通过城市体检表明，长沙市建成区城市人居环境总体良好，长沙市在城市体检的综合评价和各分项评价中表现较好。但在体检过程中也发现了一些相对薄弱的部分。建议近期城市建设与人居环境改善的工作围绕以下方向开展。

1. 与人民生活密切的微观生态指标管理尚不够精细

生态宜居方面其他指标数据均比较理想，如垃圾焚烧占比、污水回收处理率、绿色出行等指标均表现出较高水平。

但也有少量指标体检数据较好，群众评价较差，如垃圾污染和噪声污染，人居环境满意度

调查方面呈现出 II 级预警。即在宏观层面指标表现出较高水平，而微观层面因管理不够精细导致居民满意度不高。

2. 城市特色尚有挖掘空间，重点区域建设还需与城市风貌整体协调

长沙开展的历史步道建设、历史街区保护与更新、百面长沙设计等工作提升了老旧城区的影响力和美誉度。但由于历史原因，长沙历史建筑保存数量偏少，需要进一步强化历史建筑建库。

城市重点区域（如湘江沿岸）的城市风貌、城市天际线等需要进一步彰显；城区高层建筑过多、过密，且分布不均衡；中心城区建成密度与开发强度过高；历史风貌保护区建筑风貌需要进一步协调。

3. 交通指标实际表现与人民需求有差距，在建轨道交通对城市空间结构调整还未呈现

交通拥堵、通勤时间、绿色出行等指标表现较好；但通勤距离较长，道路网密度尚未达标。居民普遍对停车、职住分离、交通顺畅等方面的评价结果较差。

一是潮汐交通现象明显。城市职住分离现象较为突出，多中心就业格局尚未形成，与城市总体规划提出的城市空间结构尚未匹配。二是多条城市轨道交通正在建设。三是私家车增长，中心城区停车问题突出。四是公共交通线路和枢纽换乘体系有待优化，部分公交枢纽与轨道交通枢纽尚未建立良好的换乘体系，轨道交通 P+R 系统建设尚未成熟。

4. 完整社区初见成效，需进一步关注不平衡问题

目前长沙完整社区主要开展的工作包括"一圈两场三道"等，需要进一步明确完整社区理念，界定完整社区各类要素配置要求及其标准。在 15 分钟生活圈的评价中，除了休闲设施表现出空间分布较均衡，其余如就业、交通、服务等方面的评价均表现为"东强西弱"的特征。养老设施建设也与使用层面存在障碍，匹配度不高，制约了设施效率。

5. 多元包容指标理想，对城市公共服务设施的提升提出更高要求

多元包容相关指标统计结果比较理想，如公共服务覆盖、失业率等，公租房建设则评价较差。相关职能部门还要加强对公租房的监督管理，确保公租房能够真正解决有需求的"住房难"问题。

公共空间无障碍设施覆盖率较高，但实际调查中无障碍设施利用评价不足。低收入群体最低生活保障水平与长沙经济发展水平有差异，有待进一步提高。

6. 城市安全表现最好，内涝还待持续改善、系统性治理

在人居环境满意度调查中，城市安全表现较好，达到 88.7%，表明长沙市交通环境、治

安环境、法制环境在全国均位于较高水平，并获得居民高度认同。

城市内涝点仍然存在，虽然近年来有所改善，但是依旧存在洪涝灾害频发与防洪标准偏低的矛盾，存在系统不完善、管网不合理、设计标准低等问题。

7. 软环境持续跃升，应持续优化营商环境

2017 年长沙市的人口增长率位于全国第二，仅低于深圳。在净增长量方面，连续三年常住人口平均增长 20 万人以上，仅低于深圳、广州和杭州，位列全国第四。在大量城市面临人口收缩问题的同时，长沙因省会优势、产业集聚、营商环境、低房价、人才引进政策等原因，表现出强劲的城市活力。

四、主要对策

城市体检工作是改善城市人居环境工作的切入点，通过城市体检切实改善城市人居环境。本着"大病大治、小病小治"的原则，市级城市体检将对城市发展转型升级中表现出来的十项主要城市病症提出治理方向与建议。同时建议形成城市体检治理的工作传导体系，将城市人居环境提升的工作落实到街道、社区层面，通过街区"微改造"实现城市人居环境提升。

因而针对问题和城市病实际情况，主要采取如下措施。一是水环境的治理要建立硬约束，全面控制污染物的排放。综合考量产业结构、能源资源结构、交通结构、用地结构、城镇布局等。二是开展噪声扰民专项整治。开展宣传动员，实行集中整治，加强常态管控，通过专项整治宣传工作，加强常态化监管。三是推广生活垃圾的清洁焚烧，重点推动生活垃圾干湿分离，加强管治。长沙已经步入即将实施垃圾分类的"快车道"，与此同时，垃圾清理不及时的问题还存在。四是进一步优化城市路网与用地布局结构，重点增加支路网密度。小街区密路网格局在新城建设中尚未完善。打通瓶颈路、断头路，有效畅通"微循环"，缓解城市交通压力。五是加强停车难的治理与改善。建立健全停车管理规章制度，提高停车管理手段，科学规划设计停车位，实行停车差别化收费，充分利用现有车位，错峰停车，加强公共交通基础设施建设，持续提高"绿色出行"比例。六是改善物业管理。积极解决开发建设遗留问题，着力解决收费难问题，规范物业自律，严格市场监管，建立纠纷调解机制。七是加强城区周边乡镇的服务设施数量。通过养老专用门诊医院、全方位的康复护理、智慧养老平台等方式提高中心城区的养老服务质量。八是因地制宜建设体育专类公园和兼容健身运动场地、设施和休闲游憩为一体的公园绿地。

1. 探索建立"一年一体检、两年一评估"的工作制度，形成城市体检长效机制

根据城市体检自检评估结果，坚持以人民为中心，把宜居性摆在首位，结合城市发展目标，以解决问题为导向。以多形式、多要素、多维度相结合的方式，探索建立"一年一体检、两年一评估"的工作制度。发布长沙市城市宜居蓝皮书，区、街道、社区三级宜居指数，对城

市人居环境的治理效果进行跟踪问效。最大限度激发社会各界和人民群众的参与热情，并形成长效化、常态化建管机制，真正将好事办好、实事办实。

2. 完善部门职能，长期发力城市人居环境，科学制定各项标准

长沙市城市人居环境局和市自然资源规划局联合起草《长沙市居住公共服务设施配置标准》，对标同类城市进行全面梳理，坚持问题导向，因地制宜，形成一套更加科学、细化、量化的标准体系，为科学评判"城市病"是否存在及轻重程度提供参考依据。

3. 启动"微改造"项目实施，推进城市更新

坚持"统筹规划、分步实施、精细管理"的原则，突出关注儿童、老年人、残疾人等弱势群体的需求，聚焦群众的"痛点""难点"和"热点"，开列项目清单，每年实施一批"微改造"项目。

建立"微改造"项目及时发现、快速立项、高效实施的运作机制。建立资金保障机制，今后每年市级财政将安排专项资金，通过带动区级财政投入、撬动社会资本投入，形成多渠道投入格局。本着经济实用耐用的原则，坚持从大处着眼、从细节落地，用工匠精神和绣花功夫，精雕细琢地推进"微改造"项目，把城市街区"微改造"工作抓紧抓实。

4. 深入开展街道城市体检，重点围绕"15分钟生活圈"建设

街道层面的城市体检侧重于城市治理环节，聚焦群众最关心的问题，重点围绕"15分钟生活圈"内居住公共服务设施建设情况设置相应指标，计划形成街道相关菜市场、商业配套、交通微循环、医疗卫生、养老设施等专题报告，探索建立社区宜居指数评价机制。

5. 建立城市体检平台监测预警

通过构建"体检、评价、诊断、治理、复查、监测、预警"的闭环式城市体检工作流程，着力构建常态化的体检评价机制，日常化的监测预警机制，借助城市体检信息平台，实现城市人居环境长效治理，促进城市高质量转型发展。

6. 建设"生态宜居、交通便捷、生活舒适、安全韧性、活力健康"的五彩街区

绿色代表生态宜居，蓝色代表交通便捷，橙色代表生活舒适，金色代表安全韧性，红色代表活力健康。每个街区包含1~2个甚至更多相邻街道，这些街道在地缘位置上相近、在产业发展上同质或互补、在基础设施上可共享、在行政区划内归属相同，旨在系统解决城市管理、综合治理中的问题，让城市生活更加丰富多彩，让幸福在群众家门口进一步升级。

第八节　海口市

一、基本情况

2019 年 4 月，海口市被住房和城乡建设部列为全国首批城市体检试点城市。海口市委、市政府对试点工作高度重视，以推进海口城市高质量发展、系统诊断和治理"城市病"为目标，部署推进城市体检试点工作。主要工作内容如下：

一是加强组织领导。海口市成立了城市体检评估试点工作领导小组，由市长担任组长，由分管副市长任副组长，统筹调度和组织城市体检评估和专项建设工作。领导小组下设 1 个办公室和城市环境品质提升体检组等 5 个专项工作组，由市直各部门和各区协同开展城市体检相关工作。

二是构建海口特色体检指标体系。结合海口国际自贸港、国际化滨江滨海花园城市建设目标，参考国内外先进城市经验，在 36 项基础指标的基础上增补 12 项指标，形成具有海口特色的体检指标体系。

三是强化问题导向。城市体检以交通拥堵、内涝、城市风貌等海口城市突出问题为体检工作重点，诊断城市发展短板，提出治理建议，同步开展城市内涝治理、城市建筑设计改革试点等专项工作，促进城市人居环境品质的不断提高。

四是开展科学量化评估。一方面委托专业机构承担城市体检技术服务工作，保障体检工作的专业性；另一方面以政府部门的统计数据为基础，系统整合网络大数据、行业专业数据、遥感数据等多元数据，对体检指标进行多维度计算校核，支撑体检结果的科学性。

五是以人民为中心开展满意度调查。充分利用移动互联网平台，创新公众参与形式，收集有效问卷 5177 份，调查人口比例达到 2.4‰，广泛调查了解人民群众关注的城市焦点问题和对城市各项建设的满意度。

二、建设亮点

1. 生态宜居：生态环境质量保持优良状态

生态环境质量进一步提升。海口市空气质量在国内处于最优水平。海口市 2015～2018 年空气质量达标率均保持在 96% 以上，分别为 98.3%、98.6%、96.4% 和 97.5%。各类污染物指标总体呈下降趋势。海口市空气质量优良率 2015～2018 年连续在生态环境部 74 个重点监测城市中排名第一。

水生态环境环境治理工作成绩突出。2018 年 11 月被国务院作为典型经验做法给予通报表彰。截至 2018 年 12 月，海口市被国家认定的 19 个（21 处）黑臭水体公众满意度和水质均达到要求，达标数量比 2017 年增加 8 个，超额完成国家下达的考核目标；纳入《海南省城镇内河（湖水污染治理三年行动方案》考核的 18 个水体水质全部达标，达标水体数量相比 2017 年 12 月增加 5 个。住房和城乡建设部、生态环境部把海口市美舍河、鸭尾溪、大同沟等作为典型案例向全国推荐，海口美舍河、五源河被评选为全国黑臭河流生态治理十大案例。受益于水环境治理工作，海口市水环境质量得到明显提高。2018 年，海口市 8 个地表水省控断面水质达标率为 87.50%，5 个国控断面达标率达到 100%，14 个近岸海域监测点位水质达标率达到 100%。

绿色生态空间进一步增加。海口市结合生态修复和城市更新工作，全力推进园林城市建设，城市绿色生态空间进一步增加。2016 年以来，全市先后完成美舍河凤翔湿地公园、西海岸带状公园景观提升工程、万绿园景观提升工程公园等项目建设，新建及改造了长滨六路五源河街头小游园、椰海小游园等 30 块游园。全市建成区绿化覆盖率、绿地率和人均绿地面积三大绿化指标分别从"十二五"末期的 32.8%、36.8% 和 9.3 平方米，提高到 2017 年的 36.5%、41% 和 12.5 平方米。

湿地保护得到加强。海口市湿地保护工作得到加强，全市湿地保护率达到 55.53%，2018 年荣获全球首批"国际湿地城市"称号。海口市共有湿地面积 29093.09 公顷，有近海与海岸湿地、河流湿地、湖泊湿地、人工湿地 4 个湿地类及 11 个湿地型，湿地率为 12.7%。

能源利用绩效逐年提高。海口市单位 GDP 能耗 2018 年为 0.3494 吨标准煤 / 万元，低于全国平均水平。2015～2018 年民用建筑单位面积能耗分别为 22.26 千瓦 /（平方米·年）、23.59 千瓦/（平方米·年）、23.30 千瓦/（平方米·年）和 21.12 千瓦/（平方米·年），总体呈下降趋势。

2. 城市特色：城市风貌特色塑造和历史文化保护工作稳步推进

历史文化保护和文脉复兴工作有序开展。一是结合城市更新工作，加强了对历史文化遗产的保护。海口市结合城市更新工作开展了府城鼓楼保护修缮及周边地区综合提升项目、镇琼炮台保护修缮及周边环境整治项目、南渡江铁桥保护修缮工程及周边地区综合提升一期项目和二期项目，以及迈瀛村"石室仙踪"石刻及周边遗迹文化挖掘、研究和旅游开发第一阶段项目等多个历史文化保护修缮项目。此外，"琼州第一塔"明昌塔启动复建。全市历史建筑保护情况良好，331 处历史建筑中，保存质量为差的仅有 9 家，城市历史建筑、传统民居环境与本体保护完整性达到 97.3%。二是加强了历史文化遗产的活化利用工作。海口市加强了文物保护单位对外开放的力度，全市 6 个对外开放文物保护单位 2018 年接待游客约 116.33 万人次。骑楼老街鼓励历史建筑合理利用和对外开放，成为历史文化街区改造典范；范围内 331 处挂牌历史建筑中，以商业、办公、游客服务、民宿等各类功能对公众开放的有 256 处。此外，骑楼老街积极开展文化主题活动，2018 年组织策划了"春节骑楼新春喜乐会""老街闹元宵""海口骑楼妈祖文化旅游节"及各类非遗展演等活动 38 余场。

城市更新行动促进城市风貌品质提升。海口市在 2018 年深入推进城市更新行动，推动城市风貌品质提升。一是加强城市市容环境整治。海口城市更新首批 62 个示范项目全部竣工，三角池综合环境整治、"一江两岸"夜景亮化工程等项目有效提升了城市风貌形象。全市共依法拆除广告牌匾 6278 块、立体绿化人行天桥 11 座。二是高度重视城市风貌工作，成立由两院院士、规划建筑大师组成的城市设计和建筑风貌专家委员会，为海口风貌特色塑造提供智力支持。三是全年完成棚户区改造 5863 户，消除大量"脏乱差"居住区，促进人居环境改善和城市品质提升。

3. 交通便捷：城市交通设施条件和运行效率有所改善

海口市城市交通效率有所提高。2015 年后，海口交通基础设施建设初见成效，路网密度从 2015 年的 4.7 公里 / 平方公里提高到 2018 年的 5.41 公里 / 平方公里，促进了城市内部交通运行效率的提升。海口市 2018 年高峰时段平均车速提高到 30.9 公里 / 小时。

城市出行比例结构初步优化。海口市近年来居民出行方式结构改变，公共交通出行比例明显提高，从 2015 年的 9.6% 提高到 2018 年的 18.71%，机动车出行占比从 21.8% 下降到 18.96%。

城市对外交通条件改善。海口民用航空、高铁客运量增幅明显，公路客运量自 2016 年明显减少，民用航空和高铁成为主要对外交通途径。海口港集装箱吞吐量增幅明显，海南省港口资源整合工作初见成效。

4. 生活舒适：城市治理能力得到提升

海口市按照"以人民为中心"的发展要求，以信息化技术为手段支撑，升级成立了"12345 海口市民服务智慧联动平台"（以下简称"12345 海口智慧平台"），有效提升海口城市管理社会治理的科学化、精细化、智能化、法治化水平。2018 年，12345 海口智慧平台受理办件总量 1913595 件，办结率为 99.6%，办件满意率 90.8%，在全国 335 个城市 12345 热线监测结果位列第一名。

此外，通过应用物联网技术，海口市还将 12345 海口智慧平台同社区网格化管理绑定，构建了覆盖市、区、街道、社区、网格员的五级联动指挥体系。发挥网格员熟悉管辖区域、靠前工作的优势主动发现上报问题，响应 12345 派发的办件，核实群众问题处理结果。目前，全市划分为 4489 个网格（其中主城区网格 2428 个，农村网格 2061 个），每个网格按照"1+N"的模式配置服务人员（即 1 个综合网格员与 N 个专业网格员共同服务一个网格）。目前主城区平均每个网格力量达到 3.7 人。

5. 多元包容：民生需求和社会保障能力提高

房价水平得到有效控制。2018 年海口市坚持"房住不炒"的原则，继续落实房地产市场调控，商品住宅价格和租金得到有效控制。特别是 2018 年 4 月海口市发布《关于进一步稳定房地产市场的通知》和 8 月份实施限价政策后，房地产市场价格变化明显趋于平稳。根据国家统计局公布的 70 个大中城市商品住宅销售价格变动情况统计数据，海口市新建商品住宅、二手房均价每月环比增速在 2018 年下半年明显回落；新建商品住宅、二手房均价增幅也从 2018 年上半年的 11%、7.1% 回落到下半年的 5.9%、5.1%。2015~2018 年海口市住房租金在可控范围内，上涨幅度低于城镇居民可支配收入上涨速度，城镇居民在租房方面的经济负担逐步降低。

社会保障程度进一步提高。海口市 2018 年社会保险参保人数增长，养老、医疗、工伤和生育保险参保人数增长率达 10% 以上。城市居民最低生活保障率自 2016 年显著提高，2018 年城市居民最低生活保障率达 62.34%。

6. 安全韧性：城市安全程度进一步提高

城市安全水平整体提高。近年来城市治安情况持续向好，刑事案件立案数、发生率降低，城市交通安全水平明显提高。2018 年道路交通安全事故起数、死亡人数分别下降 6.9%、16%；万车死亡率为 3.75 人／万车，同比减少 0.81 人／万车，比全国平均水平低 0.12 人／万车。刑事案件立案数和刑事案件发生率明显降低。2018 年刑事案件发生率为 48.3 件／万人，比 2017 年下降 21%。

7. 城市活力：城市吸引力和经济活力得到提升

自贸区促进海口对外开放程度提高。随着海南自贸区建设的推进，海口市对外开放程度明显提高。一是国际经贸联系加强。2018 年，海口外贸进出口总值 341.2 亿元，同比增长 62.3%。新增外资企业 93 家、增长 1 倍，实际利用外资 4.5 亿美元、增长 7.8 倍。在 2018 年还获批国家跨境电子商务综合试验区和平行进口汽车试点。二是国际贸易营商环境进一步改善。国际贸易"单一窗口"上线运行，2018 年进口通关时间 52.05 小时，较上一年压缩了 59%；出口通关时间压缩至 3.48 小时，均居全国前列。三是国际人员文化交流加强。近年来，海口市接待外国游客数量增长明显，2018 年达到 26.13 万人次，常住外籍人员有 3948 人。全市举办国际型展会数量从 2015 年的 23 场提高到 2018 年的 46 场。2018 年 5 月，海口全面实施 59 国免签政策，将进一步促进海口对外人员交往。深化与"一带一路"国家交流合作，举办第十一届海口—东盟国家驻广州领事馆对话会，新增菲律宾公主港等 3 个国际友好交流城市。海口已成为世界城市和地方政府联合组织、世界大都市协会、亚洲市长论坛和世界保护联盟等国际组织的会员城市。

自贸区建设激发城市经济活力。海口市全年新增企业数量达到 3.3 万家，同比 2017 年增长 46%。其中，2018 年新增私营企业数量 3.04 万家，占当年新增企业数量的 92.1%。新增民营经济主要集中在龙华区、美兰区等老城区域，国贸、世贸等周边区域聚集密度较高。新增民营企业中，贸易、商务、信息技术、房地产类企业数量占比超过 70%。其中，贸易、商务类新增民营企业占比最高，充分体现了自贸港政策对城市经济的刺激作用。

人口吸引力得到提高。2017 年以来，海口市相继出台人才引进政策，户籍人口增长明显。海口市目前已出台包括《海口市促进人才发展若干措施》《海口市"万名农村实用型人才培育计划"（2018~2025 年）实施方案》《海口市引进和培育科技创新创业团队暂行办法》和《海口市引进人才住房保障实施细则》等人才吸引政策，放宽对外来人才落户政策要求。2016~2018 年，全市新增户籍人口数量从 2.2 万人提高到 6.56 万人，其中年度迁入户籍人口规模从 1.78 万人提高到 4.85 万人，省外迁入落户人口增长 4 倍。海口市吸引人口的结构也得到优化。2017 年后，全市新增就业人口中大学生比例明显提升，2018 年占比达到

20.7%，2019 年 1~5 月份占比达到 26.9%。截至 2018 年年底，全市已吸引海归人才约 4200 人。新增外来人口有效改善了城市人口年龄结构，提高了城市活力。近年来，海口市小学生入学人数逐年提高，2018 年全市小学一年级入学人数 40280 人，同比增加 12.7%；其中经估算非本地户籍入学人数占新增入学学生总数的 45% 左右。

旅游城市吸引力得到强化。海口市 2018 年预计接待境内外过夜游客 2258.56 万人次，连续三年保持 10% 以上增长；全年实现旅游总收入 298 亿元，国内游客人均天消费额从 2016 年的 948.5 元提高到 985 元。海口市加强了旅游吸引物建设工作。观澜湖旅游度假区狂野水世界项目、桂林洋国家热带农业公园一期、长影环球 100 奇幻乐园已建成并试营业。其中，长影环球 100 奇幻乐园填补了海口娱乐主题公园的空白，首日迎客达 2.1 万人次。

三、问题与不足

从对标国内外先进城市指标数值、落实城市发展目标、分析城市各项指标近年来变化趋势、分析满意度调查反映的突出问题四个维度，对海口市从城市问题类型、城市问题形成原因、城市问题影响程度三个视角进行问题综合诊断，共识别出六个方面的问题与挑战。

1. 生态环境治理和资源集约利用水平仍存差距

水体环境治理与规划目标仍有差距。海口市 2018 年城市水环境质量达标率为 86.5%，水环境治理工作有待继续加强。其中，省控断面中福美村水质为地表水 III 类，突破地表水 II 类的控制目标；城镇内河（湖）也有 7 个水体水质仍未达标。此外，海口市乡镇级农村水源地水质有待提高。全市 19 个典型乡镇和农村集中式饮用水源地中，仅有 7 处水质达标；其余 12 个水源地普遍存在大肠菌群指标超标问题。

臭氧污染问题较为突出。尽管海口市的空气质量优良率在生态环境部重点监测城市中保持第一，但与《海口市国民经济和社会发展第十三个五年规划纲要》提出的 2020 年"空气质量优良率 98%"这一约束性指标仍略有差距，其中臭氧污染成为影响海口市空气质量提高的主要原因。2017 年、2018 年，海口市的臭氧污染物指标分别 127 微克/立方米、116 微克/立方米。

垃圾分类回收利用工作有待加强。2017 年，国家发展和改革委员会、住房和城乡建设部发布《生活垃圾分类制度实施方案》（以下简称《方案》），要求在海口等全国 46 个城市先行实施生活垃圾强制分类，2020 年年底生活垃圾回收利用率达 35% 以上。2018 年海口市再生资源回收量为 24.8 万吨，单独收集并资源化利用的有机垃圾量 4.05 万吨，据此计算全市城市生活垃圾回收利用率为 26%，与《方案》要求仍有较大差距。此外，海口市城市生活垃圾分类覆盖率偏低，2018 年现状水平仅有 19.35%。

新能源汽车普及程度较低。海南省为贯彻生态立省战略，近年来出台一系列政策文件，支持新能源汽车推广使用。2019 年 3 月，海南省人民政府印发《海南省清洁能源汽车发展规划》，提出到 2020 年新增和更换新能源汽车占比要达到 40%。但由于充电桩等配套基础设施不完善等原因，海口市民众对新能源汽车的接受度并不高。2018 年全市新增新能源汽车 2383 辆，占当年新增机动车总量比例为 2.87%，低于全国 4.4% 的现状平均水平。

2.　城市特色塑造和历史文化保护仍有不足

旅游产业发展质量有待提高。海口市在游客人次数、游客停留天数、旅游总收入等方面与三亚市等国内主要滨海旅游城市相比仍存在较大差距。主要原因在于海口旅游产品业态不够丰富、旅游设施服务质量有待提升，使得海口目前仍主要为顺访型旅游地，尚未成为目的地型旅游地，客源以过境游客和商务会展游客为主，游客多在海口停留 1~2 天便前往三亚等地旅游。目前，海口还无 5A 级景区，其余各级景区数量与三亚也有差距。海口市五星级、四星级酒店数量也明显低于三亚市。

历史文化遗产保护工作仍有不足。一是府城历史文化街区现状保护情况一般。府城街区现状居住人口密度偏高，根据手机信令测算，范围内人口密度高达 5.9 万人 / 平方公里。并且随着城市建设的不断发展，府城历史文化街区的整体性遭到一定程度破坏。五公祠、鼓楼、琼台福地、琼山学宫、文庙等文化遗产零星分布于历史文化街区中，缺乏对府城传统文化进行全面、系统性的展示。二是海口市历史建筑保护工作有待进一步加强。目前海口市普查的历史建筑集中于骑楼历史文化街区，府城历史文化街区范围内还没有挂牌历史建筑。骑楼历史文化街区现状 600 余栋历史建筑中，仅有 331 处挂牌，城市建成区历史建筑普查挂牌率只有 55%。

城市设计仍存在落地难问题。海口市要求控规成果中需要包含城市设计管控要求，同时也编制了西海岸、美舍河等多个重点片区的专项城市设计。但是相关成果偏重研究，对规划审批审查的管控转化力度不强，难以直接"落地"，对城市风貌特色的管控作用不明显。

3.　城市路网容量趋于饱和，公交都市建设任重道远

城市路网容量趋于饱和，面临交通拥堵加剧风险。目前海口市道路网密度偏低（5.41 公里 / 平方公里），距国家标准（8 公里 / 平方公里）有较大差距。海口市 2018 年千人小客车保有量达 313 辆，几乎达到每户一辆的水平，与国内一线城市相当。但 2017 年海口市车均道路里程仅为 16.95 公里 / 万辆，与一线城市平均水平 19.7 公里 / 万辆相比较低，说明城市道路所承载车辆密度较高，交通容量趋于饱和。此外，海口市电动自行车保有量增长迅猛，2018 年全年新增 20 万辆。由于电动自行车数量增长过快，城市自行车道承载力不足，导致电动自行车挤占机动车道、人行道等现象较为普遍。

公交出行比例低，公交系统建设有待进一步加强。根据城市满意度调查结果，2018 年海口市公交出行比例为 16.7%，低于我国主要城市平均水平（20%）。公交出行率偏低的重要原因是城市公交系统建设有待完善。一是海口市公交站点服务覆盖率偏低，步行可达性低。根据空间分析结果，海口市建成区范围内公交站点 500 米半径覆盖范围仅为 69%，公交站点步行可达性较低。二是海口市公交系统存在线路过长、线路设计不合理的情况。海口市运营公交线路 133 条，平均线路长度 20.19 公里，56% 的线路长度大于 18 公里，14% 的线路长度

小于 12 公里。此外，目前海口市公交车中电动汽车等清洁能源公交车比例为 88%，当出现暴雨、内涝等极端天气时，清洁能源公交车利用可靠性不高。

旅游公交使用情况有待改善。2018 年度全市旅游专线客运量小幅减少（由 2017 年的 14.2 万人次减少到 2018 年的 13.86 万人次）。除游 1 线客运量增加以外，其他 6 条旅游专线均出现客运量下滑。

4. 宜居城市建设和民生保障还有待加强

城市公共服务设施存在供给不充分、空间不均衡问题。尽管海口市近年来加强了社区便捷生活服务圈的建设，各类设施配套基本完善，但仍存在公共服务设施存在供给不充分、空间不均衡问题。根据社区教育、社区商业、社区文体、社区医疗、社区养老设施、公园绿地等相关社区服务设施空间分布计算其服务空间覆盖情况，将各类服务全部覆盖的社区评价为完整社区。分析结果表明，海口市建成区内完整社区不到 50%，特别是秀英区、美兰区东部区域完整社区评价结果较差。从分项设施的空间分布情况来看，海口市社区医疗、社区养老设施存在明显的设施短缺问题。在城市满意度调查中，民众普遍希望加强社区周边公共服务设施供应。只有 50% 左右的受访者表示居住地步行 15 分钟范围内的设施涵盖了菜市场、中小学、托儿所 / 幼儿园、社区医院，基本能满足生活所必需，同时，超过 50% 的受访者希望增加公园绿地广场、图书馆等文化设施以及体育健身设施，说明现状公共服务设施仍无法充分满足居民生活需要。

公园绿地分布不合理，覆盖率偏低。海口市部分建成区的绿地公园分布不合理，主要集中在滨海、沿河和老城区范围，如龙华区、琼山区，其中琼山区建成区南部的海南大学和北部的海政学院与政法职业学院等人口密度大于 10000 人 / 平方公里的区域在公园绿地 500 米覆盖范围以外。从分区来看，美兰区公园绿地覆盖范围最少。在城市满意度调查中，表示居住地步行 15 分钟范围内有公园绿地的民众比例仅有 42%。

城市生活成本较高。一是房价收入比偏高。尽管海口市房地产价格上涨速度得到明显控制，但现状仍处于较高水平，2018 年新建商品住宅成交均价接近 2 万元 / 平方米。根据易居房地产研究所数据，2018 年海口市房价收入比为 14.6，在全国 50 个主要城市中排名第十四位，已接近南京、东莞、广州等一、二线城市。二是生活物价水平高于全国平均水平，高物价低收入的矛盾依然明显。海口市 CPI 指数连续多年高于全国平均水平，汽车油价全国最高，菜价受极端天气影响波动明显。在城市满意度调查中，物价、房价是受访者不满意的突出问题，超过 50% 的受访者认为海口市生活面临的最突出问题就是物价、房价等城市生活成本偏高。

住房保障程度有待提高。目前全市统建的保障房套数为 23454 套，已完成配租配售 20857 套，待配租配售 2597 套；住房困难问题已得到极大缓解。但目前符合本市规定条件及轮候登记并待保障的仍有 7444 户。保障房存在供不应求现象。随着海口市外来人口的持续增加，海口市保障性住房的需求量增长明显，未来全市保障房数量不足的问题可能进一步突出。

对弱势人群包容保障程度有待加强。海口城市无障碍设施建设有待加强。全市现状人行道及居住区道路无障碍设施覆盖率高，但城市教育文化建筑及停车场无障碍设施合规率低。

5. 城市基础设施仍然存在短板

居民对市政设施建设满意度有待提高。城市满意度调查中，46.3% 的被调查市民认为城市存在"排水不畅、污水溢流"问题，超过 30% 的被调查市民认为城市还存在道路频繁开挖、自来水水质差、水压小以及街巷电线纵横的现象。

老城区内涝治理难度大。海口市近年来海绵城市建设取得一定成效，城市建成区内涝点数量从 27 个下降到 21 个，常年内涝点密度由 2017 年的 0.148 个 / 平方公里下降到 0.115 个 / 平方公里，内涝点积水时长普遍下降，基本解决大暴雨级别积水问题。但由于城市排水管网建设标准偏低、管网布局不完善等历史原因，海口城市内涝问题依然较为突出。2018 年，在 2017 年原有的内涝点之外，秀英区、龙华区部分区域出现 4 处新的内涝点。

海口市电力设施保障水平有待提高。海口市城市及农村户均停电时间较长。2018 年海口平均停电时间为 12.11 小时 / 户，高于全国平均水平（8.44 小时 / 户），在全国 52 个主要城市中排名靠后。

6. 城市经济动力和人才吸引能力有待提高

新经济活力对经济增长拉动作用还未充分显现。虽然自贸区政策明显促进了海口外资、民营经济活力，也吸引了互联网等一批新经济产业项目。但总体来看，新产业对海口经济增长的促进作用还未充分显现。在海口市加强对房地产行业持续管控的大背景下，全市经济目前面临下行发展压力。2018 年后，海口市地区生产总值增速出现下降趋势，GDP 增速 2019 年 1 季度同比增长 6.4%，明显低于 2018 年的 7.6%。海口市地方公共预算收入、固定资产投资等经济指标进入 2019 年后出现同比负增长趋势，在海口市持续加大公共财政投入的背景下，政府财政收入支出缺口压力进一步加大。

现代服务业发展规模偏小，写字楼空置率偏高。海口市服务业是全市经济发展的主体，2018 年服务业增加值占全市生产总值的 77.5%。但服务业内部结构中信息传输软件和信息技术服务业、房地产业、金融业、租赁和商务服务业、科学研究和技术服务业等现代服务业占比偏低，同其他东部沿海主要城市相比规模偏小，也同自贸区的发展目标存在较大差距。由于现代服务业规模较小，海口市办公楼宇的市场需求有限。2018 年，海口市甲级写字楼建筑面积约 147 万平方米，现状空置率约 41.7%。

对外来人口吸引力有待加强。一是海口市新增常住人口规模与其他城市相比仍然较小，人口吸引能力仍有待加强。2017 年、2018 年海口常住人口年均增长 2.9 万人，年均增速为 1.2%，不仅与深圳、广州、杭州存在明显差距，也低于珠海、南宁等周边省份二线城市。二是对高端人才的吸引能力需要加强。2018 年，海口市新增就业人口中大学（大专及以上）文化程度人口比例仅为 20.68%，与东南沿海其他主要城市相比仍有差距，例如深圳市 2018 年新增常住人口中，应届大学毕业生和各类人才占比接近 60%。根据智联公司《2018 应届毕业生就业力调研报告》，目前全国大专以上应届毕业生更青睐一线、新一线城市。在新一线城市新兴产业发展、出台诸多人才吸引政策的背景下，海口市对高校毕业生的吸引力并不具有优势。

城市人口年龄结构存在加速老龄化趋势。海口市全市14~35岁人口占比逐年下降，从2010年的42%下降到2018年的37.1%，表明最具城市活力的青少年人口比例在下降。同时，近年来海口市35~65岁人口占比快速提升，未来城市面临老龄化人口加速增长的问题。此外，海口美兰区、龙华区的老城区部分街道和城市外围的演丰镇等部分地区老龄化人口占户籍人口比重已超过20%，老龄化问题较为突出。

四、主要对策

1. 针对城市品质短板，开展专项提升工作

开展生态环境专项治理。一是继续推进水体生态环境治理力度。在巩固黑臭水体治理效果的基础上，加强对农村水源地、城镇内河（湖）等类型不达标水体的治理工作，确保在2020年完成《海口市国民经济和社会发展第十三个五年规划纲要》地表水达标率指标。二是建议海口市在空气质量方面加大控制臭氧污染的措施，进一步提升海口市的空气质量，保持海口市在全国重点城市空气质量方面的优势地位。

加强公交都市建设。一是加强交通规划与道路基础设施建设，提高交通路网容量。加强次干道和支路网的建设，优化整体路网结构；加快打通城市断头路，改善城市交通微循环系统，减轻交通瓶颈带来的压力。二是加强公交都市建设。优化公交路线，降低线路平均长度，改善公交等候时间长及速度慢问题；提高公交站点步行覆盖率，加强公交系统与步行、非机动车系统的衔接。增加燃油公交车数量，以备暴雨等极端天气时新能源公交车无法正常上路的情况。三是合理规划非机动车道，采取精细化的交通设计与管理措施，减少电动自行车"机非混行"带来的交通问题。

加强公园城市建设。一是在老城区推广"口袋公园"建设，特别是在美兰区、龙华区等缺少公园绿地覆盖的区域，充分利用街道边角空间、闲置土地，按照精致、生态、高可达性的原则建设一批口袋公园。二是加强西海岸新区等城市新区公园绿地建设，在江东新区规划建设中充分预留公园绿地。三是推广美舍河整治经验，结合水体生态修复工作，加强沿岸公园绿地建设，打造生态景观廊道。

加强韧性城市建设。一是系统推进城市内涝治理工作。一方面继续推进海绵城市建设工作，扩大海绵化改造范围，降低汛期的径流系数。另一方面提升污水处理厂处理能力，加强老城区排水管网改造，消除汛期排水"瓶颈"。二是提升城市电网、水网等基础设施系统保障能力。打造与自贸区建设相匹配的可靠绿色电网，进一步减少停电时间。三是加强城市抗震、防洪、防疫、消防、防台风、防地质灾害等基础设施和防灾避难场所的建设，提高应急避难场所的可达性，同时加强应急避难场所分布位置的宣传工作。四是加强城市排涝设施建设，将中心城区防洪标准提高至100年一遇，加强海堤、防洪堤建设。

完善历史文化名城保护工作。一是加强老城历史文化街区的保护修复工作。制定保护实施工作方案，疏解范围内常住人口，开展历史建筑修缮、交通市政设施改善、环境整治提升的系统工作。二是提升骑楼老街历史文化街区品质。在传承历史文化内涵的基础上，丰富历史建筑利用业态类型，支持老字号品牌的传承发展，增加商业和旅游发展与本地居民的关联度。

2. 推进宜居社区建设

深入推进社区生活圈专项建设。一是针对社区公共服务短板，重点加强社区医疗服务中心、社区养老服务设施、公立幼儿园建设，增加对相关设施维护、人才保障等方面的政策支持。加强公益性大型蔬菜批发市场和农贸市场政策，实现建成区居民 800 米日常购物出行范围全覆盖。二是在西海岸新区、江东新区增加中小学教育设施、医院数量，解决服务设施空间分布不平衡的问题，满足居民需求。

推广垃圾分类和回收利用。一是建议增加城市生活垃圾分类工作重要性和相关知识宣传力度，制定相关法规，明确奖惩制度，引导居民加快形成垃圾分类习惯。二是加快完善建立垃圾分类投放、分类收集、分类运输、分类处理全体系，重点加强对分类运输、后端分类处理设施的资金投入，形成垃圾分类回收全链条。

系统开展老旧小区改造。一是开展全市老旧小区评估工作，制定顶层设计方案。明确老旧小区改造范围、改造类型、改造时序等。二是按照"因民所需、因地制宜"的原则，对老旧小区采取差异化的改造方式。针对小区存在的突出问题，针对性地进行"微改造"，避免"一刀切"进行改造和大拆大建。三是加强社区基层组织动员工作，建立社区协商协调平台，发挥社区主体作用，充分尊重居民意愿，发动居民主观积极性，动员居民参与决策确定改造模式、改造内容。四是创新投融资机制。除积极争取中央专项补助资金外，积极吸引金融机构等市场化主体参与老旧小区改造。

3. 完善城市发展配套政策机制

加强人才吸引政策力度。一是进一步放宽人才落户政策，加大对高层次人才落户的奖励。二是根据城市产业发展的实际需求，实行分级分类的人才吸引政策。针对城市旅游、商贸等服务业发展需求，适度加强对相关行业本科和专科毕业生的政策支持。

优化房地产相关政策。一是坚持"房住不炒"原则，继续严格执行海口市房地产调控政策，减少住房价格不合理上涨风险，降低新增城市落户人口的购房成本。二是加强住房保障体系建设。增加保障性住房供应，创新保障性住房类型。规范住房租赁市场管理，鼓励长期租赁市场，落实承租人享受各类公共服务的保障政策。

建立城市体检长效机制。结合体检试点工作，建立"一年一体检、五年一评估"的常态化工作机制；将城市体检评估结论指导城市发展建设，建立"体检评估—专项治理—监督考核"的工作机制。

青海
西宁

第九节　西宁市

一、基本情况

2019 年 4 月，西宁市成为全国首批开展城市体检的试点城市之一。西宁市委市政府立足城市工作"八个注重"的要求，以"大西宁"建设为契机，紧紧围绕青海省"一优两高"战略和打造绿色发展样板城市建设新时代幸福西宁总体目标，将城市体检工作作为修复城市机体、增强城市活力、提升城市人居环境品质、推动城市高质量发展的重要抓手和实践载体，紧抓试点机遇，精心部署，周密安排，迅速组织相关部门和技术指导团队编制实施方案、完善指标体系，细化分解任务，进一步务实了城市体检工作基础。一是提高思想认识，建立组织机制。西宁市成立了以市委副书记、市长为组长，市直相关部门主要负责人为成员的领导小组，为推进落实西宁市城市体检工作奠定了坚实的组织保障基础。二是制定实施方案，强化技术支撑。三是细化工作任务，全市联动配合。市政府召开市、区两级动员会，广泛开展自体检宣传培训。四是科学精准分析，因地制宜施策。科学制定数据收集和计算机制，按照可获取、可计算、可分解、可追溯、可反馈原则，制定填报模板。

二、建设亮点

1. 生态宜居："西宁蓝、河湖清、高原绿"特征显著，山水城和谐共生

用地集约紧凑，山水城和谐共生。西宁市处于青藏高原河追谷地南北两山对峙之间，呈"四山夹三河"的地貌分布，土地资源相对紧缺。西宁市坚持以"精明增长、紧凑城市"的发展理念指导城市建设，开展城市人口、土地、生态和安全四个维度的承载力研究，建立框定总量、限定容量的"五量控制"机制，划定"二区二线"。2017 年，西宁市中心城区城市人口密度为 0.29 万人／平方公里，建成区占市辖区面积的 21.0%，总体而言，用地发展较为集约紧凑，并较好地守住了市域内的生态保护底线。

空气质量优良天数稳步提升。西宁市通过实施"蓝天保卫战三年行动"取得了极大的成效，2018 年空气质量优良天数为 282 天，空气质量优良率从两年前的 80.4% 提升至 83.4%，在全国 74 个重点城市空气质量综合指数和排名中，西宁市在西北五省区的省会城市中位居"双第一"。

水体治理全部达标。在水环境治理方面，按照流域单元控制、"一河一策"及"分流域、分区域、分阶段"的施治模式，以追水流域水环境综合治理与可持续发展为试点，推进海湖湿地公园建设和追水河生态综合治理，启动南川河生态保护项目，由工程治水向生态治水、系统治水转变，于 2019 年实现城市内 4 条水体全部水环境质量达标。

2. 城市特色："梁峁川道"山水景观秀美，"河湟故城"，文化资源丰富

"梁峁川道"山水景观秀美。依托黄土梁峁河谷川道的自然特色，市域呈现"一河、三区、五川"的整体山水文化格局。西宁城区坐落在两山之间 3~4 公里宽的河谷地带。南北两山成为城市优美的景观背景，"北山烟雨"、"凤台留云"彰显了南北两山的文化底蕴。

"河湟故城"文化资源丰富。西宁地处黄土高原和青藏高原的结合部，历史悠久，是一个多民族城市，其历史文化具有浓郁的民族特色和地方特色。1990 年被评为省级历史文化名城，市域范围内有 2 个历史文化街区、5 处国家级文物保护单位和 81 处省级历史文物保护单位。历史文化资源较为丰富。

3. 交通便捷：道路交通设施不断完善，公共交通清洁能源使用率较高

"畅通西宁"三年攻坚行动成效显著，交通拥堵系数不断降低。西宁市在 2015 年年底启动了"畅通西宁"三年攻坚行动计划，实施"外环内网、公交都市、静态交通、智能交通、绿道网络、文明交通"六大专项，基本形成"外成环、内成网"的交通框架。2018 年又继续完成了朱家庄路、下滨河路、康南路、周家泉小学南侧规划路、北川河东路、滨河路、卫生巷等18 条道路新建或大修整治工作。目前西宁市建成区道路网密度约 5.04 公里／平方公里，交通出行环境得到较大程度的改善，市区交通拥堵系数由 2016 年年底的 3.75 降低至 2018 年的 1.86，降低了 49.6%，2017 年、2018 年连续进入十大拥堵缓解城市排行榜。

公共交通清洁能源使用率较高。西宁市大力开展公交都市创建专项行动，公共交通得到长足发展，目前西宁市的公交分担率已经超过 45%，清洁能源车辆使用率达到 100%，在全国处于较高水平。

4. 生活舒适：社区公共服务设施有效地承担了省城高首位度的服务需求

西宁市在全省的首位度过高，省城吸引力较强，多年龄段的外来人口均较多，由此产生的外来儿童就学以及老年人养老服务的诉求比较高。西宁市适龄儿童入园率高达 105.3%。可见，社区基层服务设施在一定程度上承担了区域的服务需求。

5. 多元包容：候鸟式人群及高校学子的城市归属感较强，其生活环境得到相应保障

西宁市是青海省的政治、经济、文化、科技、教育、交通和商贸中心，与省内其他地区相比，外来流动人口较多。据第六次人口普查显示，西宁市流动人口占常住人口的 21.03%。外来流动人口日趋年轻化，15~64 岁的人群占到外来流动人口总数的 84.3%。

多举措吸引高校学子在西宁就业和创业。西宁市内有 4 所本科院校和 6 所专科院校，集聚了大量的外来学子，为吸引学子留在本市，西宁市贯彻落实国家和青海省促进高校毕业生创业的有关政策，为其创造了良好的就业和创业环境，同时也带动了西宁市的经济和社会活力。

6. 安全韧性：交通安全和社会治安状况良好

2018 年西宁刑事案件发生率为 46.2 件／万人。严重影响群众安全感的八类案件仅占刑事案件的 5%，命案实现"发一破一"，刑事案件、八类案件、"两抢一盗"案件呈现发案下降、破案上升的"三降二升"良好态势。交通安全状况不断改善。2016 年万车死亡率为 2.788 人／万车，2017 年万车死亡率为 2.479 人／万车，2018 年万车死亡率为 2.373 人／万车，呈逐年下降趋势，既有交通安全保障举措成效显著。

7. 城市活力：小学生新增入学人数稳定上升，就业人口素质不断提高，楼宇经济和民营经济发展态势良好

小学生新增入学人数稳定上升，西宁市共有小学 141 所，在校生共 153627 人，2017 年和 2018 年的一年级入学人数分别为 13629 人和 13807 人，小学生新增入学人数增长率约为 1.3%，呈稳定上升态势。

就业人口素质不断提高。2018 年西宁市城镇累计新就业中大学（大专及以上）文化程度人口 10035 人，占城镇累计新就业的 23.9%，比上年增加 7.6 个百分点，城市就业人口的素质在不断提高。

民营经济呈现出较高的活力。政府的政策扶持和优质服务充分激发了民营经济的发展活力，2018 年西宁市的民营经济总量和民营企业数量呈现稳步增长的态势，其中全市新增民营企业 0.8 万户，累计达到 5.01 万户，同比增长 19.1%；民营经济生产总值实现 591.82 亿元，占全市 GDP 比重为 46%。

三、问题与不足

1. 生态宜居：垃圾分类覆盖率较低，资源再生类市政服务能力相对滞后

垃圾分类等资源再生型市政设施建设相对滞后，资源利用不够集约。在 2019 年第一季度住房和城乡建设部对全国重点城市生活垃圾分类工作考核中西宁市位列第 21 名。目前全市生活垃圾分类达标小区居民户数达 9.6 万户，达标小区覆盖率仅 47.31%。规划建设的垃圾分类处理厂、焚烧厂等也未全部建设完成，现状垃圾的处理方式仍以填埋为主。

2. 城市特色：历史建筑及传统民居的普查和保护力度较薄弱，旅游中转站角色有待扭转

文物保护单位、历史建筑及传统民居的普查和保护力度较薄弱。市区 46 处历史建筑中保存较差的有 10 处。传统民居挂牌 20 处，均保护较差。"城市历史建筑、传统民居环境与本体保护完整性"仅为 54.5%。未做过历史建筑普查，暂无"城市建成区历史建筑普查挂牌率"数据。

旅游中转站的作用远大于其作为旅游目的地的作用，需着力塑造特色魅力空间，进一步提升对游客的吸引力。2016～2018年，"城市节假日国内外游客量"分别为318.17万人次、356.8万人次和390.77万人次，旅游总量不高，西宁在青藏区域旅游中主要发挥交通枢纽的中转站作用，游客的过夜停留及旅游次生消费明显较低。

3. 交通设施：道路网系统性失衡，交通"中梗堵"现象仍然严重

道路网密度不足，系统性失衡。目前西宁市建成区道路网密度约5.04公里/平方公里，交通出行环境已得到较大改善，但城市道路等级级配失衡较为严重，城市建成区主、次、支路级配大致为1∶0.96∶1.55，支路建设不足，也导致中心区南北向交通能力欠缺。

道路转换和开口等管控措施缺位。主支路联接错位，如五四大街、西关街等与诸多支路直连，影响了主干路的通过性；整体东西向贯通性较差，外围区域车辆只能通过祁连路和昆仑路进行转换；诸多交叉口展宽占用非机动车道；主干路沿线的地块进出口密集，排队进出的车辆对主路影响较大。城市交通的"中梗堵"现象严重。老城中心以不到城市建设总用地15%的面积，容纳了城市47.2%的人口和48.6%的就业岗位。如此密集的人口和就业也带来了城市交通的高度集中，城市内约52%的交通流量发生在老城中心区，功能过度集聚造成中心地区拥堵现象严重。

4. 生活舒适：社区公共服务设施分布不够均衡，存在服务盲区

社区公共服务分布不均，城市新区缺口严重。2018年西宁市开展中心城区15分钟生活圈摸底工作，完整社区存在普及率低、分布不均衡的问题，老城区相对完善，外围新区社区公共服务设施严重不足，其中曹家寨片区、南川片区、城南片区、海湖西片区、海湖新区西片区、小桥朝阳片区及生物产业科技园居住配套组团缺口严重。

社区幼儿教育设施普遍不足，质量参差不齐。社区幼儿教育超负荷承担了省城高首位度需求，适龄儿童入园率已高达105.29%，但仍存在供需差距。全市共203所幼儿园中公立幼儿园仅14个；私立幼儿园师资力量较弱，整体素质不高。基层医疗和养老服务存在服务盲区且设施相对简陋。2018年"享受社区养老服务的老人比例（65岁以上）"为76.14%，全市共有日间照料中心106个，大部分集中在老城区，城市新区相对较少且比较分散。全市共有社区卫生服务中心19个，社区卫生服务站97个，"社区医疗服务中心分诊率"为3935人/万人，由于资金投入不足，医疗设施相对简陋，城市新区相对不足。

5. 多元包容：低保水平不够，公共场所无障碍设施覆盖率低

低保水平低，低保群众基本生活需求难以得到保障。近两年西宁市城市低保标准从403元/月提升至503元/月，在全国省会城市中排名第二十六，属于倒数行列。城市最低收入群体居民生活必需品人均消费支出与城市居民最低生活保障之比约为127%，可见低保标准不能够覆盖低保群众的基本生活需要。

公共场所无障碍设施覆盖率低，补建设施任务较重。建成区内无障碍设施覆盖的公共建筑数量达到 5250 处，仅占西宁市建成区内全部公共建筑数量的 55.3%，仍有一半的公共建筑缺少无障碍设施。

6. 安全韧性：各项市政基础设施和防灾减灾水平与发达地区相比仍存在差距

各项市政基础设施建设水平与发达地区相比仍存在差距。西宁市排水管网覆盖率为 85%，尚未达到建成区全覆盖。老城区雨污分流改造进展缓慢，雨污合流管网约 153 公里，雨季出现溢流污染现象，建成区范围内共有 6 处常年内涝点。

防灾减灾水平仍然较低。现状共 11 处应急避险场所，人均避难场所面积 1.27 平方米，配置水平相对较低。

7. 城市活力：年轻群体外流趋势明显，流动人口子女增速极快，存在小学入学困难现象

年轻群体明显外流，城市出现趋老龄化现象。西宁市建成区内 14～35 岁的常住人口约 38.56 万人，占总常住人口的比例约 28.7%，但近几年该年龄段人口数量呈现明显的下降特征，年轻群体外流趋势较为严峻。

流动人口子女增速极快，存在小学入学困难现象。西宁市外来流动人口数量巨大，外来流动人口子女的增速极快，造成城区学位紧缺。2018 年西宁市城区小学一年级解决流动人口子女入学达 4966 人，占一年级学生总数的 36%，其中城东区的流动人口子女占到了城东区一年级学生总数的 58%。

城区小学供不应求，小学资源紧张情况难以解决。城区教育资源紧缺，局部地区教育资源不能满足需求。如城中区七一路小学、城西区新宁路小学等学校，2018 年其招生片区内户籍适龄人口数大于学校招生计划数，无法满足学校招生片区部分户籍人口和流动人口子女就近入学的需求。

四、主要对策

1. 加强历史文化资源的保护与活化，打造富有吸引力的城市名片

积极开展文物保护单位、历史建筑和传统民居普查工作，摸清现状，对症下药，进行分类保护，力争 2025 年城市历史建筑、传统民居环境与本体保护完整性达到 70% 以上，城市建成区历史建筑普查挂牌率达到 100%。同时加强自然和文化资源的活化利用，实现传统观光型旅游向观光、度假、避暑、会展等多样型转变，把西宁建设成享誉海内外的高原旅游目的地和集散地。

2. 开展道路微循环建设工程和绿色交通提升工程，缓解"中梗堵"现象

开展道路微循环建设工程，加大城市次干路和支路的建设力度，力争 2025 年建成区道路网密度达到 7 公里／平方公里左右，加强交通监管，形成通畅安全的交通环境。同时积极提升公共交通服务水平，打造宜人的步行环境，并适度提升城市功能混合度，降低通勤距离，构建良好的绿色交通支撑。双管齐下，缓解河谷带状城市交通"中梗堵"现象。

3. 多途径完善城市公共服务设施，提高服务覆盖率和服务均好性

完善城市级和社区级两级公共服务体系，多途径缓解较高区域首位度带来的公共设施服务压力。城市级基本公共服务方面，应着力提升住房、医疗、教育等方面的服务水平。社区级公共服务设施方面，应在 15 分钟生活圈现状摸底的基础上，主要针对幼儿教育、基层医疗和养老设施的服务盲区，加大增补力度。在保证适龄儿童入园率和社区医疗服务中心分诊率的基础上，注重提升服务质量。力争 2025 年享受社区养老服务的老人比例达到 85% 以上，完整社区覆盖率达到 90% 以上。

4. 加大市政基础设施建设和提升力度，提高资源再利用和防灾减灾水平

积极构建完善的城市雨、污分流系统，建设海绵城市，力争 2025 年完成全部 6 处内涝点的治理工作。积极推进社区生活垃圾分类，加大再生资源回收力度，构建有机垃圾资源化利用机制，并加强对分布式污水处理设施的监管，适度改造提升集中式污水处理设施服务水平，力争 2025 年城市生活垃圾回收利用率和生活污水集中利用率均达到 90% 以上。将应急避险场所建设与城市更新相结合，提升安全韧性。

5. 继续保持既有的城市特色优势，稳中求进，更上一层楼

西宁在生态、宜居、安全、多元包容、城市活力等方面呈现较好的特色优势。山水城和谐共生，用地较为集约高效，大气、水、绿化环境质量整体较好，"河湟故城"文化特色显著，社会保障和包容力度较大，综合服务能力、经济活力和人才吸引力在西北地区相对较高。下一步工作需要在保持既有优势的基础上，进一步提升，打造精致西宁。

江西
景德镇

第十节　景德镇市

一、基本情况

景德镇城市体检工作落实住房和城乡建设部《关于开展第一批城市体检评估工作的指导意见》的相关要求，坚持以人民为中心，牢固树立高质量发展理念，紧紧围绕打造"国家陶瓷文化传承创新试验区"，建设"冠领中国、代表江西走向世界，世界感知中国、认识江西的国际瓷都"的核心目标，坚持"规划引领、民生优先、问题导向、项目化推进、产城融合"的基本原则。《景德镇市城市体检评估工作实施方案》中明确了构建城市体检评估的特色指标体系、技术体系、信息化平台，推进数字景德镇建设、明确三年工作重点、建立考核问责制度。

二、建设亮点

1. 生态宜居：本底优越、环卫短板

景德镇市生态宜居总体水平较高，城市公园绿地服务半径覆盖率达 90%，城市水环境达标率达 93.5%。在城市环境卫生设施覆盖率与生活垃圾回收利用率方面存在短板，仍有较大的提升空间。区域开发强度，景德镇 2015 年中心城区建成区面积为 76.33 平方公里，市辖区面积为 422 平方公里，区域开发强度为 20%，远低于 30% 的国际惯例警戒线。空气质量优良天数为 352 天，全年空气优良率 96.4%，位列全省第一，PM2.5 平均浓度 31 微克 / 立方米，较前一年下降 22.5%，PM10 平均浓度 56 微克 / 立方米，较前一年下降 16.4%，建成区全年空气质量指数（AQI 指数）为 49.3，空气质量在全省率先进入国家二级标准。

景德镇市 2018 年城市生活垃圾回收利用率为 20%。2018 年 11 月，景德镇市人民政府印发了《景德镇市城区生活垃圾分类工作实施方案》，加快推进垃圾分类工作。要求 2020 年年底前，基本实现原生混合垃圾"零填埋"，生活垃圾回收利用率达到 35% 以上。

2. 城市特色：资源丰富、彰显不足

景德镇市积淀深厚、特色突出、吸引力强，年接待国内外游客总人数近 5500 万人次。但境外旅游人数仅占总游客数量的 1.2%，距离"国际瓷都"仍有明显差距。景德镇市是第一批国家历史文化名城，格外重视文化遗产的保护和城市文脉的延续。2013 年，景德镇市人民政府公布了第一批共 93 处历史建筑名录。近年来，景德镇市结合城市双修工作，对御窑、陶溪川等老城区进行城市更新，在历史遗传的保护与活化利用方面取得了较好成效。2018 年，城

市历史建筑、传统民居环境与本体保护完整性比例为 91.4%。

随着城市文化特色的彰显，景德镇市旅游吸引力近两年明显提高。据景德镇市文广新旅局数据，2019 年"五一"节假日期间景德镇市接待国内外游客 428.61 万人次，接待境外旅游人数的比例有所提升。2017 年统计数据显示，全市全年接待国内外游客人数 5454.87 万人次，其中境外旅游人数 63.65 万人次；旅游总收入 528.89 亿元，其中旅游创汇 2.85 亿美元，各项数据较上一年度增幅均在 40% 以上。

3. 生活舒适：成本较低、吸引力强

景德镇市整体生活舒适度较好，中小城市的房租水平相对较低，为城市低收入居民以及慕名而来的国内外文创人员提供了可支付的基本居住空间保障。此外，景德镇市基本生活服务设施覆盖率也相对较高，是青少年、老年人友好型的宜居城市。

通过收集 POI 点等空间大数据，并与景德镇市社区边界校核并进行分区统计，得出景德镇市建成区内完整社区评价达标的社区 64 个，完整社区覆盖率达到 80%。

景德镇市房租水平较低，建成区平均单位面积住房租金为 17.38 元 / 平方米，给城市低收入居民和外来文创人才节约了生活成本。《景德镇 2018 年统计年鉴》显示，城镇居民人均可支配月收入 2867.25 元，按照租房能力为单位面积住房租金 / 月均收入计算，居民租房能力为 0.006。

4. 多元包容：创客云集、包容性强

景德镇市是世界瓷都，在专业领域内具有很强的吸引力，数万"创客"云集，流动人口 12.37 万人，外来人口占常住人口的 7.43%。同时，景德镇整体包容性较强，为"景漂"提供了良好的生活、就业软、硬件环境。

常住人口基本公共服务 66 项（住房、医疗、教育、就业、社保）覆盖率。景德镇常住人口中享受 6 项基本公共服务覆盖的人数为 40.57 万人，覆盖率为 43.7%。

据江西省价格理论研究所文章估算，江西省城市最低收入群体居民生活必需品人均消费支出约 400 元。另据公开数据，景德镇市农村居民最低生活保障标准在 250～470 元，城镇居民最低生活保障标准在 420～480 元，则城市低保家庭人均收入平均值为 405 元。二者相除，城市最低收入群体居民生活必需品人均消费支出与城市居民最低生活保障。比值为 98.77%。

5. 城市活力：整体较好、商务短板

景德镇城市活力整体较好，因"景漂"等陶瓷相关文创人员的流入，保持了较高的年轻人口比重；民营经济占比高且保持持续增长势头。

景德镇众多文创企业及工坊多采用手工作坊形式，供需两旺，民房或废旧厂房成本相对较低、总量较大，且出租状况较好。但写字楼总量较少且空置率较高，据估算空置率约为 87%。

景德镇有公共 WIFI 服务覆盖的城市公共场所共 145 个，城市公共区域公共 WIFI 服务覆盖率达到 42.6%。

三、问题与不足

1. 交通便捷：路网密度较低

与以大城市为主要考量的相关标准进行比较，交通便捷度有一定差距，建成区道路网密度、高峰时间平均机动车速度均较低。另一方面，景德镇呈现较为明显的中小城市交通网络与出行特征，平均通勤时间仅为 17.4 分钟。建成区道路网密度。景德镇市城市道路建设相对滞后，城市建成区道路网密度为 4.38 公里 / 平方公里，低于《城市道路规划设计规范》推荐值。2018 年，全市新建续建道路 20 余条，未来将形成"六横六纵"的路网结构。建成区内的主次支路道路长度为 334.33 公里。

2. 安全韧性：安全感高、内涝隐患

景德镇市刑事案件发生率、机动车事故死亡率较低，公众安全感、满意度名列江西省前茅。但近年来暴雨等极端天气出现频率有所增加，城市内涝现象时有发生，海绵城市建设需求较为迫切。

景德镇市建成区常年内涝点 6 个，建成区常年内涝点密度为 0.07 个 / 平方公里。在以往的城市建设过程中，景德镇部分天然水面受到侵占，水系格局遭到破坏，夏季暴雨时内涝现象时有发生。现状生态岸线率为 38%。2017 年以来，景德镇市全面启动海绵城市建设，努力构建"格局合理、蓄泄兼筹、水流通畅、环境优美、管理科学"的海绵城市建设水利保障体系。

景德镇市万车死亡率为 2.6839 人 / 万车。年交通事故死亡人数为 69 人，机动车保有量为 25.7 万辆。

景德镇市刑事案件发生率为 38.84 件 / 万人。在 2018 年开展扫黑除恶专项斗争，全市治安环境持续改善。2018 年全市共立刑事案件 2245 起，与去年同期相比下降 14.6%，公众安全感、满意度和好转率均名列全省前茅。

根据社会满意度问卷调查，26% 的受访者选择非常满意、满意的占 49.5%，选择一般的占 21.6%，选择不满意和非常不满意的受访者仅占 1.4% 和 0.9%。

四、主要对策

1. 打造生态宜居的城市

（1）实施绿化改造提升工程。按照"300 米见绿，500 米见园"的要求，合理规划建设

各类公园绿地，全面提升城市绿化品质，推进城市绿化景观化、多样化、色彩化、香溢化、本土化，人均公园绿地保持全国领先水平。重点加强城市中心区、老城区等绿化薄弱地区的绿化改造提升。对城市裸露土地力争 100% 绿化美化，做到"黄土不露天"。增加道路绿化乔木比重，强化街道树池管理，城市主要道路树池绿化率或软覆盖率达 100%。保护古树古木，严禁移植古树古木和大树进城。加大小绿地、小游园、小憩园建设力度和覆盖面。因地制宜推行建筑垂直绿化、屋顶绿化、窗台绿化。

（2）加强污水处理设施建设。补齐生活污水收集处理设施短板，提升污水管网覆盖率，推进城镇污水处理厂一级 A 排放标准改造；推动雨污分流改造，畅通排污管道。推动城镇污水处理厂污泥处理设施建设，并于 2019 年全面投入使用。

（3）实施环卫保洁提升工程。治理城乡路面"脏"，大力推进城市道路清扫保洁的市场化、机械化、专业化、标准化。2019 年年底中心城区道路机扫率达到 85% 以上；治理建筑施工工地"脏"，切实做到建筑施工工地周边围挡、物料堆放覆盖、土方开挖湿法作业、路面硬化、出入车辆清洗、渣土车辆密闭运输"六个百分之百"。治理住宅小区居住环境"脏"，加强住宅小区物业监管，实现新建小区物业服务全覆盖，落实无物业管理居民住宅区属地责任，鼓励推广业主自治管理模式。治理城市公共场所"脏"，促进商场超市、"五小"行业、文化场馆、旅游景区等环境提升。

（4）实施城市边缘地带基础设施提升工程。对接主城区，以老旧小区、城中村、城乡接合部、棚户区为重点，通过科学编制和大力实施老旧小区、城中村、城乡接合部、棚户区提升改造建设实施方案，加大统筹力度，扫盲点、攻难点，完善城市边缘地带的公共基础设施，提升周边环境，确保与城市同频、同质、同力、同步发展。

2. 打造特色品牌的城市

（1）打造陶瓷文化高地。牢牢把握国家陶瓷文化传承创新试验区建设的战略机遇，积极推进"四地两中心"建设，着力擦亮千年瓷都"金字招牌"，力促陶瓷文化更加繁荣，城市知名度显著提升。注重文旅融合发展，大力培育陶瓷文化旅游核心产品，打造旅游精品路线，放大景德镇的历史价值、文化价值和品牌价值，创造更大效益。

（2）开展城市设计。把城市设计作为彰显城市特色风貌的总遵循。完成总体城市设计，框定城市总体景观结构，明确城市特色景观风貌，控制好景观视野廊道范围内开发强度、建筑高度、建筑色彩和建筑风貌。做足"显山露水、治山理水"文章，保护城市水体和山体。开展沿山体水体、历史文化街区等重点区域城市设计，打造一批有影响的城市滨水空间和特色风貌街区。

（3）实施历史文化街区保护修缮工程。注重老城保护，修复古镇风貌，完善老城功能，精心打造"三陶一区"。全面开展历史文化街区环境风貌整治，完善保护规划，改造基础设施，修缮历史建筑，2021 年年底前基本完成整治，把街区打造成靓丽的城市文化名片，形成数个在全国有影响、有活力、有特色的历史文化街区。

（4）实施保护性建筑改造利用工程。做好文物建筑、历史建筑等风貌区域的保护和周边环境整治。加快推进历史建筑的登记造册、归档管理和挂牌保护，对濒危建筑进行抢险维修。充分认识新中国成立以来建成的公共建筑、工业建筑等既有建筑的价值，对其进行功能更新、环境改造和合理利用，传承时代记忆，杜绝简单粗暴的"一拆了之"。

3. 打造交通便捷的城市

（1）加强交通体系建设。积极推进综合交通体系建设，完善路网布局，优化城市快速路、主干路、次干路和支路级配，提高路网密度，提升道路通行能力，打通"断头路"，推进道路交叉口渠化建设，积极打造"畅通城市"。进一步完善高铁商务区及昌南新区路网建设，加快推进昌景黄铁路、机场迁建等重大交通设施建设，构建立体化交通体系。

（2）加强公交设施建设。完成公交设施专项规划编制，按照规划内容进一步优化公交站点布局，有条件的道路要划定公交专用道。推进东客站、西客站的迁建工作。改善公交车辆乘车环境，规范公交运行，优化公交线路，提高安全保障和服务水平。加强出租车、网络约车管理，提升服务质量。加大新能源公共交通工具的投放力度。

（3）加强交通秩序管理。大力提高城市交通管理水平，建设职能交通管理系统。优化城市交通组织，合理设置单行线。规范交通标志标线设置，提升城市道路交通信号设施的规范化和精细化水平。大力实施城市道路交通文明畅通提升行动计划。强化电动自行车通行秩序管理。深入开展"机动车不礼让斑马线"专项治理行动。提升市民素养，倡导文明、绿色、低碳出行。

（4）加强停车设施建设。建设一批城市公共停车场，鼓励单位利用自有用地建设停车场，推广利用城市支路作为夜间限时间歇性停车位，鼓励机关企事业单位停车场夜间开放，重点解决老城区、老旧小区停车难问题。开展静态交通管理体系改革，整合停车资源，建设智能停车诱导系统，推广车辆号牌自动识别等信息化技术，推进智慧停车。新建住宅停车场按标准预留新能源汽车充电设施安装条件。

4. 打造生活舒适的城市

（1）加强老旧小区设施建设。加快老旧小区改造，全面整治楼院、楼栋、楼道、楼顶破败杂乱面貌，完善旧住宅区停车、公共照明、电动汽车充电、智能快递箱、二次供水、排污管网等基础设施，配套建设便利店、综合性文化服务中心、健身休闲、日间照料中心等社区服务设施。支持符合条件的旧住宅加装电梯，2019年年底开展既有住宅加装电梯试点。

（2）加强市政基础设施建设。因地制宜推进综合管廊建设，全市新建改建道路必须积极推进缆线管廊、管道、管沟建设，道路原有管线无条件入廊入沟，基本解决"马路拉链"问题。加快对漏损严重的老旧供水管网更新改造。提高管道天然气覆盖率，对存在事故隐患的老旧燃气管网实施更新改造。保障道路路面完好率、平整度，城市道路完好率达95%以上，确保窨井盖和道路路面平齐。提升管线安全水平和防灾能力。

（3）加强垃圾环卫设施建设。大力推动垃圾焚烧发电处理设施建设，争取跻身全国先进水平。积极推进城市生活垃圾分类，加快生活垃圾分类投放、分类收集、分类运输和分类处理设施建设，推进生活垃圾分类处理系统建设。深入开展城市"厕所革命"，形成分布合理、数量充足、管理规范、如厕文明的公厕服务体系。

（4）加强体育健身设施建设。加强全民健身设施建设，着力构建社区 15 分钟健身圈，力争每个街道均有一处公益性的篮球场或羽毛球场。合理利用城市公园、公共绿地、广场及空置场所建设健身设施，逐步实现"公园体育化"。鼓励社会力量建设笼式足球、五人制足球等小型多样的足球场地，提倡学校与社会共建共享足球场地。加快城镇绿道绿廊建设，推进城市型、郊野型、山地型绿道建设，每平方公里城市建成区绿道里程达一公里以上。

5. 打造多元包容的城市

（1）加强公共服务设施建设。优化城市公共服务功能布局，合理确定建设标准。完善教育、医疗、文化、体育、养老和社区管理服务等设施布局专项规划，着力提高群众最关心的公共服务设施水平。加强社区服务场所建设，打造 15 分钟步行便民社区服务圈；对已完成改造的 88 个社区文化活动中心全面进行提升改造，既要满足社区居民的日常文化活动需求，也要满足相关创建工作要求。新增多所中小学、幼儿园，完成部分医院扩建迁建工程，统筹谋划省运会后各场馆综合利用。

（2）提高市民文明素质。强化文明市民宣传教育，促进市民自我教育、自我提升。强化市民公德意识，倡导制订市民公约，规范市民行为。加大对车窗抛物、乱扔杂物、随地吐痰、损坏公共设施、占用和堵塞消防通道等不文明行为的惩戒力度，促进城市公共场所文明有序。充分发挥市民参与城市管理的积极性和创造性，大力培育义工、志愿者、义务监督员等社会力量，积极实践"共谋、共建、共管、共评、共享"的城市治理理念。

（3）深入推进产城融合发展。以城市为基础，承载产业空间和发展产业经济，以产业为保障，驱动城市更新和完善服务配套。开发区基础设施建设要整体规划，将开发区环境卫生、市政市容、基础设施和公共服务设施等纳入城市统一管理、统一标准，大力优化开发区宜业宜居环境。积极引导培育新兴产业，加快产业整合布局，着力打造航空小镇、汽车小镇、国瓷小镇，发挥特色优势，以产促城，以城兴产，产城融合。

（4）开展城市创建活动。大力创建全国文明城市和国家卫生城市，以"一带两城"为主战场，以"十大行动"为主抓手，以问题为导向，突出创文创卫的重点，突出群众期盼的热点，突出社会关注的焦点，突出城市管理的难点，力争 2020 年成功创建全国文明城市和国家卫生城市。加强城市人文形象宣传，设置彰显地域特色的文化旅游宣传推介标识。

6. 打造安全韧性的城市

（1）实施城市山体修复工程。对城区及周边因采石、开发建设等造成受损的山体，因地制宜采取科学的工程、生物措施进行修复，消除安全隐患，恢复山体自然形态，恢复乡土植被群落，减少水土流失，在有条件的地段，建成郊野公园。

（2）实施城市水环境修复工程。落实河湖长制，持续开展清河行动，积极推动城市黑臭水体整治、滨水空间改造，实现城市"河道清洁、河水清澈、河岸美丽"。到2019年年底，中心城区建成区实现河（湖）面无大面积漂浮物，河岸无明显垃圾，黑臭水体基本消除。

（3）实施海绵城市建设。结合城市"双修"试点工作的开展，逐步推进海绵城市建设。通过编制海绵城市建设规划、制定海绵城市建设实施方案，规范和指导景德镇市海绵城市建设。结合现有地下综合管廊体系，进一步建设完善城市防洪排涝设施，全面完成城区低洼易涝点的治理，告别"城市看海"。在规范新建公共建筑项目、开发项目以及园区工业项目等严格按照海绵城市标准建设的同时，将海绵城市建设与公园绿地建设、老旧小区改造、市政设施建设等有机结合起来。

（4）加强应急保障设施建设。健全城市安全生产应急救援管理体系，加快建立城市应急救援信息共享机制，提高城市生产安全事故处置水平。加强城市应急避难场所规划、建设和管理，发挥好应急避难场所作用，提升城市应急救助能力。加强城市交通、供水、排水、防涝、供气和污水处理、垃圾处理等基础设施建设、运营过程中安全监督管理，严格落实安全防范措施。加强消防站点、水源等消防安全设施建设和维护，积极推进老城区消防验收试点工作。

7. 打造活力智慧的城市

（1）推进新型智慧城市建设。积极创建智慧城市，加快推进新一代宽带无线移动通信网国家科技重大专项成果转移转化，推动景德镇市物联网建设。加快推进智慧养老、智慧医疗、智慧旅游、智慧交通、智慧社区、智慧城管等建设。积极推进智慧小区建设，推动智能技术、绿色技术等与建筑业深度结合，新建商品房配备智能化停车、安防等系统，预留家具智能管理系统接入基础设备。

（2）提高城市管理数字化水平。加快推进数字化城市管理平台建设，进一步完善数字化城市管理系统功能，实现城管综合执法部门和业务主管部门之间信息共享，完善涵盖供水、排水、燃气、市容、环卫、绿化、园林等方面的智能化城市管理综合平台，开通数字城管APP，实现城市管理信息资源共享、统一指挥调度。充实管理执法力量，开展"强基础、转作风、树形象"专项行动，推进城市管理文明执法，提高执法队伍素质和能力。

（3）实施城市照明亮化工程。提升城市公共空间照明水平，大街小巷实现照明全覆盖，亮灯率达95%以上。重点打造重要广场、河湖水系两岸等夜景亮化。城市照明设计要强调有层次、有重点、人性化，不搞满城亮化和过度亮化，在居住区避免造成光污染。完善城市亮化管理制度，景观照明按照重大节庆模式、节假日模式、平日模式设计管理。

（4）实施城市细部美化工程。全面提升城市雕塑、标识标牌、"街道家具"内涵和美学美感，建成一批精美的城市小品和雕塑。改善城市道路步行、骑行环境，提升人行道、盲道、牙石铺设标准，增设林荫道座椅，增设红绿灯路口遮阳雨棚。

8. 打造群众满意的城市

（1）深入推进志愿服务制度化。抓好志愿服务管理，依托"江西志愿服务网"，做好志愿服务注册登记、服务记录、关系转接、项目发布等工作，加大考核力度。建好志愿服务平台，以社区、公共文化设施、景区景点、窗口单位等为重点，加强志愿服务站点建设。建设全市志愿服务集散中心（孵化基地）。以"关爱他人、关爱社会、关爱自然"为志愿服务活动载体，打造特色项目，广泛开展平安、助残、文化、科普、旅游、邻里守望、关爱母亲河等各类主题志愿服务以及扶贫帮困、慈善捐助公益活动。

（2）深入推进诚信建设制度化。重点治理诚信缺失问题，提升社会诚信水平。在抓好重点人群上下功夫，扎实开展文明旅游工作。制定《景德镇市文明行为促进条例》。

（3）开展满意度调查系列活动。通过书面问卷调查表、网络问卷调查表、上门征求意见、网上征求意见、座谈会等方式征求广大市民对本市人居环境的意见建议，并建立相应督办机制，进行及时跟进督办加以解决，从而进一步提高市民对城市人居环境的主观满意度。

四川
遂宁

第十一节　遂宁市

一、基本情况

2019 年 4 月，遂宁市成为全国首批开展城市体检的试点城市之一。立足遂宁建设"绿色宜居幸福城、现代产业创新城、观音文化旅游城"的目标，遂宁市探索形成了一套富有遂宁特色的"36+N"城市体检指标体系；在各部门配合下，通力合作，完成了体检指标数据采集；面向中心城区，通过微信平台、社区发放等多种方式总共发放问卷 2300 份、收回 1672 份城市体检社会满意度调查表，探索城市体检的长效工作机制的技术方法和实施路径。

二、建设亮点

1. 生态宜居：生态环境质量良好，宜居度高；海绵城市建设成效显著，从"试点"变"示范"

空气质量优良天数达 326 天。近四年空气质量优良天数呈递增趋势，2018 年远超国家生态园林城市考核标准。

城市水环境质量达标率为 100%。中心城区内 2 条省考河流满足国家标准，达到国家生态园林城市考核标准。

城市人均公园绿地面积为 10.62 平方米。近五年城市人均公园绿地面积呈递增趋势，且均高于国家园林城市考核标准，至 2018 年优于国家生态园林城市考核标准。

城市径流控制率为 78.4%。于 2015 年开始推进海绵城市建设工作，2018 年城市径流控制率为 78.4%，优于《国务院办公厅关于推进海绵城市建设的指导意见》（国办发 [2015]75 号）要求的试点城市的工作目标。

城市海绵改造率达 24.6%。从海绵城市建设工作启动至 2018 年年末，已完成 20.68 平方公里用地的海绵改造，海绵改造率为 24.6%，优于《国务院办公厅关于推进海绵城市建设的指导意见》（国办发 [2015]75 号）要求的试点城市的工作目标。

2. 城市特色：历史要素保护完整性较好，景区建设较完善、吸引力较高

城市历史建筑与传统民居环境与本体保护完整性达到 92.86%。中心城区建成区中历史建筑为 14 处，其中 13 处保护完整性较好，仅 1 处（百福院）保护程度较差。通过对 2014~2018 年的数据对比，城市历史建筑、传统民居环境与本体保护完整性每年均达到 92.86% 的保护率。

城市节假日国内外游客量为 1779.06 万人。与前五年数据相比较，国内外游客量按 10%

左右的增长量逐年上增，预计 2019 年游客量达 1882.17 万人。

城市 A 级以上景区为 5 个。2018 年城市 A 级以上景区分别为：安居区七彩明珠、遂宁市龙凤古镇、遂宁市观音故里旅游区、遂宁市观音湖湿地公园、遂宁宋瓷博物馆。2019 年将新增世界荷花博览园。近五年数据并未减少。

3. 交通便捷：高峰时期交通承载能力较好

建成区高峰时段平均机动车速度为 30 公里 / 小时。根据《城市道路交通拥堵评价指标体系》提出的根据平均速度划分的道路拥堵情况，遂宁高峰时期的拥堵情况为轻度拥堵。

4. 生活舒适：租房能力指标表现优异，租房压力不大；社区养老及幼儿园覆盖率高

租房能力为 0.4%。租房按人均面积 35 平方米统计，平均租金与月均收入的比值为 14.25%，低于居民租房可承受界定值（30%）。

适龄儿童入园率为 100%。近五年数据对比，适龄儿童入园率相对稳定，并提前满足《中共中央　国务院关于学前教育深化改革规范发展的若干意见》提出的 85% 的指标要求。

享受社区养老的老人人数占比为 23.23%。中心城区建成区享受社区养老服务的老人占比高于"9073"养老模式中"7% 的老人享受社区居家养老（照顾）服务"。

5. 多元包容：教育事业逐年发展，学前教育遥遥领先；社会福利逐渐完善，市民幸福感显著提升

幼儿园学位数 39 位 / 千人。近五年千人拥有幼儿园学位数呈现较为稳定的趋势，皆高于标准学位数。

保障性住房覆盖率持续增长至 21.85%。近五年保障性住房呈稳定增长趋势，采取棚户区改造（含货币化安置）、经济适用住房保障、公租房实物配租保障、公租房租金补贴等多元手段切实解决住房问题。

道路无障碍设施达 99%。现状道路无障碍设施基本实现全覆盖，残障人士出行具备基本安全保障。

6. 安全韧性：海绵城市建设效果显著，道路交通安全逐年提升，社会治安管理加强，市民安全感逐年提升

城市无内涝点，城市建成区内涝最长排干时间 30 分钟。2018 年城市建成区内涝最长排干时间为 30 分钟，表明城市建成区内没有内涝灾害。

万车死亡率为 0.89 人 / 万车，且呈下降趋势。2014～2017 年的万车死亡率呈明显下降趋势，且 2018 年万车死亡率低于四川省 2014～2017 年平均万车死亡率。

刑事案件发生率为 28.67 件 / 万人。自 2017 年遂宁以"平安遂宁""和谐遂宁"为统揽，一手抓经济促发展，一手抓综治创平安，成功入选"全国社会治安综合治理优秀市"以来，社

会治安变好，刑事案件发生率从 37.46 件 / 万人下降至 28.67 件 / 万人。

7. 城市活力：劳动力资源丰富、素质逐年提升，经济活力持续提升

常住人口 14～35 岁人口比例为 36.76%。常住人口年龄结构与稳定型金字塔结构较为契合，各年龄段人口比例较为适中。

新增就业人口中大学（大专及以上）文化程度人口比例为 17.90%。近五年新增就业人口中大学（大专及以上）文化程度人口比例总体呈稳步上升趋势，人才队伍建设逐渐强大。

城市学校本科升学率为 54.84%。近五年间城市学校本科升学率呈现逐年稳定上升趋势，城市人才资源储备逐步增多。

民营经济占比为 62.49%。遂宁市民营经济占比于 2014～2016 年呈直线上升趋势，2016～2018 年均保持在 62% 以上，有微小的上下浮动，但总体仍保持上升趋势，民营经济活力逐年增加。

三、问题与不足

在完成搜集指标数据的基础上，根据国内优秀城市指标、联合国可持续发展等国际标准、国家或地方标准规范、城市定位及发展目标、五年来历史数据、社会满意度调查等，从生态宜居、城市特色、交通便捷、生活舒适、多元包容、安全韧性、城市活力等视角进行城市问题细致诊断，识别出七大城市问题。

1. 城市基础设施建设存在短板

城市生活垃圾分类覆盖率低，试点启动缓慢。缺乏健全的生活垃圾分类相关政策和实施方案，机制不够完善，对居民的宣传缺乏政策性的指引，居民垃圾分类投放意识不够；虽然已推行部分试点小区，但仅限于垃圾收集设施的改善，试点小区垃圾的收集清运均未进行更新，依旧是统一装车转运。

城市雨污管道分流改造力度有待提升，加强改善生活污水集中收集能力。老城区雨污管道分流改造推进缓慢。城市迅速扩张过程中，部分镇村纳入城市规划区，但雨污分流管网缺失，导致污水未纳入生活污水集中收集体系。

城市公厕万人拥有率较低，公厕数量不足，设置密度不达标。随着城市空间迅速拓展，公共厕所的建设未能跟上城市扩张的速度，经开区、高新区以及安居区东部新城公共厕所布点少，导致万人拥有率较低。

建成区内不透水下垫面面积较大，雨水过滤系统较差。建成区内透水路面占 30%，不透水下垫面面积较大，雨水过滤系统较差，导致带有大量酸性气体、汽车尾气、工业废气等污染的雨水未经多次过滤，携带生产、生活垃圾以及大量污染物质排入自然水体，导致污染源头未

得到有效控制，造成地表水和地下水污染。

2. 城市综合公园、社区级公园绿地缺乏

公园绿地类型比例失调，中心城区建成区公园绿地主要以涪江沿岸、联盟河沿岸、渠河沿岸、琼江沿岸以及东西山绿地为主，现状均为规模较大的滨水绿地和森林公园，缺乏综合公园和社区级公园。

公园绿地分布不均。现状公园绿地相对集中地临近山、水进行布局，中心城区老城南部片区及安居老城区布局的公园绿地少，导致公园绿地分布不均，为生活区服务的社区公园绿地覆盖率较低。

3. 城市道路网密度低、停车问题突出

城市道路网密度低，片区差异较大。中心城区带状城市布局形态受到地形制约形成沿轴线发展，狭长的带状城市空间对轴向方向骨干道路设施需求较大，而集散性道路以及非集散性方向道路建设相对不足，道路级配比例不合理，导致路网密度普遍较低。同时，也存在生活片区道路网密度高、产业片区道路网密度低的问题，城市外围产业发展区路网密度不足。

城市机动车车位较少，片区分布不均匀。随着遂宁市经济的快速发展和城市功能的不断优化，城市机动车的拥有量及外来机动车数量急剧增加。旧城区由于用地限制及人口密度大等原因导致停车位数量不足。公共停车结构比例失衡，现状公共停车位占比不到15%，缺乏路外停车车位。

4. 基层服务设施能力参差不齐

完整社区覆盖率较低，社区服务设施有待完善。中心城区建成区完整社区个数为32个，占社区总数的27.43%。其中部分社区结构老化，发展水平不均衡，大部分社区基础设施不完善，信息化建设滞后。

社区医疗卫生服务中心分诊率较低，对居民吸引力不足。由于服务设施、医疗设备、技术力量等方面限制，加之医疗保险等政策制度不完善，"小病在社区、大病进医院"的就医习惯和流程还未形成，社区服务机构与大医院的双向转诊机制还未真正建立起来，影响了社区卫生服务的健康发展。同时，由于社区医院工作人员大多数临床医生、护士等缺乏全科医学知识，达不到社区卫生工作的要求。缺乏合理的人才流动机制，好的人才难引进，现有的人员难调出，影响了卫生系统的整体活力。

5. 公共资源分布不均，新旧城区差异明显，资源利用率低

教育资源分布不均，新旧城区覆盖率差异大。幼儿园、小学分布过于集中在老城区，存在老区饱和，新区与标准存在差距的现象，部分区域需要跨区就学。初中存在不同区的建设差距较大的问题。

医疗资源分布不均，利用率有待提升。综合医院、中医院、专科医院、社区卫生服务中心、公共卫生服务设施（妇幼保健院、疾控中心等）均存在新老城区分布不均、各区分布不均的问题。

养老设施总体数量偏少，资源利用率不高。现状养老设施分布较均匀，但总体数量偏少，各区服务半径覆盖率均略显不足。中心城区建成区范围内已建成的养老服务机构多数模式单一、规模较小、床位偏少。体制机制上还存在医养分离等问题。

现状公共空间无障碍设施覆盖率整体偏低，其中河东新区、高新区、经开区公共建筑无障碍设施覆盖率相对较高，船山区公共建筑无障碍设施覆盖率较低。总体看来，现状仍有许多办公楼、酒店、商场等公共建筑未设置无障碍设施。

6. 城市避难场所建设不足，避难设施不健全

避难场所分布不均，区域差异大，部分区域不能满足群众避险需求。2018 年中心城区建成区人均避难场所面积 0.17 平方米，远低于《遂宁市中心城区总体规划（2013～2030 年）》要求的人均避难场所面积 3～5 平方米。城区船山公园、犀牛广场、中小学学校、河东体育中心等还暂未设为城市避难场所。应急避难设施不健全，如标识牌投放欠妥、设置了标识牌但并未实际投放相关设施等；避难场所建设缺乏经费的支持。

7. 城市对外人才吸引力不足，规模以上工业企业带动不足

新增就业人口中大学（大专及以上）文化程度人口数量不足，城市吸引和留住人才能力有待提升。城市提供就业岗位的能力有限、提供发展机会的能力弱、人才优惠政策力度不足，相比临近城市（如成都）吸引力不足。

规模以上工业企业占比小，城市经济带动能力不足。规模以上工业企业受经济环境和市场环境的影响较大，同时存在产业结构落后、产业创新动力不足、自身运营机制不合理、融资渠道不佳等问题，对城市经济的带动能力有待提升。

四、主要对策

1. 加大基础设施建设力度，提升资源集约利用水平

一是加快雨污合流管网分流改造。加强新区市政基础设施建设。加大污水处理厂、雨污水管网的建设力度，确保基础设施先行建设，保证建成区与新建区的设施衔接。加快推进雨污合流管网分流改造。加快推进老城区雨污合流管网的分流改造，完成老城区"城市双修"及海绵化试点综合改造。

二是加快制定相关政策和实施方案，完善生活垃圾分类处理系统。作为省级垃圾分类试点城市，对接国家以及省级层面的要求，加快出台生活垃圾分类收集的相关政策和实施方

案，明确垃圾分类细则以及分类处理系统完善的工作方案；建立与分类品种相配套的回收及收运体系，完善终端处理设施，推进再生资源利用与垃圾处理"两网"融合，确保分类收运、回收、利用和处理设施相互衔接。强化居民生活垃圾分类回收认知。进一步加强宣传引导，开展垃圾分类收集专业知识和技能培训，引导公众学习、掌握生活垃圾分类的标准以及投放要求。

三是加强对公厕的新建、改建，开展公厕提质行动。加快推进公厕专项规划的编制，结合专项规划以及相关国家标准，完善经开区、高新区以及安居区的公共厕所建设，并对老城区和河东新区的公厕进行改造提升，实现数量达标、布局密度达标的目标。完备厕所功能，确保无障碍通道、残疾人扶手等设施的建设；提升厕所服务，统一设置标志牌，提供卫生纸、洗手液等服务，落实"一厕一员"专人管理，定期监督考察，建立问题分类台账督促整改，保障公厕服务落地落细。

四是以海绵城市建设专项规划为指导，加强透水性铺装建设。加强雨水滞蓄、收集利用后的雨水径流污染控制系统中末端处理设施及雨水利用调节设施的建设，制定入江（河）水量与污染总量控制方案。

2. 加快推行城市双修，合理布局社区级公园绿地

在充分梳理现有满足服务半径的公园绿地的前提下，对老城区南部片区和安居老城区的现有土地资源进行全面盘点，结合城市修补和生态修复，以 15 分钟生活圈为基础，合理增设社区级公园绿地，形成公园绿地网络系统，实现"300 米见绿，500 米见园"的目标，做到公园绿地服务半径的全覆盖。

3. 调整路网结构，制定专项规划，提升交通效率和停车效率

一是在做好河东新区、老城区管理的基础上，结合城市双修工作对西宁片区、南强片区、高新技术产业园区和安居区在道路网结构方面进行改善工作。扩大城市建设用地中居住和交通用地比重，降低城市居住密度、提高交通用地面积。改善道路网结构，在道路面积拥有率一定的情况下，降低道路宽度，增加道路长度。缩小街区尺度，改造街区路网结构，营造"小街区、密路网"的城市布局。增加道路网弹性管理措施，划定管理单元，允许街区内部生活性道路弹性布局，提升道路使用效率。

二是制定专项规划，提倡多元停车模式，提升停车效率。利用各种可能条件（如，绿化广场地下、建设项目的边角余地等）建设停车场。适当扩大部分建筑的配建要求，政府应对配建标准外增加的泊位给予相应的扶持。鼓励配建停车场向社会开放等，增加公共性质停车泊位的供给，减小对公共停车场的需求，降低公共停车场建设对政府财政的压力。实行停车综合整治，培育停车市场，吸引多方资金投入路外公共停车场（库）的建设。鼓励公共交通发展，加强停车设施与公共交通设施之间的联系。结合旧城改造更新，疏解旧城中心功能，以达到人口疏解的目的，合理引导生活区停车供需平衡。

4. 推进社区基础设施建设统筹化、管理体制科学化，合理构筑社区医疗卫生服务体系框架

一是科学设置社区。建议按地域性、认同感等构成要素和便于居民自治、便于管理服务的原则，科学合理设置城市社区。管理重心下移，把人财物力更多投到基层，让就业、救助、文体、医疗、卫生、司法等功能全部进入社区，以便方便、快捷、高效服务。对社区服务设施、标识标牌及办公活动场地进行规范设计，实现社区形象和服务内容的规范统一。积极拓宽居民参与的渠道和途径，让居民表达自己对社区建设的要求和建议，加强对政府政策的支持和合作。

二是合理配置、利用管理体制和操作规范，构筑社区医疗卫生服务体系框架。进一步提高公共卫生体系建设水平。整合辖区公共卫生服务资源，进一步加大辖区卫生资源整合力度。努力形成"资源共享、区域联动"的良好局面，为公共卫生服务体系提供资源支持；提高区属公共卫生资源使用效率。充分发挥这些资源设施在公共卫生服务中应有的作用；挖掘和调动事业单位活力，进一步深化社区卫生服务工作。进一步完善和落实有利于社区卫生发展的配套政策，继续加强对社区卫生服务机构的规范管理，继续加大软硬件建设和人才引进力度，进一步强化社区卫生服务规范化建设，优化就医环境、就医流程，努力创造便捷化、亲情化的卫生服务。在能力所及的范围内解决群众看病贵的问题。应关注解决重点人群的看病问题。以妇女、儿童、老年人、慢性病人、残疾人、贫困居民为重点，深入开展医疗、预防、保健、康复、健康教育和对一般常见病、多发病的诊疗服务。开展惠民医疗服务；加大对特殊群体医疗救助力度。

5. 优化教育、医疗设施布局，完善多元化养老体系

一是均衡布局教育设施，逐步优化办学条件。均衡布局教育设施，城市新区按照居住区相关规范要求，分区分组团配置中小学，在河东新区、安居区等地区增加或扩建幼儿园、初中及小学。将部分位于老城核心地段、用地条件紧张的学校进行逐步优化，改善办学条件。集中教学资源，对于纳入城市发展用地的乡镇学校，结合新区建设，通过迁并方式整合既有学校。

二是合理布局医疗资源，提高医疗技术、设备水平。河东新区加快综合医院、专科医院等医疗设施建设，引进高质量人才与设备、技术，根据人口合理设置医院规模与床位数，争取达到河东服务半径全覆盖，分担老城区就医与环境压力。建立"两心多点"的就医环境，以老城区河东为两个主要市民就医中心，南强、西宁、高新区、安居区多个高效就医点，利用"两心多点"合理分配医疗资源，平衡医疗资源空间分布，提高医院服务半径覆盖率，提升医疗卫生条件，缓解就医压力。提升一级综合医院技术、设备力量；专科医院的业务用房规模化，增强识别性，同时提高专业性。

三是推动养老模式多元发展，构建完善养老体系。建设信息服务平台，运用互联网、物联网等技术手段创新居家养老服务模式，发展老年电子商务，建设居家服务网络平台；加强

城市养老服务设施标准化建设，必须按照人均用地不少于 0.1 平方米的标准，分区分级规划设置养老服务设施，提升资源利用率；推进城市养老服务设施人性化建设，社区居家养老服务设施建设应以《养老设施建筑设计规范》为依据。建设社区日间照料中心，设立村（社）区互助活动点，整合现有资源，提高资源利用率。积极推动医养融合发展，鼓励社区卫生服务机构、医疗机构与社区养老机构加强合作，促进医疗卫生资源进入社区和居民家庭。

6. 加大城市避难场所建设力度，完善避难场所建设体系，提高城市综合防灾避险能力

结合城市建设实际和中心城人口现状，以及可用作避难场所用地资源现状等情况，按照《防灾避难场所设计规范》GB 51143-2015，采取均衡布局的方法，力求尽可能多地规划安排避难用地。按照 0.5～1 公里的服务半径，选择交通便利、现有或拟建的空旷场地，以及抗灾能力较高的建筑工程等公共设施与建筑作为避难场所，通过增设必要的应急设施、标识，使其达到避难场所标准。

7. 增强城市人才吸引力，提升城市竞争力

一是增强城市人才吸引力。壮大城市经济总量与优化城市产业结构并重，增强城市提供工作岗位的能力；加强吸引人才制度建设，增强城市提供发展机会的能力，出台系列引进人才的优惠政策，培育鼓励创新的城市文化，提供良好的投资创业条件，打造适合人才成长的制度环境；城市人居环境（基础设施建设）与建设城市人居软环境（生活质量环境）并重，增强城市的宜居性。

二是扶持规模以上工业企业发展。落实规模以上工业企业培育计划，精准帮扶激发规模以上企业活力，为经济发展提供新动力。建立规模以上工业企业培育库：加快重点工业项目建设，及时跟踪掌握规模企业发展情况，推动企业提质增效；落实工业企业培育机制：优化产业结构，加强产业创新融合，培育成长型"小升规"新兴企业，加快实施领军工业企业、高成长型工业企业培育计划；强化政策扶持：认真落实工业发展政策（如《遂宁市加快发展制造业实现工业转型升级提质增效的若干政策》《遂宁市推进新业态发展新经济培育新动能的实施意见》等），创造优质的营商环境。

第六章

工作成效及对策建议

第一节　城市体检工作成效

　　试点工作开展以来，各试点城市高度重视，在城市体检指标体系建设方面进行了探索创新，部分城市在工作方法上形成了许多可复制、可推广的好经验、好做法，整体来看，达到了预期目标。随着试点工作的逐步深入，各试点城市逐步认识到城市体检评估是城市发展决策、优化城市空间治理的有效手段，是推进城市高质量发展的有力抓手，能够切实解决环境、教育、医疗、交通、住房等人民群众最关心的现实问题，提升人民群众的幸福感、获得感、安全感。如长沙市目前已经建立了"一年一体检，两年一评估"的城市体检工作制度，由市人居环境局牵头城市体检工作，并建立全市优化城市人居环境工作联席会议制度；广州、福州、厦门等城市也正在推动城市体检工作常态化。

一、提高在城市建设中统筹贯彻新发展理念的能力

　　一是试点城市充分利用新技术、新手段，动员社会媒介和公众共同参与城市体检工作，探索建立了"政府主导、市区联动、部门协同、公众参与"的共建、共享、共治的工作组织模式，对于统筹城乡建设管理工作发挥了重要作用。如，长沙市在 2019 年 1 月率先成立了市人居环境局，将城市体检与老城区有机更新、历史文化名城保护等工作有机结合，形成了城市体检、宜居标准、项目计划、项目实施、评估治理、发布指数的"六步工作法"。

　　二是各试点城市通过城市体检，准确找到了城市发展建设的"短板"，客观掌握了人民群众感受突出的城市问题。面对这些问题，各试点城市以新发展理念为标尺，以解决人民群众在城市建设中最关心、最直接、最现实的利益问题为切入点，纠正不适应、不适合新发展理念的认识、行为和做法，推动城市开发建设由增量建设为主转向存量提质改造和增量结构调整并重。如，厦门市针对路网密度偏低的问题，提出要转变过去大规模土地开发模式，严控土地开发和出让，保证新的开发采用"小街区、密路网"模式；同时，倡导绿色发展理念，通过城市更新，充分挖掘背街小巷空间，建立适宜步行、骑行等小尺度出行的街区设计和路网形式。成都市要求各个区县要对照体检发现的问题，坚持以人民为中心，全面推进城市体检问题整治行动，推进公共建筑节能改造，推广垃圾分类，减少资源浪费。长沙市根据城市体检结果，聚焦群众的"痛点""难点"和"热点"问题，列出补"短板"项目清单，转变以往大拆大建的做法，科学安排"微改造"项目，循序渐进推动城市更新。通过开展城市体检评估工作，推动崇尚创新、注重协调、倡导绿色、厚植开放、推进共享的理念在各试点城市建设中落地生根。

二、初步建立城市建设和人居环境高质量发展评价体系

　　一是各试点城市在住房和城乡建设部制定的城市体检基本指标体系的基础上，结合各地

实际调整指标，增加体检内容，建立既体现国家要求又反映城市特点的 36+N 评价指标体系（N 为特色评价指标项）。如，广州市结合城市发展目标，建立了 7 个方面 41 项的城市体检指标体系，同时对标国际国内城市建设标准、发展目标与城市定位等，综合考虑问题影响的范围、程度的轻重、解决问题的难易程度等，设立预警线，初步形成了城市体检的评价标准体系。福州市围绕"幸福之城"建设目标，突出绿色福州、人文福州、幸福福州和创新福州四个维度，增加 18 个特色指标，并参照国内外先进城市指标水平、相关标准规范等明确体检标准。

二是各试点城市积极探索，初步形成了"评价—反馈—治理"的闭环式城市体检工作模式，并研究开发城市体检评估信息平台，进行常态化监测预警。如，长沙市构建了"体检、评价、诊断、治理、复查、监测、预警"的闭环式城市体检工作流程，并通过信息化平台实施常态化的监测预警，初步建立了城市人居环境质量评价机制。南京市通过构建日常化的监测机制，借助城市体检平台的红黄预警功能，及时反馈相关部门，实现快速纠偏，为城市发展建设提供日常化反馈机制。

三、找到推动城市建设工作方法转变的有力抓手

一是通过城市体检，帮助城市政府做到了从事后处理转向事中、事前预防，从过程管理转向结果管理，从以自我评价为主，转向以客观和社会评价为主三方面的结合，进一步提高了城市政府的执政能力和执政水平，同时也有力推动了发展方式的转型。如，沈阳市组织技术部门利用各类数据开展自体检的同时，邀请公众参与城市高质量发展问卷调查，将"自上而下"专业诊断和"自下而上"百姓献策有机融合，使城市体检更具包容性、鲜活性，凸显民意价值。南京市以"人民城市人民管，管好城市为人民"为目标，通过城市体检工作，让更多市民和社会各界走进城市管理、感受城市管理、参与城市管理，形成城市体检问题发现、治疗全过程参与，全民共同提高城市人居环境的良好氛围。

二是通过试点探索形成了"评价—反馈—治理"的闭环式城市体检工作模式，指导试点城市建立城市体检评估信息平台进行常态化监测预警，建立了一整套提升城市工作整体性和系统性的体检评估机制。如，广州市将城市体检与老旧小区改造、产业转型升级等工作结合，探索建立了市、区、街道、社区四级联动工作机制和"体检评估—问题反馈—决策调整—持续改进"的城市科学发展长效机制，推动城市体检工作常态化。

第二节　城市建设对策建议

本次城市体检工作面向城市规模、经济水平、空间位置、基础设施等均有差异的 11 个城市（地级市），在一定程度上能代表我国各个层级的城市。试点城市在经过自体检、第三方体

检和人居环境满意度调查后，暴露出了一些共性问题，例如：城市生态环境水平不高，居住环境品质较低，历史文化资源利用度不高，城市特色千篇一律，交通拥堵、通行不畅等问题较大，城市多元性和包容性不够，安全韧性建设有待加强等。另外，城市体检机制尚不完善，亟需各城市建立有效的体检机制，早发现"城市病"，早"对症下药"。基于本次城市体检工作，试点城市所暴露的问题，提出以下城市建设的对策建议。

一、提升生态宜居空间

一是城市建设需重点关注生态环境建设，提高城市绿化面积，增加建成区的绿地占有率，增加城市绿色基础设施布设，在充分梳理现有满足服务半径的公园绿地的前提下，对现有土地资源进行全面盘点，结合城市修补和生态修复，以 15 分钟生活圈为基础，合理增设社区级公园绿地，形成公园绿地网络系统，做到公园绿地服务半径的全覆盖，以此提升居民的绿境空间和居民生态宜居满意度。

二是要加快制定相关政策和实施方案，完善生活垃圾分类处理系统。对接国家以及省级层面的要求，城市各层级相关系统加快出台生活垃圾分类收集的相关政策和实施方案，明确垃圾分类细则以及分类处理系统完善的工作方案；强化居民生活垃圾分类回收认知。进一步加强宣传引导，开展垃圾分类收集专业知识和技能培训，引导公众学习、掌握生活垃圾分类的标准以及投放要求。打造干净整洁的城市形象，提升城市人居环境品质。

二、优化城市居住环境品质

提高公共服务设施服务能力，对老旧小区的基础设施进行更新换代，提高居住环境质量；加大发挥社区医疗服务中心的分诊能力，实现居民的问诊便捷；加强养老服务设施、幼儿园、残障专用通道等弱势群体专用设施的建设和维护。

三、保护和活化利用城市历史文化

一是建立健全对历史文化区的保护制度，加大对违法破坏行为的打击力度，相关单位要加强对城市历史街区、文物保护单位、历史建筑的保护和修缮，在保护好原有建筑风貌的基础上，更新基础设施，做到"修旧如旧"。另外，相关规划部门要合理规划用地分区，划出历史文化保护区的禁止建设区，防止城市建设过程中对其造成破坏和影响。

二是切实发挥基层党组织作用，加大宣传报道和信息公开力度，将历史风貌保护法律法规和本市历史风貌保护情况、工作措施等信息向社会公开，畅通市民举报沟通渠道，争取市民群众的广泛关注和参与。

三是结合城市的历史文化本底，活化利用优质历史资源，通过与文化产业、旅游业等相关产业的有效融合，在城市建设和发展中利用好现代科技手段，大力推动"文化＋大数据智能化""文化＋旅游"以及 BIM 技术等，打造城市的特色风貌。

四、鼓励绿色出行

一是加强城市公共交通建设，鼓励绿色出行。借鉴国际先进城市经验，打造更加优质多元的公共交通服务体系，形成更加高效互联的公共交通智能网络；加强更易被城市居民所接受的城市绿道建设，构建布局合理、配套完善、连通便捷、功能丰富的绿道网络体系。

二是城市各层级系统相互协调，通过"智慧警务""智慧交通"建设，鼓励政府、企业单位、学校工作人员及学生公交专班通勤、分区错峰上下班（学）等新招、实招，解决突发性、秩序性拥堵。

三是加强道路规划建设，弥补路网结构性缺陷。城市应开展 TOD 规划和城市有机更新，通过精细化手段开展城市路网的完善工作，保证城市公共交通系统的可达性，深入挖掘背街小巷等街巷空间，通过有机更新将其转化为城市重要的绿色出行补充通道，以及城市居民与城市交互的公共空间体系，形成完整街道，改善城市的交通，安全便捷可达。重点增加支路网密度，打通瓶颈路、断头路，缓解城市交通压力。

五、提升城市包容性

一是根据城市人口密度及空间流动特征，合理分布公共基础设施。在公共基础设施的建设过程中，应更多地提升其人性化与多元化特征，针对老人、儿童、残障人士等特殊群体，提高基础设施的养老服务、儿童娱乐、残障便利等，提升全体居民的生活质量。

二是打破户籍屏障，提升城市的包容性。建立健全针对外籍人口的社会保障机制，让住房、医疗、就业、保险、幼儿入园、老人养老等问题得到最大限度的解决。

三是加快精英人才的引进。建全人才保障性住房制度，完善高品质教育医疗、文化娱乐等公共设施配套，打造"人才＋项目＋园区"的精准人才引进新模式，优化境外人才引进和服务管理。

六、加强城市应急管理能力

一是扎实推进海绵城市建设。明确建设的重点范围，优化系统方案，确定具体地块、道路等项目海绵城市指标要求。要将海绵城市建设的相关要求落实到项目审批的全流程，确保全市新、改、扩建项目达到海绵城市建设要求。全面提升城市在面对内涝时的排水泄洪能力。

二是完善应急避难场所建设。加快全市各等级的应急避难场所建设，形成全面覆盖、布局合理、重点突出的综合防灾空间结构体系。进一步加强应急知识宣传培训力度，正确引导社会舆论，提升公众应急避灾意识和能力。完善应急避难场所标识、标牌等标识系统。定期进行应急避难场所的安全检查，保障其应急避难时的安全性。

三是要推进相关基础设施的完善。提高社区层级医疗卫生设施的布设、应急设备的储备，加大宣传力度，提升全体居民的突发事件应急能力。

七、加快推进建立长效体检机制

一要加强组织领导，推进城市体检评估领导小组的常态化运行，全面组织推进年度城市体检工作。制定面向常态化的工作组织模式，每年下半年由城市体检领导小组办公室组织开展年度体检工作，各部门按照职责分公、各司其职，有序开展城市体检工作，10 月底前完成年度体检报告，为下一年度政府工作及安排城建计划提供服务。

二要进一步完善指标体系，结合城市发展阶段特点及年度政府工作重点，不断完善城市体检指标体系，体现城市体检工作的阶段性与年度性特点，使指标体系切实体现检验城市自身发展现状的重要抓手，有效指导城市管理工作。

三要建立反馈机制，将年度城市体检评估结果反馈至各相关单位及上级有关部门，作为各单位制定下一年度工作计划的参考，并对年度整治效果进行评估，最终形成"发现问题—治病策略—实施建设—效果评估"的动态治理系统。

四要扩大公众参与，进一步发挥公众参与的作用，加强宣传力度，扩大公众参与范围，令体检工作充分结合市民的诉求，将"自下而上"百姓献策与"自上而下"专业诊断有机融合，使城市体检更具包容性、鲜活性，凸显民意价值。

五要创新技术方法，针对部分指标难以通过政府相关部门填报方式获取的问题，积极运用大数据分析方法弥补传统统计数据的不足与空白。同时，将权威部门的统计数据与切实反映实际趋势的新型数据相结合，提高数据的准确性与精准度。

后　记

本书是在住房和城乡建设部指导下开展的 11 个城市体检试点基础上完成的。在撰写过程中，得到了住房和城乡建设部建筑节能与科技司的大力支持，同时，11 个试点城市提供了自体检研究报告和相关资料，再次表示衷心感谢！本书的完成也离不开住房和城乡建设部城市体检专家指导委员会各位委员的鼎力支持，在此一并感谢。城市体检在我国是一项开创性工作，总体理念、研究方法、工作程序和技术支撑等尚处在不断探索和完善阶段，本书是对 2019 年工作经验和方法的总结，一定存在诸多问题和不足，恳请各位领导、专家和读者提出宝贵意见，使城市体检工作愈臻完善。

本书编委会

2020 年 5 月 10 日